Vorwort – *Die Redaktion* Seite 7

„Nimm Abschied und gesunde"
Interview mit Ute Bernhardt, Designerin, und Wolfgang Schlüter, Unternehmer
von Wolfgang Weirauch
Einsamkeit ist eine Wachstumskraft / Sie drehte sich nicht einmal um / Behütet, aber einsam / Wie eine Ausgestoßene auf der Bank / Ein Brief aus dem Nichts / Supermann / „Ich stand am Fenster und wartete" / „Mein Partner verdammte mich zur Einsamkeit" / Stufenweiser Ablösungsprozeß / „Die Abschlußfeier unserer Ehe" / Die Petersilie / „Ich habe mich selbst kennengelernt" / Traum der Entscheidung / Der Streik / Allein / „Die späte Rache der Ute Bernhardt" / „Menschen kann man nicht verändern" / „Das Scheitern eines Ideals tut weh" / „Mir wurde schwarz vor Augen" / Schlaflose Nächte / Keine Entwicklung ohne Einsamkeit. Seite 8

Wege des Ich
Interview mit Mathias Wais, Neuropsychologe, Sozialtherapeut
von Wolfgang Weirauch
Einsamkeit ist ein Ich-Moment / Der Atmungsvorgang des Lebens / Abgrenzungsschwäche / Der Verlust der Stille / Abgrenzung von der Welt / Einsam in der Partnerschaft / Innere Leere / Gemeinsam einsam / Bilanzbedürfnis am Ende des Lebens / Resonanzorientierte Gespräche / Faulheit, sich selbst zu begegnen / Die Paradoxie des Ich. Seite 37

Einsamkeit
Gedicht von Nikolaus Lenau Seite 53

Jeder kann sein Leben ändern
Interview mit Dr. Doris Wolf, psychologische Psychotherapeutin
von Wolfgang Weirauch
Wir fühlen uns von anderen getrennt / Die Angst, abgelehnt zu werden / Phasen der Einsamkeit / Bewußt das Alleinsein suchen / Aus dem Einsamkeitskäfig befreien / Interesse am anderen zeigen. Seite 54

Einsamkeit – Katalysator der Liebe
Spurensuche nach Entwicklungschancen
Rolf Lutzebäck, Waldorflehrer
Einsamkeit und Vereinsamung / Das Los hervorragender Geister / Der aristotelische Mensch, ein „zoon politikon" / Ambivalenz des Alleinseins im Mittelalter / Der ausgegrenzte Einsame / Die Hölle auf Erden / Das Ideal asketischer Norm / Programm der Einsamkeit mittelalterlicher Bestseller / Die Einsamkeit des heiligen Franziskus / Von der symptomatologischen Einsamkeit des Parzifals / Bewußte Isolation als Schutzpanzer gegen den Schmerz: Soltane / Das Schattenerlebnis auf dem Gipfel des äußeren Erfolges / Ein Lehrstück für die moderne Biographie / Durch das finstere Tal / Einsamkeit in der Rhythmik des Lebens / Zunehmende Freiheit macht einsamer / Die einsamen Jahre nach dem 42. Lebensjahr / Zu den Folgen der Vereinsamung / Krise, Einsamkeit, Depression ... / Wie ist mit der bedrückenden Form von Einsamkeit umzugehen? Seite 63

Einsamkeit im Denken
Winfried Bäse, Waldorflehrer
Die Weihnachtsgeschichte / Das Osterwunder / Einsame Trainingsprozesse / Denkend im Strom des Weltgeschehens / Man wird auf seine Lehrer treffen. Seite 81

„Ausgesetzt auf den Bergen des Herzens"
Von der Einsamkeit der Geistesarbeiter, Steppenwölfe und Aufständischen des Gewissens
Rolf Lutzebäck
„Sie haben nie einen Einsamen gesehen" / Einsamkeit als Conditio sine qua non des Künstlers / Die Gemeinschaft der geistverwandten Einsamen / Einsamkeit ohne Gemeinsamkeit treibt Nietzsche in den Wahnsinn / „Ein Ertrinkender beschäftigt sich nicht mit seiner Frisur" / Der einsame Wolf / Angst und Einsamkeit nach den Terroranschlägen vom 11. September 2001 / Die Kraft, die stets das Böse will und stets das Gute schafft? / Ewige Worte der in dunkler Zeit Verstorbenen an uns / Anthropologische Konstanten im Umgang mit dem fast Unsagbaren / Das Gift des bloßen Zuschauens. Seite 87

„Ich habe für meine Ziele gekämpft"
Interview mit Angelika Goder, freischaffende Künstlerin, ehem. Mitglied der Bewegung 2. Juni
von Julia Pehrs und Wolfgang Weirauch
Idealismus und Wirklichkeit / Schüsse auf Benno Ohnesorg / „Ich war eine Außenseiterin" / „Plötzlich gehörte ich zu denen, vor denen mich alle gewarnt hatten" / Die Aktionen der Bewegung 2. Juni / „Man kann sich gegen den Staat wehren" / Befreiungsaktionen und Banküberfälle / Annäherung an die RAF / Isolation im Alltag / Die Verhaftung / Der Prozeß / Totale Überwachung / Es fehlt die Luft zum Atmen / „Die Hungerstreiks eröffneten neue Räume" / Hungern bis zum Tod / „Wir hatten das Gefühl, vernichtet zu werden" / Einsamkeit in der Freiheit / „Mein ganzer Alltag wurde umgewälzt". Seite 101

Long Island
Einsamkeiten vor der kanadischen Ostküste
Peter Krause, Geschäftsführer Integralweb GmbH
Verschiedene Aspekte der Einsamkeit / „Ein Gestirn, das blühend durch die Weltnacht schwebt" / In der Neuen Welt / Die Gestaltung der Welt als schwere Arbeit / Überall Spuren der Geschichte / Schützende Kräfte der Gemeinschaft / Insel-Aphorismen / Zwischen den Extremen / Begegnung mit der „offenen Zeit" / Vertiefung der Gefühle / Innere und äußere Weltebenen / Einheit von Mensch und umgebender Welt / Die Schönheit der Natur. Seite 132

Einsamkeit – ein zweifaches Stranden
Rainer Kubiessa, Waldorflehrer
„Patient just dying" / Eine Entwurzelung / Die Insel nahm mich auf / Ein neues Abenteuer / Reich beschenkt / Eine Liebenswürdigkeit in jedem Moment. Seite 151

Eine Reise an die Grenzen des Ich
Interview mit Wilfried Erdmann, Weltumsegler
von Arfst Wagner
Vom Fahrrad zum Boot / Ein wunderbares Gefühl der Freiheit / Ein Berg an Zeit / Den Mount Everest rückwärts besteigen / „Du hast das alles für dich!" / Wie eine Fahrt ins Nirgendwo / Freude an der Einsamkeit /

Wirklich allein / Über 300 Tage sind schon sehr lang / Fünfmal so schwierig / Alle Am-Wind-Kurse im Kielwasser / Eine wunderschöne Seekarte / Seltsame Träume / Ein blechtrockener Sender / „Ich konnte nichts mehr tun" / „Mein Ernährungszustand hat die Moral untergraben" / Die Rückkehr. Seite 158

Allein zum Ziel
Interview mit Rüdiger Nehberg, Abenteurer, Aktivist für Menschenrechte von Wolfgang Weirauch
Neugier auf die Welt / „Ich war zu einer Mumie geschrumpft" / Mord am Nil / Allein auf dem Ozean / Dem Meeresgott ein Schnippchen schlagen / „Die Einsamkeit hat mich beglückt" / „Ich blieb allein in der Wüste zurück" / Todeserlebnisse vor dem Eingang zur Hölle / Das Adrenalin spritzt aus den Poren / In den Gewalten des Meeres / Die Weite der Wüste ... / ... und die Enge des Urwalds / „Wenn Du tot bist, esse ich Dich auf" / Völkermord und der Lockruf des Goldes / Bildung als Waffe / Ein Paar Strümpfe wurde geteilt / Genitalverstümmelung / Der Verein Target / Die Frauen werden mit dem Taschenmesser aufgeschlitzt / Genitalverstümmelung ist Gottesanmaßung / Ein Fest in der Wüste zur Abschaffung der Verstümmelung. Seite 176

Liebe Leserinnen und Leser!

Einsamkeit und Alleinsein – Zustände, die jeder kennt. Der eine sucht sie bewußt, der andere vermeidet sie, wo er kann. Was für den einen geistige Erfrischung ist, kann für den anderen zum lebensbestimmenden Leid werden. Jede Einsamkeit birgt Entwicklungschanchen – bewußt durchlebt und ergriffen, bringt sie uns einen Schritt im Leben voran.

Durch die gesamte Biographie ziehen sich Phasen der Einsamkeit: das erste Alleinsein des Kindes, Zweifel an sich selbst und der Welt während der Pubertät, Einsamkeitserlebnisse in der Lebensmitte und im hohen Alter. Die meisten Menschen durchleben dunkle Augenblicke des Verlassenseins. Sie gehören zum Leben. Problematisch wird es aber, wenn die Einsamkeitserlebnisse chronisch werden und zur Vereinsamung und Depression führen.

Wir zeigen in diesem FLENSBURGER HEFT nicht nur die verschiedenen biographischen Einsamkeitsphasen und Hilfen, wie man mit der Einsamkeit umgehen und auch aus ihr herauskommen kann, sondern stellen auch Menschen vor, die unfreiwillig in die Isolation geraten sind, und solche, die in der Weite der Welt bewußt die Einsamkeit gesucht haben.

Zu Beginn werfen wir einen exemplarischen Blick auf das Leben zweier Menschen mit ihren Einsamkeitserlebnissen, setzen fort mit Gesprächen über die biographischen Phasen der Einsamkeit, ihre anthroposophischen Hintergründe und zeigen Wege auf, sich aus der Einsamkeit zu befreien. Persönliche Berichte und Artikel über die Einsamkeit als Katalysator der individuellen Entwicklung sowie die Einsamkeit einiger bedeutender Künstler und Persönlichkeiten ergänzen diesen ersten Teil.

Ein ehemaliges Mitglied der Bewegung 2. Juni schildert ihre revolutionäre Vergangenheit, die Zeit des Hungerstreiks und der sozialen Isolation als Gefangene. Im zweiten Teil des Buches lesen Sie Berichte über Abenteuercamps auf einer einsamen kanadischen Insel sowie zum guten Schluß die Berichte zweier Menschen, die einmalige Leistungen vollbracht haben: Wilfried Erdmann, der allein und nonstop um die Welt gesegelt ist, und Rüdiger Nehberg, der von seinen Alleingängen über das Meer, durch den Urwald und die Wüste berichtet sowie von seinem Zukunftsprojekt, der proislamischen Allianz gegen die Genitalverstümmelung von Mädchen und Frauen.

Es grüßt Sie
Ihre FLENSBURGER HEFTE-Redaktion

„Nimm Abschied und gesunde"

Interview mit Ute Bernhardt und Wolfgang Schlüter

von Wolfgang Weirauch

Wolfgang Schlüter, Wolfgang Weirauch, Ute Bernhardt

Ute Bernhardt, *geb. 1950 in Rehren A./O. Mittlere Reife, Schriftsetzerlehre. Studium Visuelle Kommunikation an der Hochschule für Bildende Künste, Publizistik an der Freien Universität, freiberufliche Arbeit als Grafik-Designerin (alles in Berlin von 1970–78). Erste Ehe von 1975–90, Geburt der beiden Töchter 1979 und 1980. Fortbildung zum Industriemeister Druck und Übernahme der Druckerei des Vaters 1982. Gründung eines Verlages und einer Werbeagentur. Verkauf der Druckerei 1992, intensive Zusammenarbeit mit Wolfgang Schlüter in seiner Firma und seit 1995 mit ihm zusätzlich noch glücklich verheiratet.*

Wolfgang Schlüter, *geb. 1942 in Stadthagen. Mittlere Reife, Tischlergeselle, Wanderjahre, Tischlermeister, Innenarchitekt. Verheiratet, vier Kinder. Ehe-*

scheidung nach 28 Jahren, glücklich wiederverheiratet. – Geschäftsführender Gesellschafter einer Möbelfabrik, Aufbau der Firma Farmhouse GmbH Natur und Design – Polstermöbel aus nachwachsenden Rohstoffen, ausgezeichnet mit dem Innovationspreis des Landkreises Schaumburg und dem Global-Umweltpreis.

„Ich habe eine sehr große Sicherheit in mir und keine existentielle Angst mehr, daß es mit der Firma schiefgehen könnte. Als Unternehmer, und das wird den meisten so gehen, hatte ich eine tiefsitzende existentielle Angst, vor allem weil wir mit unserer Firma einmal kurz vor dem Konkurs standen. Diese existentielle Angst habe ich verloren."

So antwortete Wolfgang Schlüter in unserem Interview vor neun Jahren auf die Frage, was für ihn und seine Frau Ute Bernhardt nach der Umstrukturierung seines Betriebes mit Hilfe einer Beraterorganisation persönlich anders geworden sei. (Näheres siehe: FLENSBURGER HEFTE 38, „Konfliktbewältigung", S.62 ff.)

In den folgenden neun Jahren ist alles einmal umgekrempelt worden: die Firma in ihrem vielseitigen Geflecht zwischen Lieferanten, Kunden, Mitarbeitern, Tarifparteien und Banken, der heimische Markt und der globale Weltmarkt sowie das Privatleben von Ute Bernhardt und Wolfgang Schlüter.

Beide schildern in folgendem Interview ihr Leben exemplarisch anhand verschiedener Stationen – den größten Einsamkeitserlebnissen und Phasen des Verlassenseins.

Wie ein roter Faden ziehen sich bei den meisten Menschen Einsamkeitserlebnisse durch die Biographie, von den ersten Erlebnissen des Verlassenwerdens in der Kindheit über Pubertätsprobleme, Einsamkeitsphasen, Phasen des Scheiterns oder Trennungen in Beruf und Partnerschaft bis hin zur Alterseinsamkeit.

Ute Bernhardt und Wolfgang Schlüter schildern einige dieser markanten Punkte aus ihrem Leben, wie sie vielfach verlassen wurden, Trennungen durchlebten, vor dem Abgrund standen, Ideale verloren. Aber gleichzeitig zeigen sie aus Erfahrung, wie überwundene Einsamkeitserlebnisse neue Räume eröffnen, Kraftpotentiale entfalten, frei machen.

„Nimm Abschied und gesunde" zeigt uns anhand zweier moderner Biographien, wie man trotz privater und beruflicher Krisen und Zusammenbrüche lernen kann, mit der Vergangenheit abzuschließen und sich mit Phantasie neue Horizonte zu eröffnen.

Einsamkeit ist eine Wachstumskraft

Wolfgang Weirauch: Ute, was verstehst Du unter Alleinsein und Einsamkeit?

Ute Bernhardt: Einsam fühlt man sich, wenn man aus einem Zusammenhang herausgestoßen wird. Denn der Mensch ist nicht auf der Erde, um allein und einsam für sich zu leben, er gehört in einen sozialen Zusammenhang. Das gilt für alle Altersstufen des Menschen. Einsam habe ich mich immer dann gefühlt, wenn ich aus diesem vertrauten sozialen Zusammenhang herausgestoßen worden bin, der für mich eigentlich zum Selbstverständnis des Lebens gehört.

W.W.: Was ist Deine Definition von Alleinsein und Einsamkeit, Wolfgang?

Wolfgang Schlüter: In der Einsamkeit liegt auch eine Wachstumskraft, denn man kann das Wort „einsam" auch so auffassen, daß es zwei Worte enthält, nämlich: ein Same. Insofern sollte man immer schauen, was sich aus diesem Samen herausentwickelt. Für mich persönlich habe ich Einsamkeit meist als Wachstumskraft erlebt. Ich war allein, wurde ganz auf mich selbst zurückgestoßen, habe mich dann aber aufgemacht, aus diesem Alleinsein heraus einen Weg zu suchen, Fragen zu stellen und nicht mit dem Erreichten zufrieden zu sein. Daher war für mich Einsamkeit immer eine Art Schwellenerlebnis, weil eine Schwelle, ein Hindernis überwunden werden mußte. Einsamkeit ist immer mit Schmerzen verbunden, und wenn man diesen Zustand durchlebt, muß man mehr tun, als man bisher konnte. Gewissermaßen ist das eine Einsamkeitsklippe.

W.W.: Haben Einsamkeitserlebnisse in Deinem Leben eine große Bedeutung gehabt, Ute?

U. Bernhardt: Ja, auf jeden Fall. Und die Einsamkeitserlebnisse haben dazu geführt, daß ich den Ort, an dem ich gerade stand, verlassen mußte und in eine neue Situation hineingewachsen bin.

W.W.: Wie ist es bei Dir, Wolfgang?

W. Schlüter: Die zentrale Bedeutung von Einsamkeitserlebnissen zeigt sich für mich immer in der gleichen Erfahrung: Es kommt ganz allein auf mich selbst an. Ich kann Fragen, Rat einholen, mich umfassend beraten lassen, aber zum Schluß muß ich jede Frage ganz allein entscheiden und das Notwendige ganz allein tun. Das Zentrale eines jeden Einsamkeitserlebnisses ist es also, daß es ganz allein auf mich ankommt. Und dieses Motiv wiederholt sich in allen völlig unterschiedlichen Einsamkeitserlebnissen.

Sie drehte sich nicht einmal um

W.W.: Gibt es bei Dir, Ute, im ersten Lebensjahrsiebt ein spezielles und wichtiges Einsamkeitserlebnis, das Dir in Erinnerung geblieben ist?

U. Bernhardt: Ich erinnere ein einschneidendes Ereignis, als ich in einer kleinen Dorfschule in die 1. Klasse ging. Ich war wie immer mit meiner Freundin verabredet, den Schulweg gemeinsam zu gehen. Sie lebte im Nachbarhaus. Ich wohnte am Rand eines Waldes und konnte den Schulweg hinab zum Dorf überblicken.

Und da sah ich meine Freundin in etwa 300 m Entfernung den Weg zur Schule im strammen Tempo entlanggehen. Ich lief ihr hinterher, rief fortwährend, aber sie drehte sich nicht einmal um. Sie hätte mich hören müssen und ging für mein Gefühl extra schnell. Dabei habe ich mich in eine derartige Panik hineingeschrien und hineingelaufen, daß ich von dieser Anstrengung Nasenbluten bekam. Ich mußte einsehen, daß ich weder meine Freundin einholen konnte, noch die Schule pünktlich erreichen würde, da ich wegen des Nasenblutens noch einmal nach Hause laufen mußte.

Zu Hause mußte ich mich kurz hinlegen, meine Mutter hat mich beruhigt, und eine Nachbarin hat mich dann nach einiger Zeit mit dem Moped zur Schule gefahren. Da ich erheblich zu spät kam, und ich erst etwa drei Monate in der Schule war, war mir diese Situation ungeheuer peinlich. Aber meine Freundin hat mich überhaupt nicht angeschaut. Zwar habe ich in den Jahren danach weiterhin mit ihr gespielt, aber für mich war entschieden, daß sie nicht mehr meine Freundin sein konnte.

W.W.: Wie hat dieser Vertrauensbruch, dieses erste Zurückstoßen in die Einsamkeit, auf Dich gewirkt, und welche Konsequenzen hast Du daraus gezogen?

U. Bernhardt: Ich habe gemerkt, daß man sich auf die Menschen nicht verlassen kann. Die Ausschließlichkeit, die ich in die Verbindung mit diesem Mädchen gelegt hatte, war nicht lebbar bzw. wurde von ihr nicht erwidert. Diese Verbindung war für sie nicht so wichtig wie für mich. Am meisten hat mich aber getroffen, daß ihr diese Situation überhaupt nicht leid getan hat. Sie hat es nie angesprochen und ist einfach darüber hinweggegangen.

W.W.: War es insofern ein schmerzhafter Prozeß, weil man als Kind eher zu denken geneigt ist, daß alle Menschen gut sind und Du nun merktest, daß dies nun doch nicht der Fall ist?

U. Bernhardt: Daran kann ich mich nicht mehr erinnern, aber meine Eltern haben mich getröstet und mir gesagt, daß meine Freundin eben so sei und daß es solche und solche Menschen gäbe. Aber es war für mich eine große Enttäuschung.

Behütet, aber einsam

W.W.: Wolfgang, hattest Du als Kind auch ein einschneidendes Einsamkeitserlebnis?

W. Schlüter: Das ist ein Erlebnis, das ich im Grunde erst im nachhinein als ein Einsamkeitserlebnis definieren konnte. Ich war als Siebenjähriger auf einem Sängerfest im Schloßgarten hier in Stadthagen, umgeben vom Familienkreis und vielen Bekannten. Alle waren sie vertraute Menschen, trotzdem fühlte ich mich plötzlich sehr allein, einsam und auf mich gestellt. Ich war mit folgenden Fragen auf mich gestellt: Wo komme ich her? Was will ich hier eigentlich? Wo gehe ich hin?

Diese Hilflosigkeit als Einsamkeit zu definieren ergab sich bei einer späteren Situation. Und zwar ist dieses Sängerfest gefilmt worden, und als ich diesen Film ca. 30 Jahre später zum ersten Mal sah, begegnete ich meiner eigenen Lebenssituation als Siebenjähriger. Der Film spiegelte mir dieses Erlebnis, und in dem Moment tauchte bei mir das Einsamkeitserlebnis mit den dazugehörenden Fragen auf. Das ist meine am weitesten zurückreichende Erinnerung von Einsamkeit.

W.W.: Hattest Du dieses Einsamkeitsgefühl, und vor allem die Fragen, schon als Siebenjähriger oder erst in der Lebensmitte? Konntest Du erst in der Lebensmitte beim Anschauen des Films die Fragen, die Du als Kind hattest, in Worte kleiden?

W. Schlüter: Als siebenjähriges Kind hatte ich die Einsamkeit und die Fragen als Grundstimmung, konnte es aber nicht artikulieren. Es war ein Gefühl, für das ich keine Worte hatte. Als ich aber als älterer Mensch mich selbst als Kind im Film sah, konnte ich genau meine damalige Gemütsstimmung in Worte fassen.

W.W.: Das war also die klassische Situation, in der man äußerlich nicht allein ist, aber sich innerlich völlig vereinsamt fühlt. Hast Du dafür eine Erklärung, wie man sich unter vielen Menschen einsam fühlen kann?

W. Schlüter: Die meisten Menschen haben in jungen Jahren noch ihre Eltern oder Freunde und gute Bekannte, in deren Umkreis sie mehr oder weniger eingebettet sind. Gleichzeitig ist der Mensch aber auch eine auf sich gestellte Individualität. Und diese Individualität ist es, die ob ihrer Einmaligkeit Einsamkeitserlebnisse empfindet.

W.W:: Hattest Du dieses Einsamkeitserlebnis während Deiner gesamten Kindheit als unbewußte Seelenstimmung oder nur auf dem Sängerfest? Oder ist es Dir nur in bezug auf das Sängerfest bewußt geworden, weil Du nur von diesem Sängerfest einen Film gesehen hast?

W. Schlüter: Die eben beschriebene Gemütsstimmung hat sich bei mir wie ein roter Faden durch fast die gesamte Kindheit und Jugend hindurchgezogen. Und dieses fortwährende Alleinsein hatte ich, obwohl ich in der Kindheit sehr behütet wurde.

Wie eine Ausgestoßene auf der Bank

W.W.: Ute, hattest Du während der Schulzeit ein entsprechendes Einsamkeitserlebnis, an das Du Dich noch erinnern kannst?

U. Bernhardt: Ja, das war in der 4. Klasse. Ich war zehn Jahre alt, und wir waren mit der Klasse in einem Schullandheim auf Wangerooge. Dort galt die strenge Regel, daß man abends nach dem Löschen des Lichts nicht mehr auf die Toilette durfte. Meine Klassenkameradinnen retteten sich dadurch, daß sie im Schlafsaal in ein Waschbecken machten. Ich fand das unmöglich, da es schließlich in diesem Haus Toiletten gab.

Eines Abends bin ich ca. eine Stunde nach Löschen des Lichts auf leisen Sohlen zur Toilette gegangen. Allerdings mußte ich durch den Speisesaal, in dem einige Lehrerinnen und Lehrer saßen. Sie schnauzten mich an, ob ich denn nicht wüßte, daß ich im Bett zu bleiben habe. Zur Strafe mußte ich in meinem dünnen Nachthemd in diesem kühlen Raum lange Zeit wie eine Ausgestoßene auf einer Bank sitzen. Ich habe mich ungeheuer über diese Lehrer geärgert, weil sie einem nicht erlaubten, auf die Toilette zu gehen, wenn man auf die Toilette mußte. Das Allerschlimmste kam aber, als mein Lieblingslehrer mit seiner Frau vom Strand zurückkehrte und mich auch noch sein strafender Blick traf und er nicht zu mir hielt.

Niemals in meinem Leben, weder vorher noch nachher, hatte ich Heimweh, aber in diesem Moment traf es mich, und ich wollte nur weg von diesem Ort. Irgendwann durfte ich wieder ins Bett, mußte aber am nächsten Tag zur Strafe noch einmal in der Mittagshitze um einen Platz rennen. Zu diesem Zeitpunkt schwor ich mir, in meinem zukünftigen Leben niemals wieder in eine solche Abhängigkeitssituation zu geraten, in der mich solche Menschen schikanieren könnten.

W.W.: Wie hat diese menschliche Enttäuschung, vor allem das Zurückstoßen durch Deinen Lieblingslehrer, auf Dich gewirkt?

U. Bernhardt: Unmittelbare Folgen hatte es nicht, allerdings habe ich mir seit diesem Zeitpunkt nicht mehr alles gefallen lassen. Ich wurde selbstbewußter und habe immer meine Meinung vertreten, selbst wenn ich mit Sanktionen zu rechnen hatte.

W.W.: Hast Du auch in den nächsten Jahren entsprechende Enttäuschungen unter Freundinnen und Freunden erlebt?

U. Bernhardt: Ja, ich erinnere besonders ein Erlebnis nach meiner Schulzeit. Ich lernte Schriftsetzerin, eigentlich ein reiner Männerberuf. Während meiner Lehrzeit besuchte ich auch ein Jahr ein Internat. Dort waren fast nur Jungen, und ich hatte mit einer Freundin zusammen eine kleine Wohnung. Das war in meinem 18. Lebensjahr. Wir beide hatten eine ganz tolle Freundschaft, nicht nur in unserem Berufsbereich, sondern auch privat. Während eines Praktikums in der Druckerei meines Vaters – meine Freundin war in einem anderen Jahrgang in der Schule – hatten wir uns verabredet, über Silvester einige Tage Ferien miteinander zu verbringen. Ein oder zwei Tage bevor ich losfahren wollte, rief sie mich an und erzählte mir, daß sie einen ganz tollen Typen kennengelernt habe, mit dem sie nun statt meiner verreisen wolle. Ich war wie vom Donner gerührt! Und dieses Erlebnis erinnerte mich ganz stark an das Erlebnis mit meiner anderen Freundin elf Jahre zuvor auf dem Weg zur Schule.

Ich glaube, daß sich aus diesem Erlebnis die Tatsache entwickelt hat, daß ich bis heute keine wirkliche Freundin habe. In der Annäherung an Frauen bleibt bei mir seitdem immer eine Restreserviertheit, weil ich in bezug auf sie in keine emotionale Abhängigkeit rücken möchte. Irgendwie habe ich immer gespürt, daß bei Freundinnen eine Unzuverlässigkeit bleibt, die mich verletzt.

W.W.: Das heißt also, daß diese zwei Erlebnisse Dein Verhältnis in bezug auf die eine Hälfte der Menschheit geprägt haben ...

U. Bernhardt: *(lachend)* Ja, so kann man es ausdrücken. Wenn es intensivere Beziehungen und größere Verläßlichkeiten gibt, lasse ich das natürlich sehr gerne geschehen, aber ich lasse mich nicht mehr so sehr aus der Reserve locken. Eigentlich bin ich so angelegt, daß ich bis aufs letzte Pfund alles rausschmeiße. Genauso weiß ich aber, daß ich an dieser Stelle gefährdet bin, wenn alle Pfunde verbraucht sind. Ich weiß ebenfalls, daß ich von Menschen oft etwas verlange, dem sie gar nicht gerecht werden können, und daß sie mich gar nicht verletzen wollen, wenn sie mich verletzt haben.

Es reicht bei ihnen einfach nicht weiter. Deshalb sollte man immer im Dialog mit anderen Menschen bleiben und abwarten, was der andere bereit ist zu geben.

Ein Brief aus dem Nichts

W.W.: Wolfgang, hast Du auch Einsamkeitserlebnisse während Deiner Schulzeit gehabt?

W. Schlüter: Ich habe auch Heimweh erlebt, und zwar im Alter von elf Jahren im Kinderheim in Niendorf/Ostsee, wo ich sechs Wochen war. Ich stand mit der Erzieherin, die für unsere Gruppe zuständig war, auf Kriegsfuß, und sie hat mich auch geprügelt. Das war das auslösende Moment für mich, Heimwehempfindungen zu bekommen. Das ist auch eine Art von Einsamkeitserlebnis.

W.W.: Welche Einsamkeitserlebnisse hattest Du während Deiner ersten Ehe?

W. Schlüter: Ich habe während meiner Studienzeit im Alter von 23 Jahren geheiratet, und wir bekamen im Abstand von jeweils einem Jahr vier Kinder. Es war also eine junge Ehe und Familie. Meine erste Ehefrau ist fünf Jahre jünger als ich. Die Ehe, die wir geführt haben, war eine von uns wirklich gewollte und bewußt geführte. Es war auch eine Liebesheirat, und in den ersten Jahren verlief diese Beziehung auch sehr harmonisch. Nach dem Studium wechselte ich in die elterliche Möbelfirma und habe dort gearbeitet.

W.W.: Und was waren die prägnantesten Einsamkeitserlebnisse in den späteren Jahren Deiner ersten Ehe?

W. Schlüter: Das markanteste und am schwersten zu verdauende Einsamkeitserlebnis kam im Gefolge einer Krankheit meiner ersten Frau. Sie erkrankte an Morbus Buck, einer schweren Lungenkrankheit. Sie wurde in der anthroposophischen Abteilung des Roten Kreuz-Krankenhauses in Hamburg behandelt. Der Verlauf der Krankheit war ziemlich ungünstig, und meine Frau mußte eine relativ lange Zeit im Krankenhaus verbleiben. Ich hatte währenddessen zu Hause die vier Kinder im Alter von elf bis 15 Jahren zu versorgen. Die Verantwortung für die Kinder hat mir neben meiner Arbeit ziemlich schwer zugesetzt.

In dieser Situation erhielt ich von meiner Frau einen Brief aus dem Krankenhaus, daß ich die Schuld an ihrer Krankheit trüge. Das war für mich eine wirklich erschütternde Nachricht. Sie wollte auch nicht mehr, daß ich sie im Krankenhaus besuche.

W.W.: Hat sie es begründet?

W. Schlüter: Nein. Der Vorwurf des Briefes kam für mich völlig aus dem Nichts. Warum sie es geschrieben hatte, ist mir schleierhaft geblieben, aber ich war vollkommen erschüttert. Das war der erste Brief, den ich in meinem Leben verbrannt habe. Ich konnte die Existenz dieses Briefes einfach nicht ertragen. Denn schließlich muß man sich vorstellen, daß ich diese Frau liebte und zusammen mit ihr und unseren Kindern in einer Familienharmonie lebte. Vielleicht war dieses Erleben des Familienglücks einseitig, aber es war das, was ich bis dahin erlebt hatte. Und nun kam dieser Brief mit der Schuldzuweisung während einer lebensbedrohenden Krankheit meiner Frau. Damit bin ich nicht fertiggeworden. Hinzu kam, daß ich für diese Lebenssituation keinen Gesprächspartner hatte.

W.W.: Schlummerten die Motive Deiner Exfrau, Dir so etwas zu schreiben, schon seit langem in ihr, oder ist ihr während ihrer Krankheit im Krankenhaus dazu in irgendeiner Weise geraten worden?

W. Schlüter: Ich vermute folgendes: Im Krankenhaus ist ihr wohl nichts eingeredet worden, denn ich hatte zu den behandelnden Ärzten ein sehr lebendiges und informatives Verhältnis. Wahrscheinlich war es ein tiefsitzender Frust meiner Frau, und vielleicht war ich – das möchte ich heute selbstkritisch sagen – für einen kritischen Dialog nicht aufgeschlossen genug. Ich hatte für Probleme, die meine Frau sah bzw. hatte, einfach kein Organ. Das war mir damals aber überhaupt nicht klar. Daraus entsprang vermutlich das Motiv für diesen Brief. Aber die Diktion des Briefes klang für mich wie endgültig.

W.W.: War das der Beginn der Entwicklung, die letztlich bis zur Scheidung führte? Wollte sie die Ehe beenden?

W. Schlüter: Aus der Sicht meiner Frau war es nicht der Wille zur Scheidung. Aber das Hineinstoßen in die Einsamkeit hat bei mir zu einem massiven Vertrauensverlust geführt, und das war ein unglaublich schmerzhaftes Erlebnis für mich. Am schlimmsten war es vielleicht noch, daß ich in eine Verantwortungssituation gestoßen worden bin, für die ich überhaupt keine Erklärung hatte. Ich fühlte mich absolut hilflos. Mir wurde der Boden unter den Füßen weggezogen.

Supermann

W.W.: Ute, wie verlief Dein weiterer beruflicher und privater Lebensweg, und welche Einsamkeitserlebnisse hattest Du in Deiner ersten Ehe?

Ute Bernhardt

U. Bernhardt: Ich habe nach der mittleren Reife die Schule verlassen und eine Schriftsetzerausbildung gemacht. Aus der Sicht meiner Eltern brauchte ich kein Abitur, denn ich sollte später ihre Druckerei übernehmen. Ich spürte in mir aber einen großen Wissensdurst. Und nachdem ich nach meiner Lehre ein Jahr Praktikum in der väterlichen Druckerei absolviert hatte, wußte ich, daß das nicht meine Heimat war. Aber mit meiner Ausbildung zum Schriftsetzer und der mittleren Reife konnte ich in Berlin an der damaligen Akademie für Grafik, Druck und Werbung ein Grafik-Design-Studium beginnen. Parallel dazu konnte man in allgemeinwissenschaftlichen Fächern die uneingeschränkte Hochschulreife erreichen. Durch günstige Umstände und Irrtümer der Bürokratie konnte ich gleichzeitig an der FU Publizistik studieren.

Dort lernte ich im ersten Semester einen Assistenten kennen. Ich leitete eine Podiumsdiskussion, und er redete immer so schlaue Sachen, was mich ungeheuer beeindruckte. Ich weiß noch, wie ich ihm ziemlich häufig das Wort erteilte. Anschließend gab es in Kreuzberg ein Fest, auf dem wir uns näherkamen. Es war Liebe auf den zweiten Blick. Wir zogen auch sehr bald zusammen. – Und nun war ich einem wirklichen Wissenschaftler und seiner geistigen Weitsicht ganz nahegerückt. Er war für mich nicht nur ein

Liebes-, sondern auch ein Geistespartner. Natürlich war er mir geistig unendlich überlegen, er hatte Germanistik, Theologie, Philosophie, Publizistik und einige Fächer mehr studiert. Er verkörperte für mich einfach den Supermann.

Im ersten halben Jahr unserer Beziehung gab es ein besonderes Ereignis. Es war wunderschönes Wetter, und wir saßen im Garten am Wannsee. Alles war wunderschön und glücklich. Ich schlug vor, daß wir in den uns noch verbleibenden Semesterferien nach Griechenland fahren sollten, und zwar dorthin, wo ich bereits zwei Jahre vorher gewesen war. Ich schwärmte ihm von einigen Inseln und Orten vor und erzählte von Früchten, die man dort an einem bestimmten Ort ernten könne. Darauf antwortete er: „Dieses Obst gibt es dort nicht." Aber ich war vor kurzem dort gewesen und hatte es selbst gesehen. Ich lenkte ein, indem ich erwog, daß man dieses Obst vielleicht erst in letzter Zeit dort anbaute. Aber er antwortete mir kategorisch, daß es dieses Obst dort nie gab und auch jetzt nicht gibt. Meinen Beleg, daß ich dieses Obst dort selbst vor zwei Jahren geerntet und gegessen hatte, ließ er nicht gelten. Dieser Mann negierte alles, was ich dazu zu sagen hatte.

Natürlich wurde ich ziemlich wütend. Ich hatte noch einen Termin in der Stadt und ging sehr geladen zur S-Bahn. Auf dem Weg dachte ich, daß ich diesen Mann liebe, daß er eine hohe geistige Kapazität hat, daß es eigentlich nicht wichtig war, ob es diese Früchte dort in Griechenland gab oder nicht, aber ich stellte mir ganz konkret die Frage: Wie kann es sein, daß er mich an einem solchen Punkt mißversteht bzw. meine Meinung nicht gelten läßt? – Das war ein erstes Einsamkeitserlebnis in unserer Beziehung, weil ich mit dem, was ich wußte, nicht angenommen wurde.

W.W.: Ich gehe einmal davon aus, daß Du recht hattest?
U. Bernhardt: Ja.
W.W.: Also stand in Eurer Beziehung Theorie gegen Erfahrung?
U. Bernhardt: Auch er hatte Erfahrung in Griechenland, denn er kannte diese Gegend ganz genau. Er war sogar der größere Griechenlandkenner. Zwischen uns bestand ein großes Autoritätsgefälle. Ich war die, die lernen wollte, aber in diesem Fall wußte ich es besser. Trotzdem, oder gerade deswegen, wurde ich von ihm zurückgestoßen. Eine ganz praktische Erfahrung von mir galt nichts. Im nachhinein muß ich sagen, daß ich zu diesem Zeitpunkt meine Siebensachen hätte packen müssen. Denn diese Erfahrung trat während meiner Ehe mit diesem Mann in unterschiedlichen Qualitäten immer wieder auf.

„Ich stand am Fenster und wartete"

W.W.: Kannst Du ein weiteres Beispiel nennen?
U. Bernhardt: Irgendwann habe ich reflektiert, daß das, was er als Selbstbild von sich hatte, keinen tragenden Boden besaß. Das habe ich in verschiedenen Gesprächssituationen bemerkt. Er brauchte für sich die Lüge. Wenn ich ihn mit der Wahrheit konfrontierte, wollte er damit nicht umgehen.

Ich wollte z.B. gerne Kinder haben, aber für meinen Mann waren Kinder nicht wichtig. Er hatte schon ein Kind aus erster Ehe. Ich bin die Älteste aus einer Familie mit fünf Kindern, und für mich waren Kinder ein Lebensbestandteil. Ein Gynäkologe diagnostizierte mir allerdings im 28. Lebensjahr Sterilität durch Verformung des Uterus. Ich bekam einen Zettel, auf dem stand: „Diagnose: Sterilität".

Mit diesem Zettel kam ich dann nach Hause. Mein damaliger Mann war nicht da und kam auch erst viele Stunden später. An diesem Tag habe ich zum ersten Mal richtig auf ihn gewartet und habe etwas gemacht, was ich sonst nie machte: Ich habe mich ans Fenster gesetzt und stundenlang auf ihn gewartet, weil ich mir so sehr wünschte, daß er nach Hause kam. Und dann sah ich ihn aus einem Auto einer Studentin steigen, die ich kannte. Und ich sah auch, wie er sich noch einmal für einen langen Abschiedskuß zu ihr hineinlehnte. Ich hatte auch schon vorher die Vermutung, daß es zwischen ihnen ein Verhältnis gab.

Als er dann ins Zimmer kam, sagte ich ihm: „Ich habe unglaublich auf Dich gewartet!" Er entgegnete, daß es doch nicht so schlimm sei, wenn er einmal später nach Hause käme, aber ich antwortete ihm, daß ich ein Problem hätte, über das ich mit ihm sprechen müsse. Außerdem habe ich ihn gefragt, wie er denn nach Hause gekommen sei, und er antwortete, daß ihn ein Freund bzw. Kollege nach Hause gefahren hätte. Ich hielt ihm entgegen, daß ich am Fenster gestanden und gesehen habe, wer ihn wirklich nach Hause gefahren hat. Darauf fuhr er mich an: „Kannst Du denn nicht gucken?" Und als ich fortfuhr, daß ich gesehen habe, wie er sich zu einem Abschiedskuß zu seiner Studentin ins Auto gelehnt habe, entgegnete er mir, ob ich denn noch alle Tassen im Schrank hätte, warum ich so eifersüchtig sei und warum ich ihm hinterherspionieren würde.

Es war eine demütigende Situation für mich, denn eigentlich wollte ich ein Problem – das der Sterilität – mit ihm besprechen. Aber statt dessen war ich die Blöde, die in die Rolle der Eifersüchtigen und Mißgünstigen gedrängt wurde. Obendrein machte er mir noch den Vorschlag, den Freund, der ihn angeblich nach Hause gefahren hätte, anzurufen; der würde mir schon bestätigen, daß ich mich irren würde. Und wieder stand meine Wahrnehmung gegen seine Aussage: Ich stand am Fenster und habe ihn selbst mit seiner Studentin gesehen. Aber diese Studentin war ohnehin nicht mein Thema, denn ich wollte mit ihm über mein niederschmetterndes Erlebnis beim Gynäkologen sprechen. Das Problem der Kinderlosigkeit tat er dann als nicht so wichtig ab.

„Mein Partner verdammte mich zur Einsamkeit"

In dieser Situation hätte ich mich von meinem Mann trennen müssen. Aber ich habe diese Enttäuschung weggedrückt. Ich holte mir Rat von einer Freundin, was ich in einer solchen Situation machen sollte. Sie riet mir, als kluge Frau darüber hinwegzusehen, wir würden doch eigentlich eine gute Ehe führen, und mein Mann bräuchte die Studentinnen für seine Eitelkeit. Er käme ja auch jeden Abend nach Hause, würde mich nicht schlagen, kurz: Sie riet mir, das Problem nicht zu hoch zu hängen.

Mein Partner negierte also meine Erfahrungen, und er brauchte diese Lüge als Schutz seiner Persönlichkeit, aber er erkannte nicht, daß er mich damit zur Einsamkeit verdammte. Er konnte gewisse Wahrheiten nicht an sich heranlassen, und statt ein solches Problem gemeinsam zu lösen, baute er mir gegenüber eine Blockade auf und instrumentalisierte die eigene Schwäche, um mich auszutricksen.

W.W.: Eigentlich ist es unerträglich, daß man die Wahrnehmungen der sinnlichen Welt und darüber hinaus die daraus folgenden Erkenntnisse eines Menschen negiert. Denn hier geht es nicht um Gefühle oder Meinungen, sondern um Fakten. Das ist ungefähr so, als wenn man die Wahrnehmung einer vor einem auf dem Tisch stehenden brennenden Kerze, an der man sich auch noch verbrannt hat, schlicht leugnet und die Aussage trifft, sie sei ein Glas Wasser.

U. Bernhardt: Die Konsequenz, die ich daraus für mein Leben gezogen habe, war eine sehr große Selbständigkeit. Ich wollte nicht länger von solch einem Menschen abhängig sein. Beruflich habe ich mich weiterentwickelt, und auch in der Ehe habe ich die Kurve genommen und mich schrittweise aus ihr zurückgezogen. Meine Einsamkeit und meine Enttäuschung in der Ehe fand man allerdings in meinem Bekannten- und Freundeskreis als völlig normalen Zustand.

Stufenweiser Ablösungsprozeß

Mit 28 Jahren, gleich nachdem mein Mann eine ordentliche Professur im Ruhrgebiet bekam, wurde ich dann doch schwanger. Ich selbst war zu der Zeit in Berlin bereits als selbständige Grafik-Designerin recht erfolgreich und wollte nicht umziehen. Da ich aber ausgerechnet in dieser Kippsituation unserer Ehe dann doch noch schwanger wurde, überstrahlte dieses Erlebnis jede Kritik meinerseits. An erster Stelle stand jetzt die Familie, wir kauften uns im Ruhrgebiet ein Haus, und kurz darauf wurde ich mit meiner zweiten Tochter schwanger.

Während der zweiten Schwangerschaft stand vor mir ganz klar das Bild, aus dieser Stadt und der Ehe ausbrechen zu müssen. Lieber hätte ich in einem Hinterhof in Berlin gelebt, war aber realistisch genug, daß ich als schwangere Frau mit einem einjährigen Kind keine Chancen hätte. Deshalb vollzog ich einen stufenweisen Ablösungsprozeß, immer mit der Möglichkeit, daß sich in der Ehe noch etwas ändern könnte, ging dann zurück nach Stadthagen und übernahm die Druckerei meines Vaters.

Bei dieser Gelegenheit fällt mir noch ein drittes Einsamkeitserlebnis ein: Wir saßen mit den Kindern beim Italiener, es war eine sehr schöne Stimmung, und ich sagte, daß man doch nur das sehe, was man wisse. Daraufhin hielt mir der Herr Professor eine philosophische Abhandlung, mit der er nichts anderes ausdrücken wollte, als daß meine Aussage mal wieder der größte geistige Stuß gewesen sei. Und ich weiß noch genau, wie ich mir an diesem Abend vornahm, nicht eher ins Bett zu gehen, bis diese Differenz ausgeräumt sein würde. Ich wollte mich einfach nicht mehr so verbiegen und niedermachen lassen. Das war eine Situation ca. zwei Jahre vor unserer Scheidung. Ich habe geschrien und getobt, war wirklich außer mir, aber mein Mann hielt mir einen philosophischen Vortrag nach dem anderen. Und ich weiß noch genau, wie ich ihn anbrüllte: „Du lernst nur von den Toten, ich aber von den Lebenden!"

Über drei Jahre machte ich jeweils am Wochenende noch meinen Industriemeister Druck, gründete einen Verlag und eine Werbeagentur. Alles, was mir an Zuneigung und Ernsthaftigkeit fehlte, habe ich mir durch ein eigenes Reich selbst geschaffen. Ich hatte meine finanzielle und soziale Unabhängigkeit erreicht, und der Professor kam nur am Wochenende zu Besuch und tauchte in meine Welt ein. Ich selbst besuchte ihn kaum. Er wünschte nicht den Kontakt zu seinem Lebensumfeld. Wegen dieser schrittweisen Lösung fiel es mir dann auch in einer gemütlichen Situation mit meinem Mann leicht, ihm mitzuteilen, daß ich mich von ihm scheiden lassen möchte.

W.W.: War das noch ein Einsamkeitserlebnis für Dich?

U. Bernhardt: Nein, es war eine gut vorbereitete und durchdachte Situation, die auch niemandem einen emotionalen Schaden zufügen sollte. Die Außenwelt verstand überhaupt nicht, daß ich mich von ihm scheiden ließ. Unsere Ehe galt als eine gute, mein Mann war attraktiv und Professor, und ich wurde nur verständnislos gefragt, warum ich mich von diesem Mann scheiden lassen wolle. Die Menschen konnten nicht verstehen, daß ich für mein Leben Ernsthaftigkeit und Akzeptanz brauchte, aber keine Scheingefechte.

W.W.: Sind es die Einsamkeitserlebnisse Deiner Ehe gewesen, die Dich in die Lage versetzt haben, persönlich und beruflich selbständig zu werden?

U. Bernhardt: Ja, das ist die positive Seite der Einsamkeitserlebnisse, die aber nur dann auftritt, wenn man die Einsamkeitserfahrung verwandeln kann.

„Die Abschlußfeier unserer Ehe"

W.W.: Wolfgang, wie ging es mit Deiner Ehe weiter? Hattest Du nach der Konfrontation durch den Brief weitere Einsamkeitserlebnisse in der Ehe?

W. Schlüter: Bei mir verlief es anders als bei Ute. Ich trug in mir ganz stark das Idealbild einer lebenslangen Ehe mit nur einer Frau. Dieses Ideal lebte so stark in mir, daß ich es trotz aller Schwierigkeiten niemals in Frage gestellt habe. Im Verlauf meiner weiteren Ehejahre stellte sich aber ein latentes Gefühl von Sehnsucht ein, und zwar die Sehnsucht, allein zu sein, sowie die Sehnsucht nach Erfüllung von Wünschen, die ich damals punktuell nicht definieren konnte. Daraus entstand eine latente Unzufriedenheit. Auf der anderen Seite hatte ich dafür aber keine wirkliche Erklärung und stellte die Ehe auch nicht grundsätzlich in Frage.

Unsere Ehe lief aber auf einen merkwürdigen Punkt zu. Es war unser 20. Hochzeitstag, und wir machten mit unseren Kindern auf Sylt Urlaub. Anläßlich dieses 20. Hochzeitstages veranstalteten wir ein Essen mit denjenigen Freunden, die zu diesem Zeitpunkt zufällig auch auf der Insel waren. Wir waren also insgesamt 12 oder 13 Personen. Es wurde eine sehr schöne Feier, mit kleinen Ansprachen und guten Gesprächen. Aber nach dieser Veranstaltung hatte ich das ganz klare Gefühl, daß dies die Abschlußfeier unserer Ehe war. Warum das so war, kann ich nicht sagen, aber

Ute Bernhardt, Wolfgang Schlüter

es stellte sich das Gefühl ein, daß mit uns etwas zu Ende ging. Mein Fazit daraus war, daß wir die silberne Hochzeit nicht mehr zusammen feiern werden. Dieses Gefühl stellte sich merkwürdigerweise ganz sicher ein. Und ich hatte zu diesem Zeitpunkt kein anderes Verhältnis zu einer anderen Frau. – Das Gefühl des Unerfülltseins in unserer Ehe nahm bei mir fortan immer stärker zu.

W.W.: Wie erlebtest Du die Diskrepanz zwischen dem Ideal der lebenslangen Einehe und dem stärker werdenden Gefühl der Unzufriedenheit in der Realität?

W. Schlüter: Das kann ich eigentlich nicht richtig begründen. Ich weiß nur, wie dieses Gefühl immer stärker wurde. Ich war einfach nicht mehr glücklich. Ich hätte es aber nicht auf den Punkt bringen können. Ich hätte nicht genau beschreiben können, woran es eigentlich lag. Vielleicht hätte ich sagen können, meine Frau hörte mir nicht richtig zu oder sie hätte nicht genug Interesse an mir, aber das war es eigentlich nicht. Der Bruch war tiefer. Ganz tief floß ein Strom des Verlassenseins, der Einsamkeit.

W.W.: Wie kam es zur Scheidung?

W. Schlüter: Das war eine schrecklich lange Phase des Leidens. Und diese Phase ist nicht zu trennen von der Bekanntschaft mit meiner jetzigen

Frau, mit Ute. Ich lernte Ute durch die Vermittlung meiner ersten Frau kennen. Ute war in vieler Hinsicht das Gegenteil von meiner Frau. Sie hörte mir zu, und ich hörte ihr zu. Sie interessierte sich für meine Interessensgebiete, und ich interessierte mich für die ihren. Gemeinsam schmiedeten wir Pläne, entwickelten auch beruflich viele gemeinsame Ziele, und wir hatten die gleichen Ideale. Das Wesentliche war, daß ich in Ute ein Ohr fand. Durch die berufliche Zusammenarbeit mit Ute entstand ein freundschaftliches, später ein Liebesverhältnis.

Die Petersilie

U. Bernhardt: An dieser Stelle sollte ich ein Schlüsselerlebnis schildern. Ich hatte einen Hund, den ich regelmäßig ausführen mußte. Durch diese Hunderunde ergab es sich hin und wieder, daß ich Wolfgang nach einer Geschäftsbesprechung nach Hause begleitete. Eines Tages fragte ich ihn: „Wolfgang, was ist eigentlich mit Dir los?" Daraufhin schaute er mich an und sagte: „Mir ist einfach die Petersilie verhagelt."

W. Schlüter: Das war für mich die Umschreibung meiner Lebenssituation. Damals konnte ich das nur in dieses Bild bringen, heute kann ich es alles viel deutlicher und begrifflich konturierter darstellen. Ich war nicht glücklich, nicht im Frieden mit mir und meiner Partnerin, unsere Partnerschaft war nicht mehr ausgefüllt. Ich war wie ein verstimmtes Instrument. Ich – das Instrument – klang nicht mehr, ich war in Disharmonie. Und das entstand aus dem Mangelgefühl, nicht wirklich angenommen zu sein, nicht wirklich geliebt zu werden und vielleicht auch nicht richtig lieben zu können.

Durch Utes Frage wurde ein Tor aufgestoßen, denn ich mußte mich erklären, und zwar vor allem das, was mich innerlich bewegte. Ich mußte Worte und Gedanken finden, um mich mit meinem Problem auseinanderzusetzen. Der Auseinandersetzungsprozeß dauerte noch vier bis fünf Jahre, bis ich meinen Entschluß fassen konnte, mich aus meiner ersten Ehe zu lösen und statt dessen Ute zu heiraten. Und dieser Umschwung ging durch enorme Tiefen hindurch. Begleitet war er von starken seelischen Schmerzen. Das ist natürlich nichts Einmaliges, denn sehr viele Menschen machen ähnliche Schmerz- und Einsamkeitserlebnisse durch. Am schlimmsten war für mich aber das Hin- und Herschwanken zwischen den Extremen: „Soll ich, oder soll ich nicht?", „Darf ich, oder darf ich nicht?" Schließlich hatte ich einmal einen Entschluß zur lebenslangen Einehe gefaßt. Deshalb war es für mich die größte Klippe, diesen selbst gefaßten und geäußerten Entschluß zu widerrufen. Es ging nicht mehr darum, daß der Tod uns scheidet, sondern ich mußte den Entschluß fassen, diese Ehe zu beenden.

„Ich habe mich selbst kennengelernt"

W.W.: Und wie kamst Du zu diesem freien Entschluß?

W. Schlüter: Das war außerordentlich schwierig, und dazu möchte ich zwei Dinge sagen. Erstens habe ich eine Biographiearbeit gemacht, weil ich allein nicht mehr weiter konnte. In meiner Einsamkeit und meinem Alleinsein mußte ich professionelle Hilfe suchen, weil ich die Entscheidung ohne diese zum damaligen Zeitpunkt nicht hätte fällen können. Ich habe dann bei Mathias Wais (siehe das Interview mit ihm in diesem Band; Red.) eine sehr intensive einjährige Biographiearbeit gemacht und diese nach einer längeren mit Übungen durchsetzten Pause noch einmal aufgegriffen. In dieser Biographiearbeit habe ich mich vor allen Dingen selbst viel besser kennengelernt. Und diese Arbeit war wunderbar hilfreich und führte zur Klarheit. Auf jeden Fall hätte ich ohne die Biographiearbeit niemals den Mut zu mir selbst und zu meinem Entschluß gefunden. Das war im Sommer 1992. Zu dieser Zeit hatte ich mich allein auf die Insel Sylt und nach Seebüll beim Nolde-Museum zurückgezogen. Alle mir bekannten Menschen, die ich in diesen Tagen suchte oder erreichen wollte, hatten keine Zeit für mich. Ich fand niemanden und war ganz auf mich allein gestellt.

Traum der Entscheidung

In einer der Nächte, die ich in Seebüll verbrachte, hatte ich einen Traum, wahrscheinlich ausgelöst durch mein Ringen um den rechten Weg. Im Traum ging ich eine Straße entlang, und plötzlich ertönte eine Stimme und rief: „Der Weg ist höher als alle Geburt."

Heute habe ich diese gesamte Situation noch einmal in meinem Tagebuch nachgelesen, vor allem die Einsamkeitssituation auf Sylt und in Seebüll, in der ich verzweifelt nach Gesprächspartnern suchte, aber keine fand. Ich fand auch in meinem Tagebuch die Sinnfrage nach der Einsamkeit. In dieser Zeit habe ich regelmäßig Tagebuch geführt, und zwar weniger bezogen auf die äußeren als auf die inneren Erlebnisse. Ich wollte mir einfach von der Seele schreiben, was mich umtrieb. Dieser Traum war für mich ein Kernerlebnis. Ich verstand, daß es um den Weg geht, nicht um die Familie, die Tradition, um die Verhältnisse, in die ich hineingeboren worden war. Der Weg entfernte mich von dem Ort, dem ich traditionell in der Vergangenheit verbunden war.

Ich habe dann Ute, die gerade mit ihren Kindern auf den Scilly-Islands Urlaub machte, angerufen und ihr mitgeteilt, daß ich nun den Entschluß zur Scheidung gefällt hätte und daß wir beide in Zukunft einen gemeinsamen Weg gehen könnten. Ich war also durch das Nadelöhr durch.

Der Biographiearbeit verdanke ich, daß ich heute nicht an einem schlechten Gewissen leide. Die Vergangenheit ist aufgearbeitet. Die vergangenen Verhältnisse sind mit ihrer Problematik zur Erkenntnis geworden. Von der Vergangenheit bin ich jetzt frei und mit mir selbst im reinen und im inneren Frieden.

W.W.: Du mußtest Dich also erkenntnismäßig hindurcharbeiten, um eine neue Entscheidung treffen zu können?

W. Schlüter: Ja, es war eine ganz starke erkenntnismäßige Aufarbeitung der Vergangenheit, Gegenwart und Zukunft, und damit habe ich letztendlich die Verantwortung für mich selbst und mein Schicksal übernommen. So etwas läßt sich auch nicht delegieren.

Das ist ähnlich wie in der Biographiearbeit. Auch dort sagt einem nicht irgend jemand, was man zu tun hat, sondern man bekommt einen Spiegel vorgehalten, um sich selbst zu erkennen. Natürlich nur, wenn man will und wenn man es aushält. Das war ein langer Weg, aber er hat mir unglaublich geholfen. Den Prozeß der Biographiearbeit, den Prozeß meiner Entscheidung habe ich nicht übers Knie gebrochen, und ich habe Ute damals immer gesagt, daß ich noch Zeit bis zu einer endgültigen Entscheidung brauche. Indem ich mir aber Zeit gelassen habe, habe ich mein Gebundensein an die Vergangenheit Schritt für Schritt abgebaut. Mit Vergangenheit meine ich die heile Ehe, das heile Elternhaus und die heilen Elternhäuser der Groß- und Urgroßeltern. In diesen Zusammenhängen war Ehescheidung ein Sakrileg. Mein Vater hat mich noch ermahnt, meine Ehe aufrechtzuerhalten, denn sie gebe doch ein so schönes Bild ab. Aber ich wollte kein Bild leben, sondern die Wirklichkeit.

Der Streik

W.W.: Ute, Du hattest in Agentur, Verlag und Druckerei zusammen 23 Mitarbeiter. Welche Enttäuschungen und Einsamkeitserlebnisse hattest Du in Deinen damaligen Berufsjahren?

U. **Bernhardt:** Die Druckerei war ein Familienbetrieb. Anfangs arbeiteten noch mein Vater, seine Schwester und deren Mann mit. Wir wohnten im gleichen Haus, und einige Mitarbeiter kannten mich noch als Kind. Alle nannten mich Ute und duzten mich, auch als ich Chefin wurde. Es war eine wunderbare Ansammlung von Menschen in allen Altersstufen. Ich habe für die Mitarbeiter gekocht, wir haben schöne Feste gefeiert, und es war ein sehr familiäres und harmonisches Miteinander in der Zusammenarbeit. Es gab unter uns auch eine große Offenheit, so daß ich mich unter meinen Mitarbeitern geborgen fühlte.

Es gab auch einen Betriebsrat, der uns aber keinerlei Probleme bereitete. Eines schönen Morgens kam ein Mitarbeiter die Treppe hoch zu meiner Wohnung und sagte: „Ute, es tut mir leid, aber wir bestreiken jetzt Deinen Betrieb." Als ich erstaunt zurückfragte, warum gerade unser Betrieb bestreikt würde, erklärte er mir, daß die Hauptgeschäftsstelle der IG Druck und Medien, wie sie damals hieß, uns als zu bestreikenden Betrieb ausgesucht hätte. Neben unserem Betrieb wurde in Stadthagen noch ein weiterer Betrieb bestreikt.

Meine Mitarbeiter standen dann mit Schildern vor unserer Tür, und auf meine Frage, wie lange der Streik dauern würde, antwortete man mir: „Maximal drei Tage." Schulterzuckend fügte ich mich und äußerte, daß dies wohl der Preis sei, den man in unserem Tarifsystem zu zahlen habe. Mit einigen Praktikanten und Familienmitgliedern konnten wir diese drei Tage einigermaßen überbrücken.

Unangenehm für mich war dagegen, daß ich nun in Stadthagen wegen meiner sozialen Ader und Großzügigkeit belächelt wurde. Bei meinen Unternehmerkunden galt ich als Linke. Und hinter vorgehaltener Hand sagten sie mir immer wieder mehr oder weniger deutlich, daß ich eines Tages schon mein blaues Wunder erleben würde. Bei diesem Streik riefen sie mich an und sagten mir auf den Kopf zu, daß ich nun die Quittung meines Verhaltens erlebte. Meine Unternehmerkollegen sorgten sich aber vor allem wegen der Druckaufträge, die sie unserer Druckerei gegeben hatten.

Am vierten Tag standen die Mitarbeiter immer noch vor der Tür. Der Streik war verlängert worden. Das Absurde war, daß es bei diesem Streik nicht um Lohnerhöhungen, sondern um Mitbestimmungsfragen ging, und zwar um Mitbestimmungsmodelle, die ich in meiner Druckerei seit vielen Jahren längst verwirklicht hatte. Bezogen auf meinen Betrieb streikten sie also für etwas, was sie längst erreicht hatten. Dieser vierte Tag war obendrein mein 39. Geburtstag. – Normalerweise gebe ich an meinem Geburtstag ein Frühstück aus. Die Situation wurde immer absurder, einige kamen hoch, um mir zu gratulieren, andere blieben vor der Tür. Meine Geburtstagsstimmung war keineswegs gigantisch, und ich überlegte mir, wie ich aus dieser vertrackten Situation herauskommen könnte. Meine Mitarbeiter streikten für etwas, was ich ihnen nicht geben konnte, denn sie hatten es schon, ich brauchte aber meine Mitarbeiter dringend für die Arbeit. Ich mußte handeln.

Kurzentschlossen lud ich alle am Abend des vierten Tages ein, und zwar an einen neutralen Platz, in ein Café. Ich lud zusätzlich meine Unternehmerkollegin ein, deren Betrieb ebenfalls bestreikt wurde, und bat sie, auch ihre Mitarbeiter einzuladen. Ich mußte etwas unternehmen, da der Streik mittlerweile unbefristet war. Ich wollte meinen Mitarbeitern sagen, daß es so einfach nicht weitergehen könne. Ein Großunternehmen kann sich so etwas vielleicht leisten, aber bei meinem mittelständischen Betrieb waren die Arbeitsplätze der Streikenden durch ihre Handlung akut gefährdet.

Als ich abends in das Café ging, stand meine Unternehmerkollegin vor der Tür und teilte mir mit, daß sie an dieser Versammlung nicht teilnehmen wolle, sie hätte mit dem Verband gesprochen, und dies sei nicht der richtige Weg. Damit stand ich ganz allein.

Allein

Allein trat ich vor meine Mitarbeiter. Zu dieser Zeit hatte ich einen jungen Puertoricaner für zwei Jahre eingestellt. Er war ein unglaublich toller Typ und eine große Bereicherung für meine Druckerei. Die abendliche Versammlung lief sehr gestelzt – Streik oder Weiterarbeit, Streikbrechung oder nicht usw. –, bis der Puertoricaner aufstand und in seinem gebrochenen Deutsch laut in die Versammlung rief: „Verdammt nochmal, ich gehe morgen in den Betrieb und drucke für Ute. Seid Ihr eigentlich bescheuert?" Dadurch weichten sich die Verkrampfungen ein wenig auf, und ich teilte meinen Mitarbeitern mit, daß ich mich freuen würde, wenn sie alle morgen wieder zur Arbeit erschienen.

Auf dem Weg nach Hause wurde mir klar, daß dies eine Abschiedsveranstaltung war. Und ich beschloß, bei der nächsten Möglichkeit, die sich mir bieten würde, aus diesem Betrieb auszusteigen. Ich wollte nicht die Unternehmerin sein, die sich in diese Art der tariflichen Auseinandersetzungen begibt. Denn ich war nicht der vermeintliche Klassenfeind, den sie mit ihrem Streik bekämpften. Allerdings habe ich als Konsequenz nach diesem Streik zwangsweise Unternehmerqualitäten entwickelt. Ich war aufgrund meiner Stellung in dieser Funktion und mußte diese Funktion jetzt auch wahrnehmen.

W.W.: Kamen am fünften Tag alle zur Arbeit?

U. Bernhardt: Einige kamen, andere setzten den Streik fort. Aber die Arbeit konnte mit einer Notbesetzung weitergeführt werden. Manche kamen und arbeiteten mit halber Kraft und gingen dann wieder vor die Tür zum Streik. Es war eine ambivalente Situation. Andere meldeten sich krank, bekannten sich also weder zu mir noch zum Streik.

„Die späte Rache der Ute Bernhardt"

W.W.: Und wie hast Du Dich von der Druckerei gelöst?

U. Bernhardt: Das ist mir sehr gut gelungen. Der Gewerkschaftsobmann unseres Landkreises und seine Frau gehörten zu meinen Beschäftigten. Diesem Ehepaar habe ich nach der Ausgliederung des Verlages und der Werbeagentur meine Druckerei angeboten, und sie haben sie übernommen. Ein Kunde von mir charakterisierte diese Übergabe Jahre später folgendermaßen: „Das war die späte Rache der Ute Bernhardt." Der Verkauf der Druckerei war drei Jahre nach dem besagten Geburtstag.

W.W.: Was genau war mit der „späten Rache der Ute Bernhardt" gemeint?

U. Bernhardt: Der Gewerkschaftsfunktionär wurde zum Unternehmer, also zum Wendehals.

W.W.: Wie änderte sich das Verhältnis in den letzten drei Jahren zwischen Dir und Deinen Arbeitnehmerinnen und Arbeitnehmern?

U. Bernhardt: Eine äußere Geschichte war z.B., daß ich alle bisherigen Mitarbeiter duzte, alle neu hinzukommenden siezte. Im Betrieb wurde ich zwar nicht zum harten Hund, aber ich habe mich unverletzbarer gemacht und habe an verschiedenen Stellen, an denen ich mich sonst vielleicht weggebeugt hätte, klare Positionen geschaffen. Ich habe nicht mehr alles mit Familienfreundlichkeit übergossen, sondern habe klarere Arbeitsverträge gemacht, habe mir einzelne Dinge unterschreiben lassen, die ich in der Zeit zuvor auf Treu und Glauben nicht fixiert hätte.

W.W.: Dein Einsamkeitserlebnis unter Deinen Mitarbeiterinnen und Mitarbeitern war also die Erkenntnis, daß Du immer für sie da warst, sie aber nicht für Dich?

U. Bernhardt: Ja. Natürlich sind Gewerkschaften notwendig, und die ersten drei Tage Streik habe ich auch akzeptiert.

W.W.: Aber man hätte den Streik doch wesentlich differenzierter gestalten können. Schließlich macht es aus Sicht der Gewerkschaften wenig Sinn, einen mittelständischen Betrieb durch Streik in den Ruin zu treiben. Hätten die Gewerkschaftsmitglieder in Deiner Belegschaft nicht bei ihrem Gewerkschaftsverband sagen können, daß gerade Dein Betrieb nicht bestreikt werden solle, da ihre Ziele in Deinem Betrieb ohnehin schon längst umgesetzt waren?

U. Bernhardt: Genau das hätten sie können, und an diesem Punkt lag meine Enttäuschung. Auf der anderen Seite hat mich dieses Ereignis aber auch gestärkt. In gewisser Weise verstehe ich die Gewerkschafter auch, wenn sie sich mit kämpferischen Parolen versammeln, auf ihre Rechte pochen und sich vielleicht zusätzlich abends in der Kneipe treffen und auf die Unternehmerschweine fluchen – das hat dann eine gewisse Erotik, der man sich schwer entziehen kann. Es passiert auch nicht so oft in einem verschlafenen Städtchen, daß man zum Streik aufruft. Sie fanden es einfach spannend, als Streikende vor einem Betrieb zu stehen. Aber mich hat es – wie gesagt – gestärkt, allerdings war ich nun nicht mehr ihr Freund, sondern der Unternehmer. In diese Rolle hatten sie mich gestoßen. Ich mußte nun Unternehmerin sein und füllte dieses Rechtsverhältnis auch aus.

„Menschen kann man nicht verändern"

W.W.: Wolfgang, vor neun Jahren haben wir schon einmal ein Interview durchgeführt (siehe FLENSBURGER HEFTE 38, „Konfliktbewältigung"). Damals hatte Dein Betrieb die größte Mitarbeiterzahl, Du warst voller Ideale, machtest mit Deinen Mitarbeitern Leitbildarbeit sowie künstlerische und andere Aktivitäten während der Arbeitszeit. Wie hat sich die Situation des Betriebes in den letzten neun Jahren verändert, und inwiefern mußtest Du Deine Ideale aufgeben?

W. Schlüter: Ich habe inzwischen einen ganz starken Veränderungswillen in bezug auf das Unternehmen, vor allem bezogen auf die Mitarbeiter. Damals war ich ganz stark davon durchdrungen, daß sich die Menschen entwickeln sollten, lernen und sich auf den Weg machen sollten. Anfangs war dies durchaus uneigennützig, wenn man es aber weiterdenkt, war es für das Unternehmen auch eigennützig gedacht. Denn ein Unternehmen entwickelt sich mit und durch die Menschen. Ich habe ungeheuer viel Zeit und Kraft in die Bildung und Weiterbildung meiner Mitarbeiter investiert. Mein Fazit der letzten zehn Jahre ist, daß man die Menschen von außen nicht verändern kann. Jeder einzelne kann sich nur verändern, wenn er sich selbst auf den Weg macht. Ich habe erkannt, daß Veränderungen im Betrieb nur entstehen, wenn ich bei mir selbst etwas verändere. Nur wenn ich mich selbst verändere, kann ich auch in meinem Umfeld verändernd eingreifen. Es geschieht z.b. nicht dadurch, daß man versucht, positiv motivierend zu agieren. Ich kann im Betrieb ein Klima schaffen, durch das die Mitarbeiterinnen und Mitarbeiter gut aufgehoben sind, aber ich kann sie letztlich nicht wirklich motivieren, schon gar nicht zu Dingen, die über die betriebliche Mitarbeit hinausgehen. Mein tiefes Ideal, daß sich jeder Mensch entwickeln möge, ist ein frommer Wunsch geblieben. Damit bin ich einem falschen Bild gefolgt. Heute muß ich sehen, daß es so nicht geht und daß mein Idealismus fehl am Platz war.

W.W.: Kannst Du ein paar Beispiele geben, an denen deutlich wird, daß Deine Mitarbeiter Deine zusätzlichen Angebote nicht aufgegriffen haben?

W. Schlüter: Die stärkste Konfrontation einer intensiven Leitbildarbeit ist die Kündigung. Besonders schmerzhaft ist es, wenn dies in schwierigen Phasen des Betriebes geschieht. Es ist leicht, einem erfolgreichen Unternehmen die sogenannte Treue zu halten. Wenn sich aber der wirtschaftliche Erfolg eines Betriebes nicht einstellt, dann ist es für das Unternehmen schmerzhaft, wenn einzelne Mitarbeiter das Unternehmen verlassen und dem eigenen Erfolgsstreben folgen.

Es ist mir nicht gelungen, eine so tiefe Verbundenheit der Mitarbeiter zu meinem Betrieb zu schaffen, daß sie dem Betrieb auch in schwierigen Phasen verbunden geblieben wären. An diesem Punkt hatte ich durch viele Kündigungen ganz erhebliche Enttäuschungen auszuhalten. In meinem Betrieb arbeiteten besonders viele junge Menschen, die noch am Anfang ihrer Karriereleiter standen. Diesen jungen Menschen habe ich mich am meisten zugewandt, habe sie am meisten gefördert, aber ich mußte erkennen, daß gerade von den jungen Menschen am wenigsten zurückkam. Ich kann nicht begründen, woran das wirklich liegt. Meine eigene intensive Zuwendung wurde nicht beantwortet.

Es gibt ja die Äußerung von Rudolf Steiner, daß man durch Liebestaten Schulden aus dem letzten Leben bezahlt. Wenn ich jetzt sage, daß das Interesse am Menschen = Liebestaten = Schuldenbezahlen ist, dann muß ich nüchtern feststellen, daß ich für diese Aktivitäten von den Menschen auch nichts zu erwarten habe. Anthroposophisch gesehen kann ich damit umgehen. Wenn man das aber auf die Unternehmensebene beschränkt, muß ich konstatieren, daß ich nur pragmatisch vorgehen und – das habe ich gelernt – in keine freundschaftlichen und persönlich nahen Verhältnisse zu den Mitarbeitern eintreten kann. Dadurch wird das Verhältnis zu den Mitarbeitern nicht wirklich gefestigt, es scheint nur so zu sein. Irgendwann wenden sie sich ab.

„Das Scheitern eines Ideals tut weh"

W.W.: Wie hat diese Enttäuschung seelisch auf Dich gewirkt?
W. Schlüter: Befreiend. Ich bin jetzt befreit und erlöst. Es waren ganz tiefe Enttäuschungen, aber durch den schmerzhaften Prozeß des Scheiterns konnte ich klar erkennen, wie die Wirklichkeit ist. Ich habe erkannt, daß es in den entscheidenden Dingen immer auf mich selbst ankommt. Das sage ich nicht, weil ich mich als tollen Hecht begreife, sondern weil es für mich keinen Stellvertreter gab und ich die Dinge tun mußte, die in meinem Aufgabenbereich lagen. Ich kann mir Rat holen, aber ich bin es, der entscheiden muß. Das war für mich die wesentlichste Erfahrung überhaupt. Insofern habe ich anstelle des alten einen neuen Idealismus gewonnen, der mich erwärmt und zugleich ermutigt. Ich habe nicht resigniert, sondern schaue voller Elan und Kraft in die Zukunft.

In den schwierigen Phasen unseres Unternehmens haben mich immer mal wieder Mitarbeiter gefragt, woher ich meine Motivation nehme und warum ich nicht auch aufgebe. Ich habe ihnen geantwortet, daß das Scheitern eines Ideals außerordentlich weh tut, aber daß man aus dem Scheitern neue Erkenntnisse gewinnen kann, die einem wieder neue Kraft geben.

Ich hatte jedes Mal ein starkes Verlassenheitsgefühl, wenn sich wichtige Mitarbeiter aus dem Betrieb gelöst haben. Aber daraus habe ich gelernt, die Welt zu sehen, wie sie ist, und nicht so, wie ich sie mir wünsche. Vor zehn Jahren haben mich noch bestimmte Ideale und Wünsche geleitet, auch Wünsche, die Menschen zu gewissen Zielen zu leiten. Heute sehe ich die Menschen so realistisch, wie sie sind. Mittlerweile habe ich eine viel realitätsnähere Wahrnehmung der Welt. Und darüber bin ich kein bißchen enttäuscht, sondern dafür bin ich dankbar.

W.W.: Du wurdest alleinverantwortlicher Geschäftsführer Eures Betriebes. In welche schwierigen Fahrwasser geriet Euer Betrieb in den letzten zehn Jahren?

W. Schlüter: Meine Unternehmung hat sich in den letzten zehn Jahren halbiert, sowohl in der Mitarbeiterzahl als auch fast im Umsatz. In diesen vergangenen zehn Jahren ist nichts so geblieben, wie es war. Alles ist einmal grundsätzlich anders geworden. Das hängt mit der Globalisierung und dem Öffnen der Grenzen zu den Billiglohnländern im Osten zusammen. Dadurch wurde der Markt und die Wettbewerbssituation grundlegend verändert. In den letzten sechs Jahren ist die Firma wirtschaftlich in ein ganz schwieriges Fahrwasser gekommen. Aus einer gewinngewohnten Firma wurde eine Firma, die in die roten Zahlen kam. Die letzten Jahre wurden zu einer Gratwanderung zwischen Fortbestand des Unternehmens und dem schlichten Aus. Diese Phase dauert bis heute an. Aber derzeit arbeiten wir – verbunden mit Abstrichen bei den Lohnkosten und der Personalzahl – an einem Zukunftsmodell. Mit der verbleibenden Mannschaft wollen wir das Unternehmen wieder in die schwarzen Zahlen führen.

Auf dem Weg von der Gewinn- zur Verlustsituation einer Firma sind die schwierigsten Klippen immer die Verhandlungen mit den Banken, den Kreditgebern. Bei den Banken hat man es mit denjenigen zu tun, die einem letztlich vertrauen müssen, damit sie einem die liquiden Mittel verschaffen. Nur dann kann ein Unternehmen in einer Verlustsituation aufrechterhalten werden. Ein weiterer schwieriger Verhandlungspartner ist der Tarifpartner, also die Gewerkschaft. Für unser Unternehmen ist das die IG Metall, die größte Einzelgewerkschaft der Welt. Sie ist ein starker und teilweise schwieriger Verhandlungspartner. Eine weitere schwierige Rolle spielen die Betriebsräte vor Ort. Zur Zeit haben wir einen fünfköpfigen Betriebsrat.

In der Verhandlung mit diesen drei Partnern muß man alle Gesetze einhalten, wie z.B. das Betriebsverfassungsgesetz, das Mitbestimmungsgesetz und die Tarife, man muß auf die unterschiedlichen Interessenlagen eingehen, und alles findet in einem ganz stark vom Wettbewerb gekennzeichneten Markt statt.

„Mir wurde schwarz vor Augen"

W.W.: Welche Einsamkeitserlebnisse hattest Du bei prägnanten Verhandlungen mit Deinen Partnern?

W. Schlüter: Die dramatischsten Einsamkeitserlebnisse hatte ich bei Verhandlungen mit den Banken. Natürlich geht es in diesen Verhandlungen immer um Zahlen, um das Aufrechterhalten der Kreditlinien, aber letztendlich konzentriert sich alles auf die Person des Unternehmers. Vertraut man diesem Unternehmer oder vertraut man ihm nicht? Das letzte Quentchen, das den Ausschlag in einer Verhandlung gibt, liegt in dem, was zwischen den Menschen hin- und hergeht. Alle konkreten Zahlen, die man vorlegt, sind immer vergangenheitsbezogen, aber das Vertrauenskapital muß sich auf die Zukunft stützen können, und in dieser Hinsicht ist der Unternehmer in der entscheidenden Position.

Und ich habe Situationen erlebt, in denen mir dieses Vertrauen nicht geschenkt wurde. In Situationen, in denen mir dieses Vertrauen entzogen wurde, wurde mir – bildlich gesprochen – schwarz vor Augen, es wurde mir der Boden unter den Füßen weggezogen. Das waren die schwierigsten Situationen in meinen letzten Lebensjahren. Jedes Mal ging es um Sein oder Nichtsein des Betriebes, um die Arbeitsplätze meiner Mitarbeiter. Es heißt immer so schön: Eigentum verpflichtet. Das ist wahr, und ich habe als Unternehmer an dieser Verpflichtung schwer zu tragen. An diesem Punkt erlebt man Einsamkeitsmomente und Belastungen, die einem kein Mensch abnehmen kann.

Seit vielen Jahren mache ich täglich eine Übung mit einem Wort, das folgendermaßen lautet: „Ich bin in jeder Situation gefaßt, ruhig, ausgeglichen und überlegen. Ich erreiche mein Ziel." Wenn man von dieser Kraft durchdrungen ist, kommt man auch durch schwierigste Verhandlungssituationen hindurch. Denn man hat im Hintergrund die selbst eingeprägte Sicherheit und Gelassenheit.

W.W.: Du sprachst im Bild davon, daß Dir bei Verhandlungen schwarz vor Augen wurde. Kannst Du das noch etwas konkretisieren? Gab es auch Phasen, in denen die Einsamkeit und Verzweiflung so stark wurden, daß Du nicht mehr schlafen konntest?

W. Schlüter: Am prägnantesten war ein Erlebnis vor zwei Jahren, eine äußerst schwierige Verhandlung, an der das Land Niedersachsen, eine Großbank sowie unsere Hausbank beteiligt waren. In dieser Verhandlung saß ich allein und ohne jeden Wirtschaftsberater. Es stand eine Prüfung eines Kreditantrages durch den Landeskreditausschuß an. Ich saß in einer großen Verhandlungsrunde mit Vertretern des Finanz- und Wirtschaftsministeriums, mit Betriebswirtschaftlern und vielen Bankern. Während dieser Verhandlung hat man mich rauf- und runtermalträtiert. Und zum Schluß der Verhandlung bin ich richtig ausgerastet, habe die Akten auf den Tisch gehauen und bin in einem Weinkrampf zusammengebrochen. Die Verhandlung wurde unterbrochen, man hat mich rausgeführt, und dann saß ich dort eine Weile allein. Interessanterweise war das am Tag der Sonnenfinsternis, am 11. August 1999. Wir konnten zwar die Verhandlungen etwas später weiterführen, aber das war ein Erlebnis, das mich auch körperlich schwer erschüttert und geschwächt hat.

Schlaflose Nächte

Schlaflose Nächte habe ich immer wieder gehabt, und zwar insbesondere im Zusammenhang mit dem Geldproblem. Dieses Problem trat immer dann auf, wenn ich nicht mehr wußte, wie ich meine Mitarbeiter bzw. meine Lieferanten bezahlen konnte. Aber der geschilderte Zusammenbruch war eine gravierende Zäsur, weil ich daraus völlig verändert hervorgegangen bin. Zwar war ich körperlich sehr geschwächt, aber ich habe mir gesagt, daß mir das nie wieder passieren darf. Ein persönlicher Freund, der zugleich Arzt ist, hat mir auch Hinweise gegeben, wie man mit so einer Situation umgehen sollte, ohne sie zu nah an sich herankommen zu lassen. Dazu gehört die schon geschilderte Übung. Es sind also Übungen mit meditativen Charakter. Ich habe noch weitere vergleichsweise einfache Übungen durchgeführt, und ich habe zusammen mit meiner Frau Ute unser Leben völlig neu gestaltet. Das geht bis in den Tagesablauf hinein. Seitdem wir diesen Entschluß gefaßt und ihn umgesetzt haben, gibt es keine schlaflosen Nächte mehr.

Ich habe also eine neue Einstellung zu den dramatischen, bedrängenden, existenzbedrohenden Problemen bekommen. Ich habe gelernt, daß das Leben im allgemeinen etwas anderes, etwas umfassenderes ist als das spezifische berufliche Leben. Beides kann ich heute voneinander trennen. Ich sehe heute, daß es außer meiner beruflichen Aufgabe noch eine andere Dimension gibt. Ich hoffe, daß es mir gelungen ist, diese andere Dimension wenigstens teilweise zu erreichen. Dadurch habe ich mich von den bedrängenden Erlebnissen, den nagenden Einsamkeitsgefühlen befreit. Seitdem kann ich auch wieder ruhig schlafen.

W.W.: Wie hast Du, Ute, die schwierige Phase der Firma in den letzten Jahren erlebt?

U. Bernhardt: Das ist ambivalent. Es ist mir schwergefallen, in der passiven Begleiterrolle zu stecken. Insofern habe ich versucht, alle Entscheidungsprozesse und Einsamkeitsphasen Wolfgangs mitzutragen. Auf der anderen Seite bin ich sehr dankbar dafür, daß unser Leben nicht stromlinienförmig verlaufen ist, sondern daß wir die Chance hatten, an diesen großen Schwierigkeiten des Lebens ohne gesundheitlichen Schaden reifen zu können. Ich trage jetzt eine große Sicherheit in mir, daß wir die Aufgaben der Zukunft bewältigen werden.

Keine Entwicklung ohne Einsamkeit

W.W.: Wolfgang, was hast Du – abschließend gefragt – aus den Einsamkeitserlebnissen Deines Lebens gelernt?

W. Schlüter: Durch die Überwindung von Einsamkeitserlebnissen entwickelt man sich und geht Schritte in die Freiheit. Mir wurden Schleier fortgezogen, ich habe Vorurteile abgebaut. Wenn ich noch einmal auf das Sängerfest zurückkommen darf, bei dem ich mir unbewußt die Fragen gestellt habe, wo ich herkomme und wo ich hingehen will, dann habe ich erkannt, daß der Sinn des Lebens die Entwicklung des Menschen ist. Und ich kann mir nicht vorstellen, daß sich ein Mensch ohne Einsamkeit entwickeln kann. Aus den Einsamkeitserlebnissen findet Entwicklung zur Freiheit statt, und die Entwicklung zur Freiheit ist das größte Ziel des Menschen.

U. Bernhardt: In ganz schwierigen Phasen des Lebens schaue ich immer auf das bei mir am Küchenschrank hängende Gedicht von Hermann Hesse, „Stufen". Darin heißt es: „Nimm Abschied und gesunde."

Wege des Ich

Interview mit Mathias Wais

von Wolfgang Weirauch

Mathias Wais, *geb. 1948 in Stuttgart. 1968–76 Studium der Psychologie, Judaistik und Tibetologie in München, Haifa (Israel) und Tübingen. 1974–76 Lehranalyse und psychoanalytische Seminare. 1976–78 Tätigkeit als Neuropsychologe. 1977–78 u. 1981–84 Ausbildung in Verhaltenstherapie. 1978–81 Neuropsychologe an der Rehabilitationsklinik Neckargemünd. 1981–84 Neuropsychologe am Rehabilitationskrankenhaus für Kinder und Jugendliche in Gailingen/Bodensee. 1984–85 Leben und Arbeiten in der Dorfgemeinschaft Lehenhof (Bodensee); dort Fortbildung in Heilpädagogik und Sozialtherapie.*

Seit 1985 Leiter der „Beratungsstelle für Kinder, Jugendliche und Eltern" in Dortmund. Arbeitsschwerpunkte: Biographieberatung, sexueller Mißbrauch, Jungenpädagogik, Erziehungsberatung. Seit 1994 Mitarbeit im Modellprojekt „Ambulante Therapie mit Sexualstraftätern" des Justizministeriums NRW. – Mathias Wais ist verheiratet und hat zwei Kinder.

Buchveröffentlichungen u.a.: „Neuropsychologie für Ergotherapeuten. Grundlagen und Behandlung" (Dortmund ⁵2001); „Biographiearbeit – Lebensberatung" (Stuttgart ³1996); „Trennung und Abschied. Der Mensch auf dem Wege" (Stuttgart 1998); „Sexueller Mißbrauch" (Esslingen 1999); „Kindheit und Jugend heute – Sinn und Unsinn der Erziehung" (Stuttgart 2000); „Ich bin, was ich werden könnte" (zus. mit U. Meinardus, Stuttgart 2001).
Anschrift: Beratungsstelle für Kinder, Jugendliche und Eltern, Hesseweg 24, D-44328 Dortmund.

Der moderne Mensch ist einsam. Gruppenzusammenhänge wie Familien oder Volksgruppen, die in alten Zeiten Geborgenheit boten, tragen nicht mehr. Und dort, wo man sich allein auf sie stützt, entsteht oft Streit mit anderen Gruppen oder sogar untereinander. Die verschiedenen Volksstämme Afghanistans und vieler Länder Schwarzafrikas zeigen uns, daß purer Gruppenegoismus in unserer Zeit keine tragende Idee mehr bietet.

Nicht nur größere Zusammenhänge zerbrechen oder kriseln zunehmend, sondern auch kleine Gemeinschaften wie z.B. Partnerschaften jeglicher Art. Der Urgrund aller Konflikte und Zerwürfnisse ist die Individualität, das Ich, also die Persönlichkeit des Menschen, die sich zunehmend individualisiert.

Und diese Individuation ist ein zweischneidiges Schwert. Um zu einem Ich, zu einer Persönlichkeit zu werden, muß der Mensch durch Einsamkeitsphasen gehen. Einsamkeitserlebnisse ziehen sich durch die gesamte Biographie. Aber der Mensch kann sich auch mit seiner Individualität in Freiheit aus seiner Einsamkeit befreien und sich bewußt in eine Gemeinschaft begeben oder sich für eine Sache interessieren.

Mathias Wais schildert in nachstehendem Interview markante Punkte der Einsamkeit in der Biographie des Menschen: Einsamkeitserlebnisse in der Kindheit, der Pubertät, in der mittleren Phase des Lebens und im hohen Alter. Und er zeigt die Paradoxie des Ich; das Ich, das sich abgrenzt, und das Ich, das sich anderen Wesen gegenüber öffnen kann.

Einsamkeit ist ein Ich-Moment

Wolfgang Weirauch: Wie würden Sie Einsamkeit und Alleinsein definieren?

Mathias Wais: Mit Definitionen tue ich mich etwas schwer. Deshalb schlage ich vor, mit dem Gegenteil anzufangen. Das Gegenteil von Einsamkeit ist für mein Verständnis Teilhabe, und zwar Teilhabe am sozialen Leben, indem ich etwas von mir – was ich kann, was ich weiß, was ich bin – in mein soziales Umfeld einarbeite. Wenn dergleichen nicht getan oder gewollt wird, dann kann ein Einsamkeitsgefühl entstehen, und dieses Gefühl verweist uns auf ein Aufforderungsmoment.

Wenn ich mich einsam fühle, enthält diese Situation zugleich eine Aufforderung an mich zu einer Begegnung mit meinem eigenen Ich. Eine solche Ich-Begegnung ist nicht unbedingt angenehm, denn mein geistiger Wesenskern ist immerfort mehr als das, was ich selbst im Alltag verwirkliche. Wenn ich aber nicht das ergreife, was mein Ich eigentlich will, entsteht das Einsamkeitsgefühl.

Die so verstandene Einsamkeit ist nicht linear mit dem zu vergleichen, was man Alleinsein nennt. Alleinsein ist ein sozialer Begriff. Man kann sich von sozialen Bezügen abschotten, weil man allein sein will. Andererseits kann man aber auch durch die anderen verdrängt, abgeschottet werden, und dann hat das Alleinsein eine negative Komponente. Das Einsamkeitsgefühl, so wie ich es verstehe, ist allerdings nicht automatisch mit dem Alleinsein verbunden, denn Einsamkeit ist immer ein Ich-Moment, den ich aufgreifen kann, aber nicht muß.

Insofern haben beide Begriffe positive und negative Aspekte. Es gibt z.B. ein Bedürfnis nach Alleinsein, was man oft von Künstlern hört. Die größten Schaffensperioden finden nur statt, wenn sie allein sind. Man malt ein Bild nicht mit einem anderen zusammen. Ich kann es für jemanden malen, aber während des Schaffensprozesses muß ich allein sein. Das gleiche gilt für Menschen, die schriftstellerisch oder erfinderisch tätig sind. Der Mensch braucht also die Phasen des Alleinseins, um die Möglichkeiten und Fähigkeiten, die in ihm stecken, umsetzen zu können.

W.W.: Wodurch entsteht das Einsamkeitsgefühl?

M. Wais: Einsamkeitsgefühl entsteht dann, wenn ich mich gegen eine Situation wehre, die mich zur Kontaktaufnahme mit meinem geistigen Wesenskern auffordert. Das sind oft Situationen, in denen man auch äußerlich physisch allein ist. Genauso kann ich mich aber auch in einer Gruppe von Menschen – in der Disco, im Animationsurlaub auf Ibiza oder in irgendeiner Versammlung – enorm einsam fühlen, obwohl ich nicht allein bin.

W.W.: Wie kann Einsamkeit in den verschiedenen Phasen der Biographie anthroposophisch erklärt werden. Ist das die Trennung von der geistigen Welt?

M. Wais: Nein, eigentlich ist es sogar das Gegenteil. Denn in dem Moment, in dem ich mich einsam fühle, habe ich der Möglichkeit nach eine Berührung mit der geistigen Welt. Konkret wäre dies eine Begegnung mit meinem eigenen höheren Ich. Wie ich mit einer solchen Situation umgehe, ist meine individuelle Angelegenheit. Aber einsam werde ich mich dann fühlen, wenn ich mich dagegen wehre, was ich in der geistigen Welt bin oder sein könnte.

Der Atmungsvorgang des Lebens

W.W.: Was ist das erste Einsamkeitserlebnis des Menschen?

M. Wais: Dazu möchte ich ein Bild geben, das für den gesamten Lebenslauf des Menschen gilt. Das Verhältnis des konkreten irdischen Menschen zu seinem Ich ist ein Atmungsvorgang. Das Ich des kleinen Kindes ist noch fast ausschließlich in der Peripherie. Eltern und die räumlichen Verhältnisse sind seine Bezugsquellen. Das Kind lebt fast vollständig in diesen Außenbeziehungen. Der Jugendliche und der Erwachsene nehmen ihr Ich immer mehr in sich hinein. Mit 14 gibt es eine Abgrenzung zum Elternhaus, in der Lebensmitte ist der Mensch ganz auf sich gestellt und muß aus sich heraus handeln.

Diese Einatmung des Ich vom Kind- zum Erwachsensein schlägt beim alten Menschen um in einen Ausatmungsvorgang. Wenn es gut geht, arbeitet er sein Ich wieder in die Peripherie ein. Daraus ergibt sich für mich, daß es in der Kindheit eigentlich nur biographisch notwendige Einsamkeitsgefühle gibt. Auf jeden Fall sollte man nicht pädagogisch Einsamkeitserlebnisse schaffen, um damit für das spätere Lebensalter irgend etwas zu erreichen. Es gibt jedoch bestimmte Situationen, in denen das Kind sehr auf sich verwiesen ist, sich abgrenzt und sich auch von der Welt der Erwachsenen abgrenzen muß. Aber ein Kleinkind braucht die physische Gegenwart der Erwachsenen, und sie steht ihm auch zu.

W.W.: Nun wird nicht jedes Kind so erzogen, wie es für seine Entwicklung bestmöglich wäre.

M. Wais: Selbstverständlich, kaum ein Mensch wird nach dem Lehrbuch erzogen.

W.W.: Ist es nicht ein erstes Einsamkeitsmoment, wenn ein Kind zum ersten Mal allein sein muß, weil die Mutter z.B. kurz zum Einkaufen geht?

M. Wais: Das ist es bestimmt. Aber das ist ein natürlicher Umstand, und das Kind muß lernen, die Mutter nicht ständig zur Verfügung zu haben. So ein Erlebnis ist im ersten Moment schmerzhaft, aber zugleich entwicklungsfördernd.

Abgrenzungsschwäche

W.W.: Welche Entwicklungshemmnisse entstehen im späteren Leben, wenn ein Kind durch schlechte Erziehung zu oft alleingelassen wird bzw. durch Verlust der Eltern ohnehin allein ist?

M. Wais: Wenn im ersten Lebensjahrsiebt Einsamkeitserlebnisse zu stark, aber auch wenn sie zu schwach auftreten, kann daraus für das spätere Leben eine Art Ich-Schwäche entstehen. Natürlich gibt es hier graduelle Unterschiede. Ich-Schwäche verstehe ich so, daß eine Abgrenzungsschwäche vorhanden ist. Wenn ein Kind zu viel alleingelassen, auf sich verwiesen wird, ist der schon beschriebene Atmungsprozeß gestört, er wird nach einer bestimmten Richtung forciert, und so entsteht eine Persönlichkeit, die es nicht gelernt hat, sich abzugrenzen. Das gleiche entsteht aber auch, wenn ein Kind nie Einsamkeitsgefühle erlebt, weil die Mutter z.B. eine Art Gluckenmutter ist. Im späteren Leben entsteht dann eigentlich die gleiche Abgrenzungsschwäche.

Diese Ich-Schwäche kann sich beim Erwachsenen auf zwei Arten äußern. Zum einen können daraus Persönlichkeiten entstehen, die im sozialen Zusammenhang mit einer forcierten Abgrenzung auftreten. Das sind Menschen, die sehr stark betonen: „Ich bin ich. Ich habe nichts mit Euch zu tun!" Das können auch Menschen sein, die das Alleinsein verstärkt suchen. Die andere Gruppe sind diejenigen Menschen, die sich nicht abgrenzen können und immer in der Gemeinschaft mitschwimmen, die sich leicht beeinflussen lassen und immer in das eintauchen, was andere von ihnen erwarten.

Dann gibt es natürlich traumatisierte, mißbrauchte bzw. mißhandelte Kinder, die ein enormes unzuträgliches Einsamkeitsgefühl durchleben. Auch hier ist die Gefahr groß, daß die besagte Ich-Schwäche auftritt. Mit Ich-Schwäche meine ich, daß der geistige Wesenskern zumindest teilweise daran gehindert wird, sich voll in die Biographie zu inkarnieren.

W.W.: Was wäre der richtige Umgang mit einem Kind im ersten Lebensjahrsiebt zwischen notwendiger Geborgenheit und ersten notwendigen Einsamkeitserlebnissen in der Biographie?

M. Wais: Es gibt Zeitpunkte im Leben des Kindes, z.B. das fünfte und das neunte Lebensjahr, in denen das Kind durch die Entwicklung selbst in eine vorübergehende Distanz zu dem es tragenden Umfeld gerät. Bis zum fünften Lebensjahr werden die Eltern als eine Hülle erlebt, und dann taucht die Frage nach dem Unterschied zwischen dem Männlichen und dem Weiblichen auf. Das Kind erkennt dann, daß es zwei verschiedene Arten von Menschen gibt, und es stellt sich die Frage, zu welcher der beiden Gruppen es gehört. Daraus ergibt sich eine gewisse Distanzierung von den Eltern, und es kommt zu einer Art Einsamkeitserlebnis. Aber das ist gesund und kommt von allein. Das braucht man weder zu forcieren noch irgendwie zu kaschieren.

Im neunten Lebensjahr, in dem sogenannten Rubikon, tritt etwas Ähnliches auf, indem das Kind in eine Distanz zu den Bezugspersonen tritt. Es erkennt an ihnen Merkmale, die es zum ersten Mal kritisiert, weil sie dem Idealbild des Menschen nicht entsprechen: „Mutti, Du hast einen dicken Hintern. Vati, Du hast einen dicken Bauch." Und durch diese Distanzierung wird das Kind auf sich verwiesen; das ist wieder ein Einsamkeitserlebnis. Das ist sicherlich nicht angenehm, aber ganz bestimmt entwicklungsfördernd. Darüber hinaus sehe ich keinen Sinn darin, Kindern pädagogisch-methodisch Einsamkeitserlebnisse zu vermitteln.

W.W.: Vor dem Rubikon liegt noch der erste Schulbesuch. Wie kann man ein Kind auf diesen Ablöseprozeß vorbereiten?

M. Wais: Eigentlich beginnt das schon in der Zeit des Kindergartens, und man sieht es an dem Geschrei der Kinder, wenn sie dort morgens abgegeben werden. Meistens taucht das Kind dann, wenn die Mutter außer Reichweite ist, harmonisch in die Abläufe des Kindergartens ein. Mein Eindruck aus der Erziehungsberatung – was mein Hauptarbeitsgebiet ist – ist, daß dies eher ein Problem der Mütter ist, weil sie die Kinder nicht loslassen können. Viele Mütter gehen ganz in ihrer Rolle auf, und wenn sie dann das Kind für drei Stunden im Kindergarten abgeben, sind sie von ihrer Mutterrolle befreit, was manchmal auch nicht sehr angenehm für sie ist.

Der Verlust der Stille

W.W.: Wie stark bewerten Sie das Phänomen, daß Kinder keine Erlebnisse der Stille mehr haben: abends mit CD einschlafen, morgens mit Radio aufwachen, tagsüber Musikvideos. Verlieren sie dadurch die Fähigkeit, allein sein zu können, sich selbst auszuhalten?

M. Wais: Das möchte ich auf jeden Fall bestätigen. Aber man muß die Ursachen erkennen. Meist sind es die Eltern, vor allem die Mütter, die aus fürsorglichen Gründen versuchen, Einsamkeitserlebnisse ihrer Kinder zu verhindern. Dann läuft die Märchenkassette während des Einschlafprozesses, oder sie wachen mit Musik auf. Wenn man so etwas mit Kindern macht, ist das ein enorm störender Eingriff in die Entwicklung des Kindes. Das Alleinsein beim Einschlafen ist notwendig. Es geht nicht immer gut, es ist unangenehm, manchmal muß ein Kind auch bis zu zehnmal die Mutter rufen, oder es muß noch aufs Klo oder noch etwas trinken, aber das ist normal. Nicht normal ist es dagegen, diese Phase des Einschlafens mit Märchenkassetten zu überdecken. Ins Extreme gedacht kann daraus im späteren Lebensalter eine Persönlichkeit entstehen, die vor dem Alleinsein Angst hat.

W.W.: Ich kenne Kinder, die fortwährend mit laufenden Märchenkassetten einschlafen, und die nicht einschlafen können, wenn sie auf Besuch sind und keine Märchenkassette zum Einschlafen bekommen.

M. Wais: Solche Kinder kenne ich auch. Man sollte Kinder zwar nicht Schlag 19 Uhr allein im Zimmer lassen, hier gibt es fließende Übergänge, aber wenn man diese Phase des Alleinseins mit Kassetten übertüncht, hemmt man die Kinder in einem notwendigen Entwicklungsschritt.

Abgrenzung von der Welt

W.W.: Welche Einsamkeitserlebnisse hat man in der Pubertät, und wodurch sind sie bedingt?

M. Wais: Auf jeden Fall haben sie ihre Richtigkeit, denn es liegt in der Entwicklung des Menschen, daß sich der Pubertierende gegenüber dem Elternhaus und der gesamten Welt einsam fühlt. Die jungen Menschen zweifeln zu recht, denn sie sind auf die Welt gekommen, um etwas zu entwickeln, was Zukunft ist. Aber die elterliche Welt ist primär durch Vergangenheit geprägt, durch ihre Werte, durch das, was die Eltern während ihres Lebens eingerichtet und an Ansichten gewonnen haben. Während der Pubertät tritt die Schicksalsfrage der jungen Menschen stark in den Vordergrund, und sie empfinden, daß die etablierte Welt nicht die ihre ist. Und daraus entsteht gegenüber dem Elternhaus und vielen Teilen der etablierten Welt ein Einsamkeitserlebnis. Aber das ist ein ganz berechtigter Entwicklungsschritt.

Sorgen machen sollte man sich eher über die Jugendlichen, die sich nicht abgrenzen. Wenn ich davon ausgehe, daß ein Ich mit bestimmten Intentionen auf die Welt kommt, dann kann die vorhandene Welt nicht die Welt der nächsten Generation sein. Und die jungen Menschen haben Impulse, wollen etwas zu dieser Welt beitragen, sie verändern und weiterentwickeln. Das Elternhaus ist etwas Gewordenes, das in den ersten zwei Lebensjahrsiebten Sicherheit und Halt gibt, aber während der Pubertät muß man sich von diesem Elternhaus scharf abgrenzen, auch erlebnismäßig.

W.W.: Warum zweifeln viele Jugendliche an sich, bzw. warum finden sie sich wegen einiger Pickel gleich häßlich und ungeliebt?

M. Wais: Das kann sich an Äußerlichkeiten festmachen, die aber im Grunde keine große Rolle spielen. Eher scheint es mir, daß sie unbewußt spüren, daß sie keine Möglichkeit haben, das, wofür sie auf die Welt gekommen sind, in dieser Welt zu leben. Jugendliche sprechen natürlich nicht diese anthroposophische Sprache, aber dann kommt es von ihnen vielleicht ganz banal: „Ich habe Pickel, mich mag keiner." Wenn zusätzlich Traumatisierungen vorliegen, kann dies natürlich auch zu Extremen wie Magersucht führen. Aber das sind pathologische Fälle, die rein statistisch nicht die Jugend an sich widerspiegeln.

W.W.: Wie hilft man ihnen, sich selbst zu finden, mit der Einsamkeit fertig zu werden, ohne sie zu entmündigen?

M. Wais: Ist das die Aufgabe des Erwachsenen? Eigentlich sehe ich die Aufgabe des Erwachsenen nur darin, ihnen im dritten Lebensjahrsiebt einen kommunikativen Raum zu bieten, zum Gespräch bereit zu sein, zu einem Gespräch zu ermuntern. Natürlich ist mir klar, daß viele Jugendliche das Angebot des kommunikativen Raums nicht aufgreifen. Das ist oft ernüchternd, aber man kann es von den Jugendlichen nicht verlangen. Verlangen kann man höchstens eine Art Reglement der Kommunikation und des Zusammenlebens.

Wenn Jugendliche mit den Eltern nicht sprechen wollen, kann man sie nicht zwingen. Jeglicher Zwang in dieser Richtung ist ohnehin zum Scheitern verurteilt. Im dritten Lebensjahrsiebt ist Schluß mit der Pädagogik, gerade in der Waldorfpädagogik sollten wir uns dessen bewußt sein. Die Erwachsenen sollten schützend und begleitend im Hintergrund wirken.

W.W.: Die Jugendlichen werden auch immer individueller.

M. Wais: Das denke ich auch. Jeder muß allein seinen Weg finden, mit den Einsamkeitserlebnissen umzugehen. Im Grunde bin ich nicht pessimistisch in bezug auf die Jugend. Natürlich kenne ich einzelne Jugendliche, die wirkliche Hilfe brauchen, aber das sind dann pathologische Fälle.

Einsam in der Partnerschaft

W.W.: Welche Einsamkeitserlebnisse können in einer Partnerschaft auftreten?

M. Wais: Ehe und Partnerschaft werden meines Erachtens heute überbewertet. Es wird insofern zu viel Gewicht hineingelegt, als daß wir erwarten und erhoffen, daß der Partner alles für uns ist. Das aber kann er nicht sein. Jeder Mensch ist etwas anderes als nur Ehepartner. Wenn diese Diskrepanz nicht akzeptiert wird, entstehen Einsamkeitserlebnisse in einer Partnerschaft.

Partnerschaft entsteht dadurch, daß man Gemeinsamkeiten entdeckt, auf verschiedenen Ebenen Berührungen entdeckt und aufgreift, aber tragfähig ist etwas anderes: „Ich will Dich, *obwohl* Du in vielen Bereichen anders bist als ich." Wenn man das akzeptiert, muß man sich in einer Partnerschaft nicht einsam fühlen. Einsam fühle ich mich dagegen dann, wenn ich von meinem Partner erwarte – bzw. er von mir –, daß er mit mir in allem vollkommen zusammenschwingt. Insofern ist in Partnerschaft und Ehe ein Einsamkeitsmoment eingebaut, und es ist eine Illusion zu denken, daß die Einsamkeit verschwindet, wenn man heiratet.

W.W.: Das entspricht ja auch dem von Ihnen angesprochenen Atmungsprozeß: Man muß allein mit sich selbst zurechtkommen können, man muß allein leben können, und nur wenn man das kann, kann man auch seine Individualität in die Gemeinschaft einer Partnerschaft einbringen. – Können Sie Beispiele für Einsamkeitsprozesse im Beruf nennen?

M. Wais: Die entstehen z.B., wenn man in einem Berufsumfeld Neuerungen einbringen möchte, eigene individuelle Ideen oder Methoden, die von den anderen Mitarbeitern bzw. Entscheidungsträgern nicht akzeptiert werden. Eigentlich gehört der Beruf für mich allerdings mehr in den Bereich der Teilhabe. Natürlich geht das oft schief, es tritt z.B. Mobbing auf, und in solchen Arbeitsverhältnissen wird man sich sicherlich besonders einsam fühlen.

Aber gerade der Beruf ist ansonsten das Gegenteil von Einsamkeit, denn man kann an einem gemeinsamen Prozeß teilhaben und mitmachen. Ich kann etwas einbringen von dem, was ich bin und was ich kann. Und das ist Sinnverwirklichung. Ich kann in einem sozialen Zusammenhang aktiv werden. Wenn ich diese Möglichkeit im Beruf nicht finde, wird allerdings ein chronisches Einsamkeitsgefühl entstehen.

Innere Leere

W.W.: Viele Menschen haben einen fast zwanghaften Drang, hohle Gemeinschaftserlebnisse aufzusuchen: Partys, Animation im Urlaub, Kneipenbesuche usw. Liegt es an der inneren Leere, daß man sich nicht allein beschäftigen kann?

M. Wais: Bei jungen Erwachsenen ist es eher normal, daß sie auf Partys gehen, und man sollte nicht von ihnen erwarten, daß sie in ihrem Kämmerlein sitzen und meditieren. Irgendwie ist es auch normal, daß Jugendliche zum Animationsurlaub nach Ibiza oder sonstwo hinfahren. Unter anthroposophischen Gesichtspunkten, aus hehrer Schau, könnte ich natürlich sagen, daß der Mensch bzw. die Menschheit mehr davon hätten, wenn sie sich statt dessen mit dem Werk Rudolf Steiners beschäftigen würden. Aber ich glaube, daß diese für uns Erwachsene etwas äußerlich anmutende Gestaltung von Teilhabe als Durchgangsstadium eine Berechtigung hat. Viele junge Menschen durchleben diese Phase, damit ihnen deutlich wird, daß sie nicht das ist, was sie wirklich suchen. Wenn diese Lehre daraus gezogen wird, dann war es sinnvoll.

W.W.: Ich dachte dabei an sich weniger an junge Menschen als an ältere, die sich mit gewisser innerer Leere diesen Äußerlichkeiten hingeben.

M. Wais: Das ist natürlich etwas anderes. Wenn ich jenseits der Lebensmitte immer noch ausschließlich die äußere Form von Gemeinschaft suche, dann vermeide ich irgend etwas. Dann arbeite ich nicht mein Ich in die Peripherie ein. Das Unsterblichkeitserlebnis, das wir alle suchen, hängt auch für Nichtanthroposophen damit zusammen, daß wir etwas auf der Erde hinterlassen. Das kann der gute Rat sein, die berufliche Tat, das können Erzählungen im privaten Rahmen sein; in dieser Weise möchte jeder Mensch sein Ich in die Peripherie einarbeiten. Und das ist immer ein zweiseitiger Prozeß.

Als älterer Mensch handele und spreche ich aus der Einsamkeit heraus. Auf der anderen Seite geht es etwa seit der Lebensmitte nicht mehr darum, was einem selbst gut tut, sondern darum, was man der Welt mitteilen und geben kann. Es geht darum, was die Welt von mir erwarten kann. Und wenn ich diese Frage umgehe, entsteht das, was Sie mit der inneren Leere meinen. Wenn ich mit 50 immer noch auf Mallorca auf Partys herumhänge, habe ich wahrscheinlich etwas verpaßt, und zwar an mir selbst.

W.W.: Die 30- bis 40jährigen sollen statistisch die Menschen sein, die am häufigsten über Einsamkeit klagen. Haben Sie dafür eine Erklärung?

M. Wais: Das wußte ich nicht, aber es ist sehr interessant. Dazu fällt mir ein Wort Rudolf Steiners ein, daß man bis 40 wissen sollte, wer man ist. Das bedeutet, daß man bis spätestens zum 40. Lebensjahr die Balance zwischen „Ich nehme mir etwas" und „Ich bringe etwas ein" gefunden haben sollte. Und mit dieser Entscheidungsfindung müssen notwendigerweise Einsamkeitserlebnisse verbunden sein. Denn wenn ich ganz bei mir ankomme, bin ich auch im positiven Sinne einsam, weil ich ganz auf mich zurückverwiesen werde. Wenn man bis 40 nicht weiß, wer man ist, entsteht das bedrängende Einsamkeitsgefühl, das man dann zu kompensieren sucht. Das geschieht dann durch äußere Aktivitäten, man wird beispielsweise Vorsitzender des Kegelvereins, oder man fängt in pathologischem Sinn an, an chronischer Einsamkeit zu leiden, die bis hin zu Depressionen gehen kann. Aber ich kann diese Phase auch als Ich-Moment ergreifen, denn Einsamkeitssituationen sind der Möglichkeit nach immer Ich-Momente.

Gemeinsam einsam

W.W.: Woraus entsteht das Gefühl der Einsamkeit in Gruppen, sogar unter Gleichgesinnten, wie z.B. innerhalb einer anthroposophischen Arbeitsgruppe?

M. Wais: Eigentlich kann das gar nicht anders sein, denn gerade der anthroposophische Impuls ist ein individualisierender Impuls. Insofern ist es eine der elementaren Illusionen in weiten Teilen der anthroposophischen Bewegung, daß Gemeinsamkeit dadurch entstehen würde, daß man die Gedanken Rudolf Steiners gemeinsam erarbeitet und pflegt. Die Erwartung eines vordergründigen Gemeinschaftsgefühls kann innerhalb der Anthroposophie nur nach hinten losgehen. Bei einer anderen Weltanschauung, die sich nicht so stark auf das Ich stützt, mag dies anders sein. Deshalb gibt es in der anthroposophischen Bewegung so viele Zerwürfnisse. Der eine interpretiert ein Steinerzitat so, der andere anders, und schon hat man miteinander Streit. Insofern kann man von der anthroposophischen Bewegung nicht erwarten, daß sie eine einheitliche, in sich geschlossene, sich gemeinschaftlich tragende Bewegung ist bzw. wird. Als Anthroposophen können wir uns eigentlich nur aneinander reiben. Natürlich gibt es noch eine andere Ebene, auf der wir das eben Gesagte als Kern der anthroposophischen Bewegung erkennen, und dann können wir auch wieder darüber lachen. Und durch gemeinsames Lachen entsteht dann auch eine Gemeinsamkeit.

W.W.: Wie kann man lernen, allein zu sein, sich selbst auszuhalten?
M. Wais: Das geht vor allem durch das Zwiegespräch, den Dialog mit anderen Menschen. Im Gespräch mit anderen Menschen bin ich einigermaßen dagegen gefeit, einsam zu sein. Das Einsamkeitsgefühl entspringt auch immer der Versteifung auf einen ausschließlichen Gesichtspunkt. Ich werde aber nicht einsam sein, wenn ich gelernt habe, daß es im Leben verschiedene Gesichtspunkte gibt. Wenn man übt, im guten Sinne das Streitgespräch mit sich selbst zu führen, auch mit dem Partner, den Bekannten und Mitarbeitern, dann ist das eine Hilfe, das faktisch immer wieder eintretende Alleinsein und das immer wiederkehrende Einsamkeitsgefühl aushalten zu können.

Eine Übung wäre also die Geste, das soziale Gegenüber in mich hineinzunehmen. Dann kann ich in einer Situation, in der ich äußerlich allein bin, andere Menschen als innere Gesprächspartner haben. Mit diesen inneren Gesprächspartnern kann ich das, was ich bin, was ich sein möchte, unter verschiedenen Gesichtspunkten anschauen. Bei Menschen mit pathologischer Einsamkeit erlebe ich immer wieder, daß sie sich ausschließlich auf einen Gesichtspunkt versteifen. Sie haben nicht mehr die Flexibilität, sich selbst, ihr Tun und ihr Verhalten auch unter anderen Gesichtspunkten anzuschauen.

Bilanzbedürfnis am Ende des Lebens

W.W.: Oft denkt man, daß die älteren Menschen die einsamsten seien. Statistisch ist dem jedenfalls nicht so. Wann ist Alterseinsamkeit normal, wann wird sie eher zum Problem?
M. Wais: Mit der Einschränkung, daß ich beruflich wenig mit alten Menschen zu tun habe, gehe ich davon aus, daß der alte Mensch ein Bilanzbedürfnis hat, nämlich über Art und Ausmaß seiner Teilhabe. Für dieses Bilanzbedürfnis braucht er aber ein Gegenüber. Wenn ich als 70jähriger die Bilanz meines Lebens ziehen möchte, dann brauche ich ein Ich, einen Empfänger. Das kann ein Gesprächspartner sein, aber auch der imaginäre Leser meiner Autobiographie.

Besonders brauche ich den Gegenüber für den Aspekt von Schuld und Versäumnis. Als alter Mensch werde ich beim Ziehen meiner Lebensbilanz mit dem konfrontiert, was ich verschuldet und versäumt habe. Der Psychiater Mathias Wildermuth hat es folgendermaßen ausgedrückt: Die Verdrängungen brechen zusammen. Wenn ich dann Bilanz ziehe, kann ich mir nichts mehr vormachen. Um das aber aushalten zu können, brauche ich ein Gegenüber.

In unserer heutigen Gesellschaft entzieht sich aber dieses Gegenüber. Wir fragen kaum noch alte Menschen, wie es ihnen geht. Wir fragen sie nicht mehr, was sie erlebt haben, und wir holen nicht mehr ihren Rat ein. Wir wollen von ihnen auch kaum noch persönliche Anregungen und Erzählungen hören. Der alte Mensch wird also von uns tätigen Menschen ausgegrenzt. Er wird auch oft gemobbt, indem er negativ beschrieben wird: vergeßlich, starrsinnig, schusselig. Aus dieser Situation entsteht für den alten Menschen ein ungutes Einsamkeitsgefühl, das er kaum noch positiv verarbeiten kann.

Das Leben im Altersheim kann heute insofern für die Betreffenden fast eine Qual sein, indem dort lauter 70- bis 80jährige zusammensitzen, viele unter ihnen verwirrt, die sich das Einsamkeitserlebnis gegenseitig nicht nehmen können. Dem alten Menschen kann das Einsamkeitsgefühl nur der jüngere Mensch nehmen. Dazu muß man die Älteren in irgendeiner Weise miteinbeziehen, indem man sie z.B. einfach fragt, wie sie gewisse Situationen in ihrem Leben bewältigt haben usw. Aber heute werden die Alten in Altenheimen verwahrt, damit wir uns nicht mit ihnen beschäftigen müssen. Aus meiner Sicht ist das eine Art institutionalisierter Folter, auch wenn alle dort Tätigen beste Absichten haben.

Resonanzorientierte Gespräche

W.W.: Wie kann man sich während des Lebens auf die Alterseinsamkeit vorbereiten?

M. Wais: Eine Art Rezept wäre, daß man als alter Mensch Ratschläge und Anregungen geben kann, daß man Interessantes zu erzählen hat. Aber das Problem ist, daß man immer auf den sozialen Kontext angewiesen ist. Wenn das Rezept aber nicht entgegengenommen wird, steht man allein da. Viele alte Menschen halten auch Zwiegespräche mit sich selbst und erhalten sich dadurch eine Art innerer Lebendigkeit, eine Berührung mit ihrem geistigen Wesenskern. Wildermuth spricht in diesem Zusammenhang von dem „resonanzorientierten Gespräch", das der alte Mensch braucht. Wenn ich es recht verstehe, meint er damit, daß die Ich-Anteile des alten Menschen durch dieses Gespräch für ihn selbst erlebbar werden. Diese im Gespräch auflebenden Ich-Anteile kann er dann mit Ruhe nachts und nach dem Tod in die geistige Welt mitnehmen.

W.W.: Welcher Zusammenhang besteht zwischen Einsamkeit und Egoismus? Wird ein in der Lebensmitte sehr egoistisch veranlagter Mensch nicht im Alter stark vereinsamen, weil ihm aus der Peripherie nichts entgegenkommt?

M. Wais: Das ist unmittelbar einleuchtend. Ich möchte es aber lieber gesellschaftlich ausdrücken: Wir heute Tätigen sind nicht mehr bereit, den alten Menschen und auch die Vorbereitungsphase des älteren Menschen mit zu begleiten. Ich stehe selbst hilflos vor der Frage, was denn der alte Mensch dann noch tun kann. Ich muß gestehen, daß ich es nicht weiß. Immerhin gibt es das Arbeitsgebiet der Biographiearbeit mit alten Menschen. Das ist etwas Schönes, aber es ist nur ein Ersatz. Zwar hat man einen professionellen Gesprächspartner, es ist aber nicht der natürliche soziale Zusammenhang, in dem man eigentlich stehen sollte.

W.W.: Muß man den alten Menschen nicht auch im Zusammenhang mit dem Nachtodlichen sehen, also daß die letzte Phase des Lebens – auch wenn sie von Einsamkeitsgefühlen durchsetzt ist – ein Ablöseprozeß von der Erde ist?

M. Wais: Das ist die andere Seite. Dieser Ablöseprozeß würde dem sehr alten, vielleicht sogar sterbenden Menschen allerdings viel leichter fallen, wenn er die skizzierte Hilfeleistung seines sozialen Umfeldes gestellt bekäme. Ich denke, daß er sich nach dem Tod in der geistigen Welt um so schlechter zurechtfindet, je mehr er in seinen letzten Lebensjahren allein auf sich verwiesen war und keinerlei Ich-Begegnung durch das Gespräch mit anderen gehabt hat.

Faulheit, sich selbst zu begegnen

W.W.: Inwieweit besteht ein Zusammenhang zwischen Einsamkeit und Weltinteresse? Ist ein Mensch, der sich wenig für die Welt interessiert, eher egoistisch gestimmt und dann auch tendenziell eher einsam?

M. Wais: Selbstverständlich, das ergibt sich im Grunde aus dem schon Besprochenen. Derjenige, den Sie mit egoistisch bezeichnen, hat wahrscheinlich schon in seiner Jugend zu wenig Möglichkeiten gehabt, das, was er in dieses Leben mitgebracht hat, in seinen sozialen Zusammenhang einzuarbeiten. Egoismus mit negativer Konnotation halte ich eher für eine Art Krankheit, und dieser Art von Menschen wird es natürlich sehr schwer fallen, gerade im hohen Alter nicht einsam zu sein.

Davon unterscheiden möchte ich noch die innere Leere, also wenn sich

Menschen z.B. langweilen oder sagen, daß sie sich irgendwie leer fühlen. Das halte ich eher für eine Art von Faulheit. Man ignoriert dann jede Aufforderung, sich selbst zu begegnen. Statt dessen erwartet man, daß einen andere Menschen oder gar der Staat in irgendeiner Weise animieren sollen. Sie sollen einem etwas bieten, was einem ein Selbstgefühl gibt. Natürlich ist es immer anstrengend, sich mit dem geistigen Wesenskern zu konfrontieren, aber wenn wir uns dem stellen, was es eigentlich mit uns auf sich hat, erleben wir eine Art von Heimatgefühl. So kann man seine Faulheit und Einsamkeit überwinden. Es ist tragisch, daß die sich leer fühlenden Menschen dies nicht erleben können.

W.W.: Haben Sie einen Rat, wie man diese Leere, diese Faulheit sinnvoll überwinden kann?

M. Wais: Wenn ich einen Klienten habe, bei dem dieses Problem auftaucht, würde ich wahrscheinlich einfache Situationen des Alltags anschauen, so daß er eine Möglichkeit hat, an irgendeinem Zipfel seines Lebens zu erkennen, worum es für ihn im Leben wirklich geht. Dadurch wird ihm eine Art Brücke gebaut, sich dem eigenen Ich zu stellen. Das müssen keineswegs immer hochtrabende schicksalsmäßige Dinge sein, es können Banalitäten sein, wie z.B., daß man sich nach 20 Jahren zum ersten Mal aufrafft, seine Nachbarn freundlich anzusprechen. So etwas würde ich wahrscheinlich mit einem entsprechenden Klienten im Gespräch ansprechen. Wenn ein Mensch schon 50 oder gar älter ist, dann ist es etwas spät, wenn er sich in diesem Lebensalter immer noch innerlich leer fühlt. Eine Prophylaxe muß sehr viel früher beginnen.

Die Paradoxie des Ich

W.W.: Ist die Einsamkeit, ganz allgemein gesprochen, nicht ein Problem des modernen Menschen, weil wir alle immer individueller werden, also auch naturgemäß einsamer?

M. Wais: Das sehe ich genauso. Die Grundgeste des Ich, als geistige Entität verstanden, ist die Abgrenzung. Und die immer stärkende werdende Individualisierung des Menschen bringt die Einsamkeit mit sich. Das zieht auch die gesamten Kompensationsversuche nach sich. Auch alle Versuche, in Chatrooms oder durch SMS zu kommunizieren, sind Versuche, diese Einsamkeit zu überwinden. Und das wiederum sollte man nicht negativ betrachten. Vielmehr ist es ein Zeichen, wie stark Jugendliche sich schon von ihren gleichaltrigen Mitmenschen abgegrenzt fühlen.

Es ist ein wesentlicher Kernaspekt der Anthroposophie, daß man diese Paradoxie des Ich verstehen lernt. Die Paradoxie besteht darin, daß sich das Ich einerseits von anderen Ichen abgrenzt, andererseits sich erst durch diese Abgrenzung auf andere Iche beziehen kann.

W.W.: Inwiefern ist das geistige Einsamkeitserlebnis für den heutigen Menschen notwendig?

M. Wais: Ich glaube nicht, daß wir alle lernen müssen, Engel oder andere geistige Wesen zu schauen. Wesentlich ist für mich das geistige Erlebnis an mir selbst. Im Grunde ist es ungeheuer radikal, daß ich an mir selbst erleben kann, daß ich ein geistiges Wesen bin. Das ist keine religiöse oder meditative Frage, sondern ich kann empfinden und erleben, daß in vielen Situationen des Lebens das einzige, worauf es ankommt, das ist, was ich aus meinem geistigen Wesenskern heraus tue. Und das Erlebnis meines geistigen Ich ist jenseits von positiven oder negativen Kriterien. Dieses Erlebnis des geistigen Wesenskerns ist für mich der Ausgangspunkt zum Erlebnis anderer geistiger Bereiche.

W.W.: Sind Einsamkeitserlebnisse in jeder Form eine Vorbereitung auf das Nachtodliche bzw. auf das nächste Leben?

M. Wais: Von der Grundstruktur ist die geistige Welt so eingerichtet, daß sich alle Wesen durchdringen. Trotzdem kann sich auch ein Verstorbener in der geistigen Welt einsam fühlen. Und das wird meistens dann der Fall sein, wenn er sich während des Lebens von seinem geistigen Wesenskern abgeschlossen hat. Dann hat er nachtodlich Schwierigkeiten, mit diesem Wesenskern Berührung zu finden. Aber ich habe in diese Bereiche keinen Einblick, denn *(lachend)* ich gehöre zu den wenigen Anthroposophen, die nicht hellsichtig sind.

Einsamkeit

1

Hast du schon je dich ganz allein gefunden,
Lieblos und ohne Gott auf einer Heide,
Die Wunden schnöden Mißgeschicks verbunden
Mit stolzer Stille, zornig dumpfem Leide?

War jede frohe Hoffnung dir entschwunden,
Wie einem Jäger an der Bergesscheide
Stirbt das Gebell von den verlornen Hunden,
Wie's Vöglein zieht, daß es den Winter meide?

Warst du auf einer Heide so allein,
So weißt du auch, wie's einen dann bezwingt,
Daß er umarmend stürzt an einen Stein;

Daß er, von seiner Einsamkeit erschreckt,
Entsetzt empor vom starren Felsen springt
Und bang dem Winde nach die Arme streckt.

2

Der Wind ist fremd, du kannst ihn nicht umfassen,
Der Stein ist tot, du wirst beim kalten, derben
Umsonst um eine Trosteskunde werben,
So fühlst du auch bei Rosen dich verlassen;

Bald siehst du sie, dein ungewahr, erblassen,
Beschäftigt nur mit ihrem eignen Sterben.
Geh weiter: überall grüßt dich Verderben
In der Geschöpfe langen dunklen Gassen;

Siehst hier und dort sie aus den Hütten schauen,
Dann schlagen sie vor dir die Fenster zu,
Die Hütten stürzen, und du fühlst ein Grauen.

Lieblos und ohne Gott! Der Weg ist schaurig,
Der Zugwind in den Gassen kalt; und du? –
Die ganze Welt ist zum Verzweifeln traurig.

(Nikolaus Lenau, 1802–1850)

Jeder kann sein Leben ändern

Interview mit Doris Wolf

von Wolfgang Weirauch

Dr. Doris Wolf, *seit mehr als 20 Jahren als psychologische Psychotherapeutin in freier Praxis tätig. Ihre therapeutischen Ausbildungen umfassen die Gesprächstherapie, Verhaltenstherapie und Rational-Emotive Therapie. 1981 vervollständigte sie ihre therapeutische Qualifikation in einem halbjährigen USA-Aufenthalt. 1988 Promotion an der Universität Heidelberg mit dem Thema „Bibliotherapie in der Psychotherapie". Doris Wolf ist Autorin einer ganzen Reihe von psychologischen Ratgebern.*

Buchveröffentlichungen u.a.: „Einsamkeit überwinden. Von innerer Leere zu sich und anderen finden" (Mannheim [7]1997); „Nur Mut zum ersten Schritt. Wie Sie auf andere zugehen und sich ungezwungen unterhalten können" (zus. mit Alan Garner, Mannheim 1995); „Wenn der Partner geht ...

Wege zur Bewältigung von Trennung und Scheidung" (Mannheim [13]2000); *"Einen geliebten Menschen verlieren. Vom schmerzlichen Umgang mit der Trauer"* (Mannheim [7]2000); *"Ängste verstehen und überwinden. Gezielte Strategien für ein Leben ohne Angst"* (Mannheim [14]2000).

Wissen Sie noch, wann Sie sich zuletzt so richtig einsam gefühlt haben? Gaben Sie zu dieser Zeit für Ihre Einsamkeitsgefühle anderen die Schuld, z.B. dem Partner, der sich von Ihnen trennte, oder den Arbeitskollegen, die Sie mobbten?

Einsamkeitsgefühle entstehen meist durch Trennungen und Verluste oder durch Umbrüche in der Biographie. In solchen Momenten wird man auf sich selbst verwiesen, und das ist auch vollkommen normal. Problematisch wird es erst, wenn die Einsamkeitsphasen länger andauern, chronisch werden oder gar in einer Depression enden.

Doris Wolf erklärt in folgendem Interview, wodurch Einsamkeitserlebnisse entstehen, wie sie sich vom Alleinsein unterscheiden, welche Einsamkeitsphasen es gibt – und vor allem: Was man unternehmen kann, um aus dem Sog der Einsamkeit herauszufinden.

Wir fühlen uns von anderen getrennt

Wolfgang Weirauch: Was war das intensivste und einschneidendste Einsamkeitserlebnis in Ihrem Leben?

Doris Wolf: Mein frühestes und intensivstes Erlebnis mit der Einsamkeit war im Alter von zehn Jahren, als mein Vater verstarb. Ich fühlte mich von meinem Vater verlassen und durch meine Erfahrung, die lange Krankheit und den Tod meines Vaters, ausgeschlossen von anderen Kindern. Meine Mutter konnte mir keinen Trost geben, da sie selbst von Trauer überwältigt war. Ich wollte sie nicht noch mehr durch meine Sorgen belasten und behielt meinen Schmerz für mich. Alle anderen um mich herum schienen fröhlich und ausgelassen. Ich hatte das Gefühl, nicht zu dieser Welt zu gehören.

W.W.: Wie definieren Sie Einsamkeit und Alleinsein?

D. Wolf: Alleinsein heißt: Im Augenblick ist kein anderer Mensch anwesend. Wir haben dann die Chance, ganz nach uns selbst zu gehen und unsere eigenen Kräfte zu erleben.

Einsamkeit ist ein Gefühl von Ausgeschlossensein und Verlassensein. Wir fühlen uns von anderen getrennt.

Die Angst, abgelehnt zu werden

W.W.: Wie viele Menschen leiden unter Einsamkeit, und warum sind die 30- bis 40jährigen gerade die Einsamsten unter ihnen?

D. Wolf: Jetzt im Augenblick ist die Hälfte aller erwachsenen allein lebenden Menschen und mehr als ein Viertel aller Verheirateten einsam. Am einsamsten sind die Menschen zwischen 30 und 40 Jahren. In diesem Alter sind die Erwartungen an das Leben noch sehr hoch. Wer noch nicht in einer Partnerschaft lebt, setzt sich unter Druck, eine zu gründen. Am zufriedensten sind die über 70jährigen. Sie haben keine unrealistischen Erwartungen mehr.

Gefährdet für Einsamkeit sind auch aggressive und dominierende Kinder, aber auch schüchterne; ebenfalls Kinder aus der Unterschicht, die sich ausgeschlossen fühlen.

W.W.: Auf welchen Feldern des Lebens treten Einsamkeitsgefühle am häufigsten auf?

D. Wolf: Einsam können sich Menschen in allen Bereichen und allen Altersgruppen fühlen.

W.W.: Können Sie einige Beispiele charakteristischer Einstellungen einsamer Menschen darstellen?

D. Wolf: Einsame Menschen lehnen sich selbst ab und haben Angst, abgelehnt zu werden. Sie haben Einstellungen wie etwa „Ich bin nicht attraktiv, intelligent und liebenswert genug", „Die Tatsache, daß ich keinen Partner habe, beweist, daß ich nicht in Ordnung bin", „Andere werden mich ablehnen. Das kann ich nicht ertragen".

Einsame Menschen stellen perfektionistische Forderungen an andere wie z.B.: „Alle anderen sind dumm, vulgär, arrogant. Mit ihnen will ich nichts zu tun haben." „Mit Menschen, die nicht voll meinen Vorstellungen entsprechen, will ich nichts zu tun haben." „Andere Menschen sollten immer meine Bedürfnisse erfüllen." „Andere sollten keine Fehler haben und mich immer liebevoll behandeln."

Phasen der Einsamkeit

W.W.: Gibt es unterschiedliche Grade bzw. Phasen der Einsamkeit?

D. Wolf: Die Entwicklung von der momentanen bis zur chronischen Einsamkeit verläuft in drei Phasen:

1. Momentane vorübergehende Einsamkeit:

Dauert nur kurze Zeit, und das ist eine Reaktion auf äußere Umstände: Umzug, Arbeitsplatzwechsel, Eintritt ins Rentenalter, Trennung, Verlust eines Angehörigen durch Tod. Der Kontakt mit anderen vertrauten Menschen ist abgeschnitten. Einsamkeit deutet an, daß sich etwas in unserem Leben verändert hat. Sie soll uns zum Handeln motivieren.

2. Der langsame Rückzug:
Die Einsamkeit beginnt, sich zu manifestieren. Dies äußert sich im Verlust des Vertrauens in uns selbst und in andere. Wir verlieren langsam und schleichend die Fähigkeit, zu lächeln und Körperkontakt (Händeschütteln, Umarmen) aufzunehmen. Wir sind keine attraktiven Gesprächspartner mehr.

3. Chronische Einsamkeit:
Die Einsamkeitsgefühle dauern Monate oder Jahre. Alle Fähigkeiten, Kontakt aufzunehmen und aufrechtzuerhalten, für andere attraktiv zu sein, Anerkennung anzunehmen und zu geben, sind verschwunden. Wir verlernen, anderen etwas zu geben. Andere beginnen, uns zu meiden. Wir geraten in einen negativen Kreislauf. Andere geben uns weniger, und wir zweifeln noch mehr an uns. Unsere Fähigkeit zu kommunizieren wird mangels Training immer weniger, und wir fühlen uns immer mehr bestätigt, unwichtig und uninteressant zu sein. Schließlich ziehen wir uns vollkommen zurück oder treiben andere durch unsere Aggressivität und unseren Sarkasmus von uns weg.

W.W.: Welche der Einsamkeitsphasen sind für die Entwicklung des Menschen fördernd, welche kontraproduktiv?

D. Wolf: Die momentane, vorübergehende Phase ist hilfreich. Sie deutet an, daß uns etwas fehlt und wir uns auf Veränderungen einstellen müssen. Sie motiviert uns, Gefühle auszudrücken und über uns nachzudenken. In der Phase der chronischen Einsamkeit verstummen Betroffene. Ihre Stärken kommen nicht mehr zum Vorschein, sie verlieren die Liebe zu sich selbst, zum Leben und zu anderen Menschen.

Bewußt das Alleinsein suchen

W.W.: Kann man aus der Einsamkeit herauskommen, ohne erst mit sich selbst im reinen zu sein?

D. Wolf: Nein. Einsamkeitsgefühle entstehen in uns selbst – durch unsere Lebenseinstellungen. Auch nur wir selbst können unsere Einstellungen und damit unsere Gefühle verändern. Veränderte äußere Bedingungen (neue Stelle, Freunde, ein Partner) können Einsamkeit nur fördern, aber nicht verursachen.

W.W.: Was macht man, um mit sich selbst ins reine zukommen?

D. Wolf: Um sich selbst mehr annehmen zu können und sich die Angst vor anderen Menschen zu nehmen, muß man zunächst seinen Blick in die Vergangenheit richten: Woher kommt es, daß ich mich ablehne? Woher kommt meine Angst vor anderen Menschen? Warum denke ich, daß andere meine Erwartungen erfüllen müssen? Was brauche ich, um mich geborgen und sicher zu fühlen? Dann muß man sich schrittweise neue Einstellungen erarbeiten und sie auf den Alltag übertragen.

W.W.: Wie lernt man, allein zu sein?

D. Wolf: Das Alleinsein ist nicht das Problem, sondern meine Überzeugung, die sich dahinter verbirgt.

Das Alleinsein erlebt positiv,
– wer sich seinen negativen Gefühlen stellt;
– wer mit sich im Reinen ist;
– wer das Alleinsein als Möglichkeit sieht, sich über sich klarzuwerden und seine Probleme allein zu lösen;
– wer sich mit sich beschäftigen kann.

Vor dem Alleinsein flüchtet,
– wer Probleme durch Ablenkung und Flucht lösen will;
– wer dazu neigt, sich zu sorgen und zu grübeln;
– wer seinen Selbstwert nur aus der Zuwendung durch andere bezieht;
– wer sich nicht allein mit sich beschäftigen kann.

Um die Angst vor dem Alleinsein abzubauen bzw. gerne allein zu sein, müssen wir dasjenige ändern, weswegen wir aus dem Alleinsein flüchten. Wir müssen auch bewußt das Alleinsein suchen.

W.W.: Welche Persönlichkeitsstruktur haben einsame Menschen?

D. Wolf: Vorübergehende Einsamkeit erleben die meisten Menschen immer einmal wieder in ihrem Leben. Dazu braucht man keine „besondere" Persönlichkeitsstruktur. Chronisch einsame Menschen lehnen sich meist selbst ab, haben die Einstellung, daß sie unbedingt die Anerkennung anderer benötigen, und haben sehr große Erwartungen an andere.

W.W.: Sind einsame Menschen Egoisten?

D. Wolf: Es können Menschen sein, die nur an sich und ihre Bedürfnisse denken und deshalb von anderen gemieden oder verlassen werden. – Es können aber auch Menschen sein, die nicht Nein sagen können, sich deshalb ausgenutzt fühlen und sich von anderen zurückziehen.

W.W.: Wieso schieben einsame Menschen die Lösung ihrer Einsamkeitsprobleme oft auf den nicht vorhandenen Partner? Haben sie keine Selbstwahrnehmung?

D. Wolf: Sie können sich selbst nicht achten und nicht genügend Zuwendung geben. Deshalb glauben sie, andere zu benötigen. Sie haben die Einstellung, daß man nur in Ordnung ist, wenn man einen Partner hat. Der Partner sei der Beweis, daß man liebenswert ist.

W.W.: Welche positiven Einstellungen sollten Menschen gewinnen, um sich anzunehmen und die eigenen Stärken zu achten?

D. Wolf: Die Einstellung: Ich bin liebenswert, so wie ich bin. Ich habe Stärken und Schwächen und bin bereit, sie anzunehmen.

Aus dem Einsamkeitskäfig befreien

W.W.: Wie schildern Menschen in Ihrer Therapie ihre Einsamkeitserlebnisse, und was antworten diese, wenn Sie ihnen raten, sich selbst und ihre Stärken erst einmal wahrzunehmen?

D. Wolf: Menschen nennen als Problem häufig nicht die Einsamkeit, sondern Depressionen. Als einsam beschreiben sich primär Menschen nach einer Trennung oder einem Trauerfall. Dann rate ich ihnen, zunächst einmal die Einsamkeitsgefühle zuzulassen und anzunehmen, denn diese sind normal.

In einem nächsten Schritt geht es insbesondere bei Trennungserfahrungen darum, das Selbstwertgefühl wieder aufzubauen. Es ist für Betroffene zunächst nicht einfach, sich anzunehmen zu lernen. Da kommen immer ein „Ja-aber ..." – und eine Menge Einwände.

W.W.: Wie befreien Sie die Menschen aus ihrem Einsamkeitskäfig?

D. Wolf: Ich kann sie nicht befreien, das machen die Betroffenen schon selbst. Zunächst müssen die Ursachen für die Einsamkeit ergründet werden. Dann müssen die Einstellungen und das Verhalten verändert werden. Wenn Betroffene lernen, sich selbst anzunehmen, die Angst vor anderen abzubauen, Erwartungen an andere zu reduzieren und den Schritt auf andere zu zu machen, dann werden sie auch die Einsamkeitsgefühle verlieren. Manche Menschen möchten auch nur lernen, mit sich selbst allein zu sein und in Frieden und innerer Harmonie zu leben.

W.W.: Oft steckt der Mensch in eingefahrenen Gewohnheiten, Verhaltensformen, Lebenseinstellungen. Wie ändert man eine Gewohnheit, z.B. die Einstellung, daß man ein Versager ist?

D. Wolf: Einstellungen werden verändert, indem wir sie hinterfragen, korrigieren und uns entsprechend der neuen Einstellungen verhalten. Nach einer bewußten Phase des Übens, in der wir uns sehr unwohl und uneins mit uns selbst fühlen, kommen wir zu einem neuen Gleichgewicht. Wir haben das Gefühl, die neue Einstellung ist richtig und gehört zu uns. Gefühle und Verhalten entsprechen den neuen Einstellungen.

Auf Ihr Beispiel – die Einstellung, ein Versager zu sein – übertragen, bedeutet das: Der Betroffene sucht nach den Ursachen seiner Einstellung und überprüft sie: Wann hat er sich zum ersten Mal so gefühlt? Wo sind die Beweise, daß er ein Versager ist? Gibt es so etwas wie einen Versager überhaupt? Wie sehen andere ihn? Welche Stärken besitzt er? Welche Erfolge gibt es in seinem Leben?

Die neu erarbeitete Einstellung ist z.B.: „Ich bin ein Mensch mit Stärken und Schwächen wie andere Menschen auch. Ich bin liebenswert. Ich kann anderen Menschen etwas geben", und die muß er dann auf seinen Alltag übertragen. Wie würde er sich verhalten, wenn er von dieser Einstellung bereits überzeugt wäre? Genauso muß er sich verhalten. Er muß so tun, als ob er bereits erfolgreich wäre. Dann wird er sich mit der Zeit auch entsprechend fühlen.

W.W.: Ist es sinnvoll, um in einem ersten Schritt von der Einsamkeit loszukommen, gerade nicht vorrangig nach einem Partner auszuschauen, sondern lieber an sich selbst zu arbeiten?

D. Wolf: Ja, zunächst müssen wir uns selbst annehmen. Wer glaubt, nicht liebenswert zu sein, oder zu viel von anderen fordert, wird sich immer wieder einsam fühlen. Er wird die Welt nämlich entsprechend seiner negativen Einstellungen interpretieren.

Interesse am anderen zeigen

W.W.: Gibt es Übungen, Tips, Wege, wie man mit sich selbst ins Gericht geht, um besseren Kontakt zu anderen Menschen herstellen zu können?

D. Wolf: Um besseren Kontakt zu anderen herstellen zu können, müssen wir uns – wie bereits gesagt – selbst annehmen. Wir müssen die Überzeugung aufbauen, daß wir liebenswert sind und anderen etwas zu bieten haben. Aus dieser Sicherheit heraus können wir uns für andere öffnen und uns für diese interessieren. Wir brauchen andere dann nicht abzuwerten oder immerwährende Zuwendung zu fordern.

W.W.: Was empfehlen Sie Menschen, die schüchtern und kontaktscheu sind?
D. Wolf: Wenn sie darunter leiden, dann können sie aus dem selbst erbauten Gefängnis ausbrechen. In einer Therapie oder einem Kurs können sie in geschütztem Rahmen neues Verhalten erproben. Sie können lernen, sich selbst positiver zu sehen und sich selbst Zuwendung zu geben und nicht so schnell verletzt zu sein. Sie können lernen, Kontakt aufzunehmen, ein Gespräch zu führen. Sie können lernen, sich selbst bewußter wahrzunehmen und auch die Körpersprache zu verändern.
W.W.: Wie baut man die Angst vor Ablehnung ab?
D. Wolf: Angst vor Ablehnung kann man abbauen, indem man lernt, sich selbst anzunehmen. Dann ist die Ablehnung nur noch bedauerlich, aber nicht mehr bedrohlich. Manchmal bewerten wir das Verhalten eines anderen auch fälschlicherweise als Ablehnung. Wir müssen also unsere Bewertungen überprüfen. Es ist auch wichtig, sich klarzumachen, daß wir niemals grundlegend abgelehnt werden können, sondern nur in einzelnen Aspekten. Andere Menschen kennen uns nicht in unserer Ganzheit.
W.W.: Wenn man mit anderen Menschen ins Gespräch kommen will und kaum etwas zu sagen weiß, oder wenn man nur Oberflächliches, für andere Uninteressantes von sich gibt, was dann?
D. Wolf: Es ist ein Irrglaube zu denken, nur wer etwas besonders Kluges zu sagen hat, kann ein Gespräch beginnen. Ein Großteil unserer Kommunikation mit anderen beruht auf Oberflächlichkeiten und Themen wie Wetter, Fernsehprogramm und Klatsch. Der sogenannte Small talk ist wichtig und wohltuend. Darüber hinaus wollen die meisten Menschen wichtig genommen werden, und das geschieht, indem man Interesse am anderen zeigt.
Als Themen können wir die momentane Situation – „Kommen Sie auch mit dem Auto zur Arbeit?" „Wie sieht für Sie die Anfahrt am Morgen aus?" – oder unser Gegenüber – „Woher kennen Sie den Gastgeber?" – wählen. Am besten ist es, offene Fragen wie etwa „wie, warum, weshalb, woher" zu stellen. Dann kann unser Gegenüber nicht nur mit Ja oder Nein antworten, sondern erzählt ausführlicher. Auf diese Weise bekommen wir weiteren Gesprächsstoff. Andere Menschen sind sehr häufig froh, überhaupt angesprochen zu werden. Das Thema ist erst später interessant. Zudem wissen wir überhaupt nicht, was für andere interessant ist. Dies können wir nur herausbekommen, wenn wir das Risiko eingehen und sie ansprechen.

W.W.: Ist es nicht der sicherste Weg, sich aus der Einsamkeit zu befreien, von sich loszukommen und sich für die Welt und die anderen Menschen zu interessieren?

D. Wolf: Ja, jedoch können wir dies nur, wenn wir uns selbst annehmen und vertrauen. Wir brauchen eine positive Einstellung zu uns und zu den anderen Menschen. Wenn wir uns ablehnen, haben wir Angst vor Ablehnung durch andere, fordern viel von ihnen oder lehnen sie ab. Wir sind dann damit beschäftigt, bestimmte Reaktionen der anderen zu vermeiden und uns zu schützen. Wir sprechen nicht über unsere Gefühle und wahren Interessen. Wir halten Distanz und uns in der Isolation.

Einsamkeit – Katalysator der Liebe

Spurensuche nach Entwicklungschancen

Rolf Lutzebäck*

Zweisamkeit
Auf der anderen Seite
vom Schreibtisch
zwei dunkle
tiefliegende Augen
im Fensterglas

(Karsten Paul Sturm)

Einsamkeit und Vereinsamung

Der Begriff *Einsamkeit* wird bei näherer Betrachtung zumeist in ambivalenter Weise benutzt. Einerseits in der eher negativ konnotierten Variante des unfreiwilligen Einsamseins, und zwar im Sinne:
– eines Abseitsseins mit Verlassenheitsgefühl (z.B. nach dem Tod eines Lebenspartners);
– eines Abgesondertseins (z.B. durch Zurückweisung, Ausgrenzung, mit der Sonderform der Vernachlässigung von Kindern und Jugendlichen. Man denke an die endlose Reihe trauriger vereinsamter Spielhöllenfreaks und auch so mancher vor dem Computer vom Absturz bedrohter seelenhungriger Chatter);
– des Andersseins in der Gemeinschaft, u.a. auch als Folge der Unmöglichkeit, sich anderen mitzuteilen, dem englischen *loneliness* verwandt. (Man denke an die leidvollen Erfahrungen der Hochbegabten in Schule und Familie, die in einem kaum faßbaren Maße unter dem Nichtverstandenwerden ihrer unbeantworteten einsamen Fragen leiden.)[1]

---

* **Dr. Rolf Lutzebäck**, geb. 1958, Lehrer, unterrichtete zuletzt von 1996–2001 als Oberstufenlehrer an der Freien Waldorfschule Rendsburg (Deutsch, Geschichte, Kunstgeschichte).
1. Siehe z.B.: *Erziehungskunst*, 11/2000: Hochbegabt, (k)ein Thema für die Waldorfschule?

Bei längerer Dauer dieses Zustandes tritt die *Vereinsamung* ein. Schon der weise Volksmund spricht davon, daß einsam sein stark mache, aber vereinsamt sein niederdrücke. Eine wesentliche Folge der Vereinsamung ist eine Resignation, die krank macht. Denn sie hat drei Schwestern, die zudem noch gut miteinander können und nicht selten Koalitionen gegen die Resignativen bilden: die endogene Depression mitsamt ihres suizidalen Zuges; die Angst, die sich wie ein Spinnennetz ausbreiten kann; und die vielen Formen der Süchte von Alkohol, Drogen bis hin zur Abhängigkeit von elektronischen Reizen.

Das Los hervorragender Geister

In einem zweiten Sinne wird die Einsamkeit jedoch grundsätzlich positiv bewertet, nämlich als Rückzug, der zumeist zeitlich begrenzt und nicht zwangsläufig resignativ ist, bei dem ich – der Reifung willen – etwas auf mich nehme. Diese Begriffsverwendung ähnelt dem englischen *solitude* und hat mit dem asketischen Ideal zu tun.

Der kulturpessimistisch hadernde Arthur Schopenhauer betrachtete die Einsamkeit als das unvermeidliche Los hervorragender Geister und forderte gar, es müsse das Hauptstudium der Jugend sein, die Einsamkeit ertragen zu lernen, weil sie doch eine Quelle des Glücks und der Gemütsruhe sei.

Beide Arten von Einsamkeit, also die gewollte und die ungewollte, scheinen prozessual zu sein. (Das Suffix -sam gibt in der deutschen Sprache zumeist eine positive, mit einem Reifungsprozeß und dem Stammwort Samen verbundene Qualität wieder: vgl. heil-sam, müh-sam, reg-sam, sitt-sam, freud-sam, lehr-sam.) Und beide Varianten sind auch inmitten der „Gem-einsamkeit" einer Gemeinschaft erlebbar.

Der Begriff des *Alleinseins*, der einerseits synonym mit dem der Einsamkeit gebraucht werden kann, z.B. bei Rainer Maria Rilke, wird zumeist aber weniger mit einer prozessualen als vielmehr einer ontologischen Implikation verwendet. So spricht schon die Bibel davon, daß es nicht gut sei, daß der Mensch allein sei, und so konstatiert Goethe in „Wilhelm Meisters Lehrjahre": „Und kann ich nur einmal recht einsam sein, dann bin ich nicht allein." Der Uranfang des Alleinseins wird bisweilen auch im Augenblick der Geburt gesehen, wenn wir uns von der schützenden Hülle des Mutterleibes getrennt haben, ein Alleinsein, das eingebettet ist in die verbindende Kette früherer und kommener Leben.

Dieser Seinszustand des „All-ein-Seins" liegt auch der von Giordano Bruno, Leibniz und Goethe vertretenen Idee vom Monadensystem zugrunde. (Monade, von grch. *monas:* Einheit.) Bei Leibniz besitzt der Mensch eine spezifische Bewußtseinsqualität mit all seiner lebendigen, beseelten Individualität inmitten eines prästabilierten, harmonischen Monadenkonzertes der besten aller Welten.

Der aristotelische Mensch, ein „zoon politikon"

Wie steht es nun genau um diese so vielseitige Einsamkeit? Stimmt es, was Johann Heinrich Voß in seinen Gedichten sagt: „Ferne von Menschen zu sein, wenn dies Dir Seligkeit scheinet, bist Du entweder ein Gott, Einsamer oder ein Vieh"?

Dieser im abendländischen Bildungsschatz fest verankerte Gedanke erwies sich als einer der folgenreichsten Gedanken der Sozialgeschichte überhaupt und geht, wie so vieles auf diesem Felde, auf die aristotelische Soziallehre zurück, nach der der Mensch ein „zoon politikon" sei, ein geselliges (politisches) Wesen, das zur Erhaltung und Vervollkommnung des Lebens der Gemeinschaft mit anderen bedarf. Schließlich, so Aristoteles, fänden wir uns als Menschen doch von Geburt als mit Sprache begabte Wesen stets auch in einer Sprachgemeinschaft vor. Die menschliche Sprache diene dazu, das Nützliche und Schädliche mitzuteilen, und damit auch das Gerechte und Ungerechte. Die Konvention in diesen die Wirklichkeit bildenden Anschauungen, in die das Kind unweigerlich hineinwächst, ermöglicht erst die Hausgemeinschaften und in der Summe den sittlichen Staat.

„Daß also der Staat von Natur ist und ursprünglicher als der einzelne ist klar. Sofern nämlich der einzelne nicht autark für sich zu leben vermag, so wird er sich verhalten wie sonst ein Teil zu einem Ganzen. Wer aber nicht in Gemeinschaft leben kann oder in seiner Autarkie ihrer nicht bedarf, der ist kein Teil des Staates, sondern ein wildes Tier oder Gott." (Aristoteles, S.49 f.)

Ambivalenz des Alleinseins im Mittelalter

Zusammen mit der Idee der Hierarchie als gottgewolltes Ordnungsprinzip in der gesamten Schöpfung fand das Mittelalter hier sein soziales Fundament. Die Idee kulminierte im Konzept vom Gottesgnadentum, um

Herrschaft zu legitimieren. Der aristotelische Gedanke von der Entelechie – als der den Leib bewegenden und formenden, mit einem inneren Werdeziel ausgestatteten Seele – konnte noch nicht auf das einzelne Glied der Gemeinschaft als Individualität übertragen werden. – Wo dies gelang, war die neuzeitliche Sozialordnung nicht weit, bis hin zur der auf die Erfordernisse des modernen Menschen zugeschnittenen Steinerschen Konzeption der sozialen Dreigliederung.

So sehr die für das Mittelalter so charakteristischen Personenverbände – Gruppen, Bünde, Gemeinschaften aller Art – auch auf Beziehungen zwischen den einzelnen Menschen schauten, so sehr mißachteten sie die Eigenart des einzelnen. Der einzelne wird erst zum Thema, wenn die vertrauten, bergenden Lebensformen zu zerbrechen drohen, z.B. in den Zeiten der gregorianischen Kirchenreform, die die persönliche Entscheidung des einzelnen fordert. Er soll sich zur Gemeinschaft, die sein Leben formt, ganz bewußt bekennen und sie nicht nur über sich ergehen lassen.

Eine Absonderung des Individuums von der Gemeinschaft hingegen war nur in ganz genau abgestecktem Rahmen gutzuheißen. Im gruppenseelenbehafteten Alltag des Mittelalters gab es die neuzeitliche Freiheit eines Christenmenschen noch nicht, sie ist vielmehr Ergebnis eines langen historischen Ringens um das rechte Verständnis des christlichen Impulses.

Der ausgegrenzte Einsame

Insbesondere im frühen Mittelalter waren Kranke und Verbrecher noch nicht gruppenspezifisch binnendifferenziert, vermutlich weil die Menschen noch einfach danach eingeteilt wurden, ob sie die heimische Wir-Gruppe verteidigen oder angreifen. Angehörige der feindlichen Welt wurden per se geächtet und rechtlos, wobei Gott sie mit schlimmen Krankheiten schlage und der Teufel sie zu schweren Verbrechen anstifte. Ob nun Elefantiasis, Lepra oder Giftmischerei, war zweitrangig, wesentlich war das die eigene Gruppe Bedrohende. Und die Betroffenen wurden zwangsisoliert, in die Einsamkeit befördert, als Strafe für ihre Sündhaftigkeit.

Dennoch sind nicht alle Einsamen gleichermaßen ausgestoßen, durchaus gibt es das Gegenbild des edlen Außenseiters, man denke an Ritter, Mönche und auch die Eremiten. Warum? Weil für letztere Gruppen die Normen des Lebenskreises intakt bleiben und sie in ihrer Einsamkeit das Gruppenideal verwirklichen. Das unterscheidet sie von Mördern und Leprosen, die weder Normen, Ideale noch feste Konventionen besaßen.

Auch unterscheidet sie das von den verfemten Berufen des Mittelalters, z.B. den Henkern und Totengräbern, Müllern und Hirten, Spielleuten und Dirnen. Lag es daran, daß diese Berufe in vorchristlichen Kulten magische Wertschätzung genossen hatten und dann im nachfolgenden christlichen Zeitalter diskreditiert, verabscheut wurden? Es bietet sich auch eine andere Erklärung an: Kann es nicht sein, daß derjenige von Berufs wegen verfemt ist, der einerseits ungewöhnliche Arbeit verrichtet und andererseits keine oder nur wenige Menschen seinesgleichen in seiner Lebensumwelt antrifft? Wollte er Genossen finden, mußte er auf die Wanderschaft gehen:

„Immerhin bilden verfemte Berufe im Mittelalter meistens eigene Gilden und Bünde, als Ansätze zu Lebenskreisen. Aussätzige und Mörder können dergleichen nicht tun. Bei ihrer Vereinzelung wirkt sicher ein Tabu der Todgeweihten mit, die in einem Zeitalter bedrohten Lebens den kostbarsten Besitz aller gefährden; sie sind viel unheimlicher als Prostituierte oder uneheliche Mütter." (Borst, S.587 f.)

Die Hölle auf Erden

Da sie weder ökonomisch freigestellt sind, wie Ritter und Mönche, noch ihren Lebensunterhalt selbst verdienen können, wie Spielleute und Dirnen, werden Bettler und Landstreicher nahezu gleichgesetzt mit Mördern und Aussätzigen.

Der ausgegrenzte Einsame diente als abschreckendes Beispiel für die Gruppenseele:

„Ihre Verbannung in Siechenhäuser und Wälder hat tiefere Ursachen als soziale und wirtschaftliche Gegensätze [...]. Sie sind für alle Gruppen und Kreise die Personifikation des Unreinen und Zerstörerischen im Menschen und helfen so ‚den anderen', die Fiktion vom reinen Leben zur Grundlage sozialen Verhaltens zu machen. Sie geben Anschauungsunterricht für die Strafe, die auf sichtbare Verletzung gesitteter Lebensformen steht: das Dasein auf Galgenfrist und ohne Widerhall, die Hölle auf Erden." (ebd.)

Ohnehin diente der Wald in der Literatur und im Volksmärchen nicht selten als archetypisches Symbol des Fehlens der menschlichen Gemeinschaft, des Alleinseins. Dieser Sonderraum wird dann verlassen, wenn der sich in die „Wildheit" Begebende Einsicht in seine Lebensaufgabe erhielt –

z.B. Liebe und Ehre durch Dienst für andere miteinander zu verbinden (Artus-Romane) – und nunmehr seelisch veredelt wieder gemeinschaftsfähig scheint.

Das Ideal asketischer Norm

Ausnahmen von der natürlichen Gemeinsamkeit bilden nicht nur der tiefste kreatürliche Trieb, sondern auch die höchste asketische Norm, da es den Einzelgänger nach mittelalterlichem Denken in extreme Verhaltensweisen treibt, die den Menschen nur zu bekannt sind, ihn jedoch zerstören können. Das gesellschaftliche Gegenbild der höfischen Konvention als Zusammenkunft, Vereinbarung, des Sich-Vertragens mit anderen Menschen ist keinesfalls a priori vorhanden, sondern vielmehr geschichtlich gewachsen, kulturgeschichtlich gestiftet.

Ritter und Mönch, die beiden greifbarsten Formen legalisierten Außenseitertums, waren bereits durch ihren Habitus, durch Haltung und Tracht als Mitglieder eines Ordens, einer Elite ausgewiesen, die über eigene Auslese und Aufnahmeriten verfügte und über deren Werte jeder Bescheid wußte. Aber auch für das Mönchstum gilt, daß die Beziehung zu Gott wichtiger war als das Wesen des einzelnen Menschen. Der Mönch erfährt die Maßstäbe seines idealen Verhaltens durch Gewissenserforschung, Sündenbekenntnis, Selbstkritik, und dies idealiter nur in Bezug zur Überlieferung oder deren Interpretation.

Programm der Einsamkeit mittelalterlicher Bestseller

Der Begriff der Einsamkeit flackerte in der Eingeweihtenliteratur eines Wolframs bereits in der staufischen Klassik um 1200 in einem in die Zukunft weisenden, individualistischen Sinn einer Bewußtseinsseelenqualität auf. Ansonsten blieb aber die Einsamkeit in der Regel ein Zustand, der von hygienisch-medizinischer Bedeutung war, z.B. im Sinne einer Ganzheitsmedizin (bei Hildegard von Bingen) oder eines asketischen Ideals der Klausur (Thomas von Kempen). So spricht Hildegard von Bingen davon, daß durch die Einübung des Lebens in der Stille und der Einsamkeit der Mensch den Zustand inneren Gleichgewichts und Glücks, der sogenannten Homöostase, erreichen könne, wodurch – was ihr erstrebenswert erscheint – alle Wünsche zur Ruhe kämen.

Doch es war nicht die überaus erfolgreiche Hildegard, sondern Thomas von Kempen, der mit seinem im Jahre 1420 verfaßten Werk „Von der

Nachfolge Christi" eines der berühmtesten Bücher des Mittelalters schrieb. Ein bedeutendes Kapitel des Buches, dem bis heute eine große und stille Lesergemeinde vergönnt ist, handelt „Von der Liebe zur Einsamkeit und Stille".

Thomas weist dort darauf hin, daß jede Selbstsicherheit im Leben Betrug sei, und ohne die Besinnung auf den Tod – seit den Pestepidemien des 14. Jahrhunderts immer wieder aktuell – und auf die Grenzen menschlicher Geschichte und Gemeinschaft könnten wir einander doch nur verderben und nicht läutern. Unser einziger Gesprächspartner sei Christus, der – durch die Haltung der Demut und aus bloßer Liebe gerufen –, in der Zelle des einzelnen wohne, wenn dieser die Verinnerlichung und Abstand zu den anderen suche.

Das sei alles andere als ein Programm der Egozentrik, wie Thomas unterstreicht, denn diese mystische Besinnung ordne doch vielmehr gerade das menschliche Miteinander neu. Wenn jeder sich selbst erkenne und von sich absehe, blickten alle auf Gott als den einzigen Bezugspunkt, dann sei die Menschenwelt ohne Bedürfnisse und Konventionen. Er zielt auf eine aus der geschichtlichen Umwelt herausgehobene gemeinsame Gesinnung, orientiert am vollkommenen Menschen Christus und der vollkommenen Lebensform der in Einsamkeit lebenden Christen, die sich mit ihm vereinigen. („Die Welt und ihre Begierde vergeht", 1. Joh. 2, 17) Er verlangt weiter, was viele Gläubige auch mit ganzem Herzen versuchten:

> „Suche dir eine passende Zeit, in der du Muße für dich hast, und bedenke immer wieder die Wohltaten Gottes. Laß das, was bloß die Neugier befriedigt; lies nur über Themen, die mehr der Reue als der Beschäftigung dienen. Wenn du dich zurückhältst von überflüssigem Reden, von müßigem Umherschlendern, vom Zuhören bei Neuigkeiten und Gerüchten, wirst du die passende Zeit finden, um gute Betrachtungen anzustellen.
>
> Die großen Heiligen vermieden, wo sie konnten, die Gesellschaft mit Menschen und zogen es vor, im Stillen Gott zu dienen. Jemand hat gesagt: ‚So oft ich unter Menschen war, kam ich als kleinerer Mensch heim.' (Seneca) Das erfahren wir öfter, wenn wir lang miteinander plaudern. Es ist leichter, daheim verborgen zu leben, als sich draußen hinreichend zu beherrschen. Wer daher bestrebt ist, zu inneren und geistlichen Gütern zu gelangen, der muß mit Jesus der Menge aus dem Weg gehen." (zit. nach: Borst, S.248)

Die Einsamkeit des heiligen Franziskus

Das erinnert uns an die Schilderungen Thomas von Celanos über das Leben des Franz von Assisi, der in seiner Botschaft den vertrauensvollen, spontanen, persönlichen und direkten Kontakt zu Gott im Vergleich zur Societas christiana als den wichtigeren Teil betrachtete. Franziskus fand in den Abruzzen die Einsamkeit, die er so liebte. Dort im „Heiligen Tal" zeugen noch heute vier Wallfahrtsstätten von seinem gewollt einsamen und äußerlich armen Leben. Dort fand er in der Einsamkeit die Ruhe, um die Regel seines Ordens festzulegen und den berühmten „Sonnengesang" zu dichten.

„Wenn er plötzlich in der Öffentlichkeit ergriffen und vom Herrn heimgesucht wurde, machte er sich aus seinem Mantel eine kleine Zelle, um nicht ohne Zelle zu sein. Manchmal, wenn er keinen Mantel bei sich hatte, bedeckte er wenigstens das Gesicht. Endlich war es seine Gepflogenheit, sich so heimlich und leise zum Gebet zu erheben, daß keiner der Gefährten es gewahrte, wie er sich erhob und betete. Oft betete er, ohne die Lippen zu bewegen, in seinem Inneren.

Alles Äußere wußte er nach Innen zu kehren, um dann seinen Geist davon ab und nach oben zu lenken. All sein geistiges Schauen und sein ganzes Gemüt richtete er so einzig und allein auf das Eine hin, das er von dem Herrn begehrte. Der ganze Mensch war nicht so sehr Beter als vielmehr selbst Gebet geworden." (zit. nach: Pampaloni, S.6)

Von der symptomatologischen Einsamkeit des Parzifals

Wolfram, der um 1170 bis nach 1220 im Städtchen Eschenbach bei Ansbach lebte, schilderte – zeitgleich mit der Vernichtung der Templer und Katharer durch die katholische Amtskirche – in seinem höchst inspirierten und über einen Entwicklungsroman in ritterlichen Zeiten weit hinausgehenden Epos „Parzifal" die Entwicklung eines Menschen zu seiner ihm gemäßen und damit notwendigen Form. Der Lebensweg reflektiert die Stationen der Ich-Werdung und führt zur Überwindung existentieller Not, der Entwicklung der verknoteten Schicksalsfäden bis hin zur Schicksalsgemeinschaft und Verwandtschaft aller Gralsbürger.

Parzifals Mutter Herzeloyde wurde durch den Tod des geliebten, im ritterlichen Kampf verstorbenen Mannes, des Ritters Gachmuret, in ihrem tiefsten Wesensgrund erschüttert. Dessen Sarkophag ziert ein grünes Smaragdkreuz als Ausdruck reiner, konzentrierter Lebenskraft inmitten eines heilsamen, naturverbundenen, urmütterlich geborgenen Daseins. Fortan verzichtet sie auf ihre Königswürde und das höfische Leben, da sie den äußeren Glanz und den Ruhm der Welt als hinfällig, unstet und dem eigenen Seelenfrieden zumeist zuwiderlaufend erfährt.

Bewußte Isolation als Schutzpanzer gegen den Schmerz: Soltane

Daher sucht sie Trost und Zuflucht in der Einsamkeit der unberührten Natur, in Soltane, wo die heilenden Kräfte von Mutter Natur ihr seelisches Verwundetsein zu lindern vermögen. Wolfram zeigt am Bild der Soltane, daß der Mensch, wenn es ihm gelingt, sich aus dem kräfteverzehrenden Weltengetriebe herauszulösen, zu sich selbst und zur eigenen göttlichen Wesensmitte zurückfinden kann. Letztlich vermag dies nur ein schlichtes, stilles Leben, eingebettet in den Rhythmus der Jahreszeiten und im Einklang mit den Gesetzen der Natur, was Gesundheit, stilles Glück und Seelenfrieden spenden kann.

In Soltane behütet und erzieht sie mit all ihrer mütterlichen Liebe ihren Sohn Parzifal in paradiesischer Geborgenheit und in völliger Weltabgeschiedenheit. Sie versucht, ihn vom ritterlichen Leben mit dem äußeren Gepränge, dem Streben nach Ruhm und Ehre und auch den damit verbundenen Gefahren für Leib und Seele fernzuhalten.

So wächst der Sohn im Schonraum des mütterlichen Paradieses heran und erhält hier die für seinen zukünftigen Lebensweg so wichtigen Erd- und Basiskräfte. Doch der Gesang der Vögel ruft in dem Kind eine unbestimmte Traurigkeit hervor und erweckt eine tiefe Sehnsucht nach etwas Unfaßbarem, nicht Bestimmbarem. Und das Schicksal führt ihn schließlich doch zur Bekanntschaft mit der ihm vorenthaltenen ritterlichen Welt.

Er löst sich jäh aus der Umklammerung, bricht der Mutter gar das Herz, und gelangt im Laufe der Jahre über viele Wege und Wirren als Gipfelpunkt seines weltlichen Lebens und der äußeren Weltdurchdringung zur Aufnahme in die Tafelrunde am Artus-Hof, als ruhmreichster aller Ritter.

Das Schattenerlebnis auf dem Gipfel des äußeren Erfolges

Auf dem Höhepunkt der glänzenden Feier erscheint Kundry, seine Hüterin der Schwelle, und reitet mitten in die Tafelrunde hinein. Furchtbar sind ihre Worte und schrecklich ihre häßliche Gestalt als Verzerrung und Mißbrauch der den Menschen von Gott gegebenen Geisteskräfte – und ganz ihm Gegensatz zu ihren hochgelobten Fähigkeiten. Parzifal wird gedrängt, seine unbewußten Schattenseiten wahrzunehmen und sich aus der Weltverhaftung herauszulösen. Er steht, viele Leben sind vorbereitend vorausgegangen, an einem wesentlichen Wendepunkt seines Lebens. Durch Kundry erreicht ihn der in Dunkelheit gehüllte Ruf des Grals, die Forderung, den eigenen Erkenntnisweg zum Wissenden, zur Teilhabe am Erlösungsweg Christi in der Welt, zu beschreiten.

Ein Lehrstück für die moderne Biographie

Hier ist von ihm das gefordert, was als Lehrstück in jeder modernen Biographie zu finden ist: die Auseinandersetzung mit den eigenen Schattenseiten und den noch nicht ergriffenen Lebensaufgaben. Das geht einher mit dem Ahnen der Notwendigkeit, über das eigene Ich hinaus sich der Weltbegegnung im Spannungsfeld des hier und jetzt Anstehenden, vor allem auch der Begegnung mit den zeitgleich inkarnierten Menschen, nicht zu entziehen.

Der Versuch eines Lebensentzuges verschöbe – auch in seiner extremsten Variante des Suizids –, das Anstehende nur ein wenig auf der Zeitachse, von der die Seele aber letztlich unabhängig ist. Schon der weise Volksmund sagt: „Aufgeschoben ist nicht aufgehoben!"

Durch das finstere Tal

Parzifal reagiert gänzlich verdunkelt, hadert mit dem Schicksal und mit Gott, der ihm in dieser Situation scheinbar nicht hilft. Er verläßt die Gemeinschaft der Artus-Ritter und reitet allein in die dunkle Zukunft. Und genau so muß es sein! In der entscheidenden Bewußtseinsprüfung vor dem Aufstieg in höhere geistige Welten wird der Mensch scheinbar gänzlich allein gelassen, seinem Schicksal ausgeliefert, von „dunklen" Kräften sinnvoll versucht, manchmal auf Leben und Tod. Das ist die ärgste Prüfung des Hüters der Schwelle.

Einsam und heimatlos beginnt Parzifal die Suche nach dem Gral, bis er nach schwieriger Zeit von Kundry, der festlich gekleideten Gralsbotin, vor der Tafelrunde rehabilitiert wird. Er ist nun ganz im Zustand der „Saelde" – auch zu übersetzen als das Glücksgefühl, das ich habe, wenn ich meinen roten Lebensfaden endlich deutlich erkenne –, frei von allem Zweifel und hineingewoben in das Göttliche, als von der Christuskraft innerlich erleuchteter Gralskönig. Vertrauen, Hoffnung, Glaube.

Einsamkeit in der Rhythmik des Lebens

„Gedenket nicht an das Frühere, und achtet nicht auf das Vorige. Denn siehe, ich will Neues schaffen, jetzt wächst es auf, erkennt ihr es nicht?"
(Jes. 43, 18 f.)

Zu fragen ist, welchen Sinn die Einsamkeit in der Rhythmik des Lebens heute, im 21. Jahrhundert, hat. Begibt sich der heutige Mensch von Zeit zu Zeit unbewußt, und zunehmend auch bewußt, seinem inneren geistigen Auftrag und seinem eigenen Zeitmaß entsprechend, in die Einsamkeit – gewissermaßen einatmend –, um dann gestärkt zur Gemeinschaft, zur Gemeinsamkeit, zurückzukehren – gewissermaßen ausatmend –, um ein weiteres Wegstück Lebensstrecke zurückzulegen? Geschieht dies in individueller biographischer Regelmäßigkeit das ganze irdische Leben hindurch, entlang des vorgeburtlich von den Engelmächten und dem eigenen höheren Ich gezogenen und in Freiwilligkeit zu entwickelnden roten Fadens des Lebens?

Die anthroposophische Biographiearbeit ist ihren Kinderschuhen längst entwachsen und hat ihre Ergebnisse bereits umfangreich dargelegt.[2] Auf vielfältige Art bestätigen sich die von Steiner aus seiner geisteswissenschaftlichen Forschung mitgeteilten Erkenntnisse. Einerseits wird der Lebenslauf der Menschen zwischen Geburt und Tod durch sein ganz individuelles Ich geprägt, was das Schicksal wirklich zu einem ganz persönlichem werden läßt, andererseits zeigen sich in jeder Biographie allgemeingültige Regel- und Gesetzmäßigkeiten, eine mit der physischen Geburt des Menschen eingeleitete Entwicklung, die etwa alle sieben Jahre etwas Neues hervorbringt.[3]

Nach einem Dreierschritt der leiblichen (physischen, ätherischen, astralen) Entwicklung, die sich ungefähr bis zum 21. Lebensjahr vollzieht, schließt sich bis zum 42. Lebensjahr die Entwicklung der Seelenglieder an (Empfindungsseele: 21–28 Jahre; Verstandes- und Gemütsseele: 28–35

---

2. Siehe z.B. auch: FLENSBURGER HEFTE 31: Biographiearbeit. Flensburg [4]1994, und: FLENSBURGER HEFTE Sonderheft 10: Biographiearbeit II. Grundlagen, Praxis, Ausbildungen. Flensburg [2]1997.

3. Die folgenden Altersangaben sind als Annäherungswerte zu verstehen.

Jahre, Bewußtseinsseele: 35–42 Jahre), auf die dann die Entwicklung der geistigen Wesensglieder folgt, die mit dem Tod abgeschlossen wird. Der menschliche Lebenslauf ist im wesentlichen Vollzug und Ergebnis der menschenspezifischen Ich-Wirksamkeit.

Das Ich erobert sich zunächst den Leib, um dann in der Lebensmitte mit Hilfe des Leibes das Seelenleben voll zu entfalten, bevor im letzten Lebensdrittel durch das Herauslösen von leiblichen und seelischen Kräften die Entfaltung des Geistes erfolgen kann. Die Zeit vom 42. bis zum 49. Lebensjahr gilt der anfänglichen Entwicklung des Geistselbst. (Unter „Geistselbst", „Lebensgeist" und „Geistesmensch" sind die erst keimhaft veranlagten höheren Wesensglieder des Menschen zu verstehen, die in der Zukunft durch Umwandlung der Dreiheit der niederen Wesensglieder ausgebildet werden.)[4]

Nur selten ist man sich den neuen Herausforderungen, die durch die Ich-Wirksamkeit an uns herangetragen wird, voll bewußt. Wenn die Impulse für nötige Veränderungsschritte nicht aufgegriffen werden, wenn das alte Seelenkostüm weiterhin getragen wird, obwohl die Nähte bereits platzen, dann ist mit Schwierigkeiten zu rechnen.

Zunehmende Freiheit macht einsamer

Rudolf Steiner spricht davon, daß wir bis zum 28. Lebensjahr von den geistigen Mächten geführt und aufgebaut werden, ein Einfluß, der bis zur Lebensmitte spürbar bleibt. Danach aber stehen wir vor einer veränderten Situation: Vollständig losgelassen, freigelassen erleben wir uns in unserer Schicksalsgestaltung als allein, auch der geistigen Welt gegenüber.

Damit keine Mißverständnisse aufkommen: Natürlich ist weiterhin die Engelbegegnung jederzeit und an jedem Ort möglich, doch muß man sich in die innere Stimme bewußt hineinlauschen. Daher fragen nicht wenige: Wo sind sie, all die Helfer und Beschützer in meiner Misere? Wenn der vertraute Ehepartner mit der schicken Nachbarin durchbrennt, wenn das Kind von einem betrunkenen Autofahrer übersehen wird und in meinem Armen verblutet? Wenn schon wieder ein anderer die Stelle bekommt, die doch eigentlich die meinige ist? Schier endlos variable Möglichkeiten, am Sinn seines Schicksals zu zweifeln.

---

4. Siehe dazu u.a.: Rudolf Steiner: Theosophie. Einführung in übersinnliche Welterkenntnis und Menschenbestimmung. GA 9.

Die einsamen Jahre nach dem 42. Lebensjahr

Dabei ist die Lebensphase ab dem 42. Jahr als besonders „schwierig" anzusehen. Denn, wie Bernard Lievegoed so treffend ausführte: Der Mensch ist erst mit 42 Jahren richtig erwachsen! „Wenn er 21 ist, ist er, vorläufig erwachsen'. In jenem Umwandlungsprozeß der großen Mittelphase des Lebens liegen die Ursachen der verschiedenartigsten neurotischen oder gar psychiatrischen Störungen." (Lievegoed, S.144)

Es sollte noch ergänzt werden, daß Lievegoed die Neurose im Sinne Adlers nicht etwa durch eine verpatzte Vergangenheit (Freud), sondern durch eine fehlerhafte unrealistische Zukunftsplanung verursacht sieht. (Siehe hierzu: FLENSBURGER HEFTE 31, S.9–46)

Die Bewußtseinsseele führt das Ich in die Einsamkeit, so Lievegoed, sogar zu einem „Nullpunkt im Sozialen", da sie „auf die Entfaltung des eigenen Ich gestellt ist, sie bedingt antisoziale Verhaltensweisen des Menschen, aber die Bewußtseinsseele veranlagt auch die Keime des Geistselbst". (ebd., S.25)

Und so kann auch Adam Bittleston darauf verweisen, daß genau in diesem Lebensabschnitt der beginnenden Geistdurchdringung im siebten Jahrsiebt, dem sogenannten „Alter", der Mensch sich auch besonders einsam fühlt:

„Es gibt jedoch eine überraschende Anzahl alleinlebender Menschen, die in der Begegnung mit einem einfühlsamen Zuhörer mitteilen, daß sie sich einsam, ja vielleicht sogar verzweifelt einsam fühlen. Für diese Erfahrungstatsache liegen zwar keine statistischen Zahlen vor, aber die verhältnismäßig wenigen Forscher auf diesem Gebiet sind zu einigen bemerkenswerten Ergebnissen gelangt.

So scheint z.B. die Zahl derer, die einsam sind, unter den alleinlebenden 40jährigen besonders hoch zu sein, nicht etwa unter den 60- oder 70jährigen, wie vielleicht zu erwarten wäre. Sowohl auf dem Land wie in der Stadt leiden Menschen unter Einsamkeit, und das hat spürbare Auswirkungen auf die körperliche Gesundheit, speziell im Hinblick auf Herzerkrankungen." (Bittleston, S.8)

Das Zurücktreten der Seelen- und Lebenskräfte von der Lebensmitte an, die zunehmende Reibung an den Widerständen der äußeren Welt und der gleichzeitige Abbau des physischen Leibes führen an den Wendepunkten des Lebenslaufes – wozu die beiden auf den ersten Mondknoten im 18.

Lebensjahr folgenden Mondknoten im 37. und 56. Lebensjahr zählen – zu Krisen, Einsamkeit und Depression, da auch die Todesproblematik vorweggenommen wird.

Genau alle 18 Jahre, 7 Monate und 9 Tage kehren die beiden Schnittstellen der Mond- und Sonnenbahn in diejenige Stellung im Tierkreis zurück, die sie bei der Geburt eines Menschen innehatten. Rudolf Steiner spricht vom „Atmen des Makrokosmos", das nach dieser Zeit jeweils die gleiche Phase erreicht. Ein Mondknoten bringt stets eine – nicht nur krisenhafte, sondern sehr chancenreiche – Begegnung zwischen den Kräften, die uns bisher getragen haben, mit denen, die uns in die Zukunft führen wollen. Es leuchtet gewissermaßen unser höheres Wesen in unsere Biographie hinein.

„Wenn wir die abwärtsgehende Entwicklung des physischen Leibes als einzige Möglichkeit sehen, zu wenig Selbständigkeit gegenüber den äußeren Verhältnissen und Gegebenheiten entwickeln, uns von materiellem Besitz abhängig machen, unseren Rollen verhaftet bleiben und eine innere Befreiung im Geiste nicht gelingt, erleben wir die Urängste der Menschheit – Krankheitsfurcht, Angst vor leiblichem Verfall, seelischer Verarmung und Ohnmacht im Zusammenhang mit dem Auftreten von Schuldgefühlen bis hin zu geistiger Einsamkeit und Isolation durch Versündigungsideen (Absonderung) – in der Depression." (Rohen, S.31)

Zu den Folgen der Vereinsamung

Die Frage ist naheliegend: Wie viele der weltweit 150 Mio. Depressiven pro Jahr sind einsam? Wie viele Einsame depressiv? Wie sieht der Zusammenhang aus, der hier besteht?

Es gehört zum Wesen des Menschen, als Reaktion auf traurige Ereignisse seelisch zu trauern, ja, auch zu verzweifeln, sonst wären wir herzlos und abgebrüht. Auch das Ahnen und Wissen um das, was die Welt im Innersten zusammenhält, nimmt nicht sogleich den Schmerz und die Verzweiflung. – Das traurige Erlebnis deprimiert uns nicht nur in unserem seelischen Erleben, wir spüren den Druck vielmehr bis in unseren physischen Körper hinein. Aber auch unsere Gedankenwelt verändert sich, selbst der Wille und unser Handeln werden beeinflußt. Nun löst sich in der Regel das Erlebte aber langsam wieder auf, wir finden zum Tageswerk zurück und bemerken dabei sogar die neuen Kräfte, die uns zugewachsen sind.

Zur Gemütserkrankung „reaktive Depression" wird diese Seelentätigkeit des Erlebnisverdauens erst dann, wenn in unserem Inneren eine Erlebnisstauung eintritt, die uns leiblich auf den Magen schlägt und das zentrale Organ unseres Stoffwechsels, die Leber, so schwer belasten kann, daß sich Galle aus der Leber ins Blut zurückstaut. Die gestaute, schwarzwerdende Galle (grch. *melanos:* schwarz) fließt bei Kummer langsamer, so daß gewissermaßen eine „Kummer-Gelbsucht" entsteht. In solchen Fällen ist die Seelenverstimmung dann bereits eine Leberfunktionsstörung geworden, was schon bald an den Begleiterscheinungen Mattheit, Antriebslosigkeit und Müdigkeit sichtbar wird.

Im Gegensatz zur durch Leid von außen kommenden „reaktiven Depression" weiß der Erkrankte bei der von innen kommenden sogenannten „endogenen Depression" nicht um die Ursache seiner hoffnungslosen Trauer und Gemütsverdunkelung, unter der z.B. die Einsame Käthe Kollwitz litt:

„Tief. Tief. Tiefstand. [...] Ich bin dumm und ohne Gedanken. Ich sehe nur Unerfreuliches. [...] Ich bin stumpf. Eine Müdigkeit im ganzen Körper und eine die anderen lähmende Unliebenswürdigkeit. Wie tief ein solcher Zustand ist, merkt man erst, wenn man anfängt, sich aus ihm zu heben. Ein schlimmes Symptom ist dieses: nicht nur eine Sache nicht zu Ende denken, sondern auch ein Gefühl nicht zu Ende fühlen. Sobald es aufsteigt, ist es, als ob man eine Handvoll Asche raufwirft, gleicht lischt es aus. Gefühle, die einem früher nahkamen, stehn wie hinter dicken, blinden Fensterscheiben, die müde Seele versucht gar nicht erst zu fühlen, weil es anstrengt. Also ein *Nichts* in mir, weder Gedanken noch Gefühle, keine Aufforderung zum Tun, keine Stellungnahme." (Tagebucheintrag vom April 1921. Kollwitz, S.103 f.)

Krise, Einsamkeit, Depression ...

Wo liegt der Zusammenhang zwischen der schweren Depression und der Einsamkeit? Wenn auch in der schicksalsgesegneten Einsamkeitsphase, als Begleiterscheinung einer Krise, der eigene Genius, der mit seiner zarten Stimme nichts sehnlicher erhofft, als von taub gewordenen Ohren wieder gehört zu werden, nicht zu Worte kommt und eine Reifung auf einfachem Wege nicht zu erreichen ist, d.h. die hinter der Einsamkeit stehenden Aufgaben nicht erkannt werden, wird mit schicksalsträchtiger Rhythmik eine Verstärkung in Form der Depression erfolgen, bei der gewissermaßen die innere biographische Uhr stehenbleibt.

Die Depression empfinden wir als schwer, dunkel und einsam. Jede Hoffnung auf die Zukunft scheint bei gleichzeitigem Verhaftetsein in der Vergangenheit zunichte: Antriebslosigkeit, Erschöpfung bis hin zur Lebensmüdigkeit. Eine endlose Kette mag sich dann ergeben, die auch durch den Suizid nicht zu durchbrechen ist, sondern nur durch ein Sich-Stellen dem eigenen Ich-Auftrag gegenüber. Ist die endogene Depression die eine Schwester der ungewollten Einsamkeit, so gibt es da noch die andere, nicht minder häßliche Schwester: die Sucht mit ihren vielfältigen Kleidern, und allzu bereitwillig schließen sich beide Schwestern zu einer schlagkräftigen Opposition gegen das Ich zusammen.

Wie ist mit der bedrückenden Form von Einsamkeit umzugehen?

Wirksame Abhilfe bei der unerwünschten Einsamkeit kann nicht durch singuläre Maßnahmen einer medizinischen Therapie ihrer Begleiterscheinungen (Depression, Suizidgefahr, Süchte) erfolgen, sondern setzt die ganzheitlich orientierte Klärung der eigenen Biographie voraus. Und dieses Anliegen ist kein akademisches! Ohne eine wirkliche Begegnung mit dem eigenen Leben mag man sonst daran vorbeileiden, wird die Fäden zu gegebener Zeit neu knüpfen müssen. Die Betroffenen müssen erkennen, was sich eigentlich in ihnen gegen die vom Leben angebotene Entwicklungschance sträubt.

Maßstab wird auch hier das sein müssen, was im Vorgeburtlichen als Geburtsimpuls und Schicksalsmatrix im Einvernehmen mit den Engelmächten erwählt wurde. Doch die eigenen Geburtsimpulse liegen nicht immer offen vor mir, das Gegenteil dürfte zumeist der Fall sein. Daher ist eine Hilfe durch fachkundige Biographiearbeiter und Psychotherapeuten mit entsprechender Fragestellung, eventuell auch durch Hinzuziehen zuverlässiger Astrologen, sinnvoll.

Die Fragen sind radikal, die Antworten aber er- und bearbeitbar: Wo liegt denn meine persönliche Glücksspur? Dort, wo mein roter Lebensfaden erkennbar wird. Und das geschieht gerade dort, wo etwas im Leben einschlägt, schiefgeht, zumeist in einer aufspürbaren Kontinuität. Um das zu erkennen, bedarf es eines wahren Schälprozesses, bei dem das Wesentliche, der Kern übrigbleibt. Wenn ich die mir eigene Berufung, meine Mission im Leben mir ahnend bewußt mache, werde ich sie nicht mehr so rasch wieder verdrängen können, etwa durch vermeintliche Sachzwänge und Ausreden vielfachster Art.

Ganz sicherlich hilft bei der Überwindung der ungewollten Einsamkeit – worauf Bittleston hinweist – auch eine Entwicklung bzw. Wiederherstellung unserer Wahrnehmungsfähigkeit, also die Schulung unserer oft sträflich vernachlässigten Sinne, z.b. auch durch eine Kunsttherapie, was Freiräume für die erweiterte Wesensbegegnung mit inkarnierten Menschen, Naturwesen, Verstorbenen und dem Christus schafft.

Literatur:

Aristoteles: Politik. München ^{4}1981.

Bingen, Hildegard von: Von der Heilkraft der Seele: die menschlichen Tugenden, „Liber vitae meritorium". Freiburg i.B. ^{2}1998.

Bittleston, Adam: Einsamkeit. Stuttgart ^{2}1990.

Borst, Arno: Lebensformen im Mittelalter. Berlin 1997.

Dethlefsen, Thorwald: Schicksal als Chance. Das Urwissen zur Vollkommenheit des Menschen. München ^{9}1984.

Erziehungskunst: Hochbegabt, (k)ein Thema für die Waldorfschule? Stuttgart 11/2000.

FLENSBURGER HEFTE 31: Biographiearbeit. Flensburg ^{4}1994.

FLENSBURGER HEFTE Sonderheft 10: Biographiearbeit II. Grundlagen, Praxis, Ausbildungen. Flensburg ^{2}1997.

Kollwitz, Käthe: Aus meinem Leben. Berlin 1958.

Kunert, Günter: Mein Golem. Gedichte. München/Wien 1996.

Lievegoed, Bernard: Der Mensch an der Schwelle. Biographische Krisen und Entwicklungsmöglichkeiten. Stuttgart ^{4}1994.

Pampaloni, Geno: Der heilige Franziskus im Tal von Rieti. Herrsching 1989.

Pflug, Christine: Der Lebenslauf – ein Übungsweg. Inhalt und Hintergründe anthroposophischer Biographiearbeit. Beiträge für eine bewußte Lebensführung in Gesundheit und Krankheit, Nr.153. Bad Liebenzell ^{3}1998.

Rakusa, Ilma (Hg.): Einsamkeiten. Ein Lesebuch. 1996.

Rohen, Andreas: Rhythmen im Lebenslauf. Merkblätter für eine bewußte Lebensführung in Gesundheit und Krankheit, Nr.24. Bad Liebenzell 1986.

Steiner, Rudolf: Die Geheimwissenschaft im Umriß. GA 13, Tb., Dornach 1976.

Steiner, Rudolf: Die Theosophie des Rosenkreuzers. GA 99, Dornach ^{7}1985.

Steiner, Rudolf: Theosophie. Einführung in übersinnliche Welterkenntnis und Menschenbestimmung. GA 9, Tb., Dornach 1976.

Sie suchen eine Stelle in einer anthroposophisch oder waldorfpädagogisch orientierten Einrichtung?

Sie streben eine Aus-, Um- oder Weiterbildung zum Waldorfpädagogen, Erzieher, Therapeuten o.ä. an?

Sie haben einen Internetzugang?

Dann sollten Sie unsere Web-Site

www.Stellenmarktanthroposophie.de

besuchen! Hier finden Sie entsprechende Angebote.

Viele der Einrichtungen haben inzwischen auch selbst eine Web-Site. Wir haben Links auf diese Web-Sites eingerichtet, so daß Sie sich auch ausführlich über die jeweilige Einrichtung informieren können.

Sollten Sie kein geeignetes Angebot finden, nutzen Sie unseren Bewerbungsservice. Füllen Sie das Bewerbungsformular unter „Suche Stelle" aus. Wir leiten Ihr Gesuch an geeignete Einrichtungen weiter.

Wenn Sie ein Stellenangebot oder eine Aus- bzw. Weiterbildungsmaßnahme aufgeben möchten, bitte wenden Sie sich an

RING Media-Agentur,
Jahnstraße 24, 63075 Offenbach
Tel. 069 / 86 68 88, Fax -/ 86 50 33
E-mail: RingMediaAgentur@t-online.de
Web-Site: www.Ring-Media-Agentur.de

Einsamkeit im Denken

Winfried Bäse*

Sicher stellt sich für einen Pädagogen in der heutigen Zeit immer wieder neu die Frage, wie sich eine Seele für die zeitgenössische Schnellebigkeit wappne. Wir leben in einer Zeit, in der Konkurrenzfähigkeit, Schnelligkeit und Prägnanz häufig eine entscheidende Rolle spielen, um beispielsweise im Berufsleben Fuß fassen zu können; Ergebnisse sind gefragt, kaum noch die Freude am Prozessualen.

Für einen Waldorflehrer entfaltet sich das Denken grundlegend im dritten Jahrsiebt einer Biographie, also im Jugendalter. Das Freiwerden der Kräfte für das Denken bildet die Grundvoraussetzung für die Schulreife überhaupt. Eine Empfehlung Rudolf Steiners für die Unterrichtsvorbereitung eines Lehrers lautet, man möge in dem eigenen Leben in die Altersstufe seiner Schülerschaft zurückgehen, um in das Stimmungsgefüge einer Altersgruppierung hineinzukommen. So seien im folgenden einige Situationen aus dem Leben des Verfassers beleuchtet, die für ein Verständnis des Themas erhellend sein können.

Die Weihnachtsgeschichte

Rückblickend zeigt sich ein erster Streß- und Vereinsamungsfaktor bereits darin, daß liebe Verwandte, wie z.B. die Großeltern, das Enkelkind in Gesprächen bereits auf dem Gymnasium oder – wie es damals hieß – auf der Oberschule gesehen haben, ohne daß es bereits die Schulreife erlangt hätte. So hat sich denn auch in der jungen Seele ein Überforderungs- oder Angstgefühl ausbreiten können, das in besonderen Situationen kulminierte. Diese fanden sich z.B. im Auswendiglernen von Gedichten oder Üben eines Musikstückes auf der Blockflöte. Stets war der Nachmittag bereits gelaufen, ohne angefangen zu haben. Kaum war das Kind zu Hause, lernte es und lernte oder übte und übte bis in die Abendstunden. Allein das Gefühl, am nächsten Tag auf Benotung vortragen zu müssen, langte, um zu keinem wirklichen Erfolgserlebnis zu kommen. Der *eine* Patzer beim

---

* **Winfried Bäse**, geb. 1956, Waldorflehrer, unterrichtet im 15. Schuljahr Deutsch und Geschichte in der Oberstufe der Freien Waldorfschule Flensburg.

Aufsagen oder Vorspielen am nächsten Morgen war im Grunde vorprogrammiert.

Das schwärzeste Ereignis dieser Art läßt sich in die Adventszeit meiner dritten Volksschulklasse datieren. Irgendeine Kaffee-Geschäftskette – Eduscho oder Tchibo – brachte zwei nette Weihnachtsheftchen im Quartformat heraus, in denen in zwei Teilen die Weihnachtsgeschichte nach einem der Evangelien in der Lutherübersetzung abgedruckt war. Die Religionslehrerin verfiel auf die barbarische Idee, uns die gesamte Geschichte innerhalb von zwei Wochen in zwei Hälften auswendig lernen zu lassen, nachdem unsere Mütter die Heftchen in Verbindung mit dem nächsten Kaffeekauf hatten besorgen sollen.

Leider waren die Druckwerke noch nicht vergriffen, als sich dann auch meine Mutter auf den Weg machte. Ihr Erfolgserlebnis, die Materialien erstanden zu haben, konnte ich wahrhaftig nicht teilen. Wegen der bereits durchlittenen Qualen ohne Freizeitspiel an der frischen Luft beschloß ich, mich dieser außerordentlichen Strapaze nicht auszusetzen, zumal wir damals wegen Raummangels mit der vierten Klasse zusammen bei gleicher Hausaufgabe Unterricht in einem Zimmer hatten.

Nach der ersten Woche mußten einige die erste Hälfte aufsagen – es reimte sich ja auch nicht einmal –, und der Kelch ging noch an mir vorüber. Aber in der zweiten Woche – mit der anspruchsvollen Überleitung: „So, nach den Viertkläßlern wollen wir jetzt noch einige besonders gute Drittkläßler hören!" – erwischte es mich sofort kalten Fußes, denn ich war der erste im Alphabet. Ich glaube, so einsam wie in diesem Moment habe ich mich kaum jemals wieder im Leben gefühlt. Das Einsamkeitserlebnis war noch nicht damit erledigt, daß ich mit höchstem Bleichheitsgrad im Gesicht die Worte log: „Ich-hab'-es-vergessen!" Trotz sorgenvoller, mitleidiger Miene meiner Lehrerin wurden zwei Sechsen notiert, nämlich jeweils eine für die nicht gelernte, wohl aber gern gelesene, erste und zweite Hälfte.

Das Osterwunder

Zum ersten Mal bekam ich physisch zu spüren, daß es eine geheimnisvolle Verbindung zwischen Weihnachten und Ostern gab: Weihnachten feierte ich mit meiner ersten unerledigten Hausaufgabe im Bewußtsein und leichtem Magendruck, der sich bis Ostern hielt. Dann gab es nämlich damals Zeugnisse. Und allein der Gedanke an meine Religionsnote sicherte ein ungutes Gefühl, an dem ich auch niemanden teilhaben ließ. Schlagartig erhöhte sich jedoch meine Wundergläubigkeit, als sich in meinem Lieblingsfach statt der erwarteten Fünf oder Sechs die gewohnte Eins nur um einen Zähler nach unten relativiert hatte. Dieses Erlebnis mit der Weihnachtsgeschichte bedeutete mein härtestes Einsamkeitstraining überhaupt. Ich denke jedesmal daran zurück, wenn ich für den Rezitationsteil des Unterrichts ausgewählte Gedichte für meine Schülerinnen und Schüler auswendig lerne.

Heute weiß ich, daß man SchülerInnen nichts allein auswendig lernen lassen sollte, was sie nicht gedanklich durchdringen können oder bereits durchdrungen haben. Ausgleichend im Schulalltag wirkte für mich stets das Ermitteln des „Rechenkaisers" durch schnelles Kopfrechnen im Klassenverband. Wenn nicht Aufregung einen Streich spielte, gewann ich stets Freude an schnellen Gedankenkombinationen. Der Konkurrenzdruck jedoch bescherte stets das Isolationsgefühl, das unter dem Druck des Ehrgeizes noch anwachsen konnte und auch bei einer Niederlage erst langsam abebbte.

Einsame Trainingsprozesse

Die eigene Schulangst lernte ich zunehmend kompensieren, nachdem ich mich mit 14 Jahren entschloß, nicht noch ein Musikinstrument zu lernen, denn es galt, aus persönlichen Gründen Strukturen im Elternhaus auszuweichen und sich dem Ausdauer-Leistungssport zu verschreiben. Dieses Extrem, sich mit dem Intellekt ein radsportliches Ziel zu setzen und es unter größten Willensanstrengungen erreichen zu wollen, währte zwei volle Jahrsiebte. Einsamkeitserlebnisse begleiteten den gesamten Trainingsprozeß, aber auch während Alleinfahrten zum Sieg oder rennentscheidenden Situationen, bei denen man wußte: Alle sind angeschlagen, und wer jetzt noch einen Angriff aufsetzt, gewinnt. Aber neben allem, was man Negatives dagegen sagen kann, brachte es eine gewisse Dickfälligkeit – zumindest im äußeren Auftreten – in Prüfungssituationen und die Fähigkeit, sich in Willensprozessen viel abverlangen zu können.

Eine gewisse Dankbarkeit empfinde ich gegenüber dem Deutschlehrer in der Oberstufenzeit, der mir entscheidende Gliederungsempfehlungen gab, meine Verstandeskräfte in der nötigen Ausführlichkeit sinnvoll einzusetzen. Damit bildete sich eine Sozialfähigkeit im Erläutern aus, die die Stelle eines inneren isolierten Ist-doch-klar-Gefühls ersetzte.

Denkend im Strom des Weltgeschehens

Mit dem Ergreifen der Anthroposophie und dem Betreten eines Schulungsweges bereitete es später keine Mühe, die vorhandenen Kräfte auf dieses Übfeld zu übertragen. Wenn es auch manchmal Situationen gab, die sportliche Vergangenheit zu verdammen, erinnere ich mich noch an so manchen pikierten Blick im Lager meiner anthroposophischen und durchaus geschätzten Ausbilder am Lehrerseminar. Aber es gibt ja nichts, was man durch Übung nicht auch wieder ausgleichen kann, und die Empfehlung des Kursleiters, die sich rein zufällig mit der seines Bruders, eines namhaften Augenarztes, deckte, sich an der Schule durch die dort vorhandene Fachkraft ein paar Heileurythmie-Übungen geben zu lassen, wurde zu einem lebensbegleitenden Tagespensum.

Diese Willensübung brachte stets die nötige Vorklärung für das Denken, für dessen weitere Ausbildung sich ein individueller Weg herauskristallisierte. Aus dem Ärger, daß in der Anthroposophie an Steiners Schriften erarbeitete Begriffe so leicht wieder wegrutschen können, ergab sich für mich ein Verfahren, gute Gewohnheiten in den Denkweisen dadurch auszubilden, ein Kapitel siebenmal pro Woche durchzumeditieren. Als am schwersten zu fassen zeigten sich dabei die Schriften „Die Schwelle der geistigen Welt" (GA 17) und „Ein Weg zur Selbsterkenntnis des Menschen" (GA 16). Erst nach sieben mal siebenfachem Durchleben beider Bücher führte es zu Gewohnheitsänderungen im Denken.

Zentrale Bedeutung erlangte dabei das mehrmals täglich meditierte Wort Steiners aus GA 17: „Ich empfinde mich denkend eins mit dem Strom des Weltgeschehens." Es schuf eine Zentrierung und zugleich Weitung des Denkens. Schweifte ich bei einer kapitelbezogenen Übung einmal gedanklich ab, so zwang ich mich, das Kapitel erneut von Anfang an anzugehen. Unterstützt wurden diese Bemühungen durch die heileurythmische „U-Übung", die das Denken klären und weiten hilft und die sieben Hauptchakren aktiviert. Aus der Nötigung zur Ruhe entstand ein deutliches Bewußtsein von der Einsamkeit, in die es sich stets zunächst zu versetzen gilt.

Schließlich entwickelte sich ein Vertrauen in die Einsamkeit – die Faust ja sehr anschaulich durch Mephistopheles in der Szene „Finstere Galerie" (Faust II) vorgeführt bekommt als Stufe, die es auszuhalten gilt, bevor man zu den Müttern darf – und die Gewißheit: Nehme ich mir nur genügend Zeit, in Ruhe abzuwarten, strömen mir geistige An- und Einsichten entgegen. Es erwacht die wirkliche Gewißheit: Ich weiß, was ich tue. Aus dem

Studium der Steinerschen Schriften ergibt sich dann das gedankenklare Zuordnungsvermögen, ob es sich bei dem Erlebnis eher um ein bildhaftes handelt, das einem etwas zur gegenwärtigen Frage- oder Lebenssituation sagen will, oder aber um einen Einblick in die vorangegangenen Erdenleben handelt.

Solchen Erlebnissen läßt sich jedoch nicht mehr mit dem normalen Alltagsdenken begegnen. Es ist ein ständiger Pendelschlag zwischen Gedanken- und Gefühlssphäre herzustellen, bzw. zwischen Kopf- und Herzensbereich, und ich stoße mit dem, was ich aus Steiners Schriften weiß, auf das Erlebnis oder Bild und finde gewiß den Schlüssel zur Deutung in diesem Bild selbst, auch zu früheren Inkarnationen.

Was anfangs in der Klärung bis zu zwei Tage dauerte, geht inzwischen recht schnell. Aber mit der Klärung verliert auch das Einsamkeitserlebnis seine schreckliche Seite und weicht der Gewißheit: Alles, was ich in mir angehe, läßt sich dort klären aus den Lösungen, die mir entgegentreten, wenn ich mir genug Zeit nehmen kann. Zeit relativiert sich ohnehin, da das, von dem man glaubt, es habe sehr lange gedauert, oft beim Blick auf die Uhr nur einen Moment ausgemacht hat.

Man wird auf seine Lehrer treffen

Eine gewisse Ungeduld hat sich aber doch bei mir breitgemacht, und zwar durch die Information, man könne sehr wohl zu geistigen Erlebnissen kommen, wenn man nach entsprechender gedanklicher Vorklärung meditiere, ohne dem „Hüter der Schwelle" zu begegnen (vgl. GA 17). Dadurch entstand in mir die sehnsüchtige Frage: Wo bleibt er – der Hüter – denn nur? Was einem sonst eher als eine Art beängstigenden Schreckgespenstes vorgeführt wird, bekommt eine ganz andere Bedeutung, wenn ich weiß: Das bin ja ich. Diese Gewißheit hat sich in mir durch den parallel zu allen anderen Bemühungen verlaufenden intensiven Umgang mit den sogenannten Tafeln und Mantren der Freien Hochschule für Geisteswissenschaft gestärkt.

Als er – mein Hüter – mir dann schließlich gegenüberstand, konnte ich ihn innerlich klar erkennend liebevoll umarmen, vielleicht vergleichbar mit einem sympathischen Blick in den Spiegel. Das Interessante ist aber, was er mir sagte bzw. was ich von ihm wollte. Er sagte mir bzw. gab mir ein Hinweisschild: „Kümmere Dich um Deine Chakren!" Dazu wußte ich bereits, was Steiner in dem Kapitel „Über einige Wirkungen der Einweihung" in „Wie erlangt man Erkenntnisse der höheren Welten?" (GA 10) und seinem Nachwort zu diesem Buch darüber ausführt, daß man nämlich Steiners Mitteilungen als solche eines Lehrers an seinen Geheimschüler erleben könne. Im übrigen werde man dann schon auf seine Lehrer treffen, die einem weiterhelfen. Diese trifft man, und sie bestärken einen in den eigenen Erkenntnissen, wenn sie denn richtig gesehen werden.

Ist nun diese Stufe der Einsamkeit durchwandert, ergibt sich eine neue, nämlich die, die sich erleben läßt, wenn man in seiner sozialen Umgebung solche Begriffe oder Erkenntnisse transparent machen will. Dabei nützt zunächst die erlangte Beweglichkeit der Chakren – Steiner nennt so den Beginn eigener geistiger Wahrnehmungen – nichts, sondern es muß ein neuer liebegetragener Verwandlungsprozeß im Denken einsetzen, entweder sich schweigend zurückzuhalten oder gegenüber den Mitmenschen die rechten Worte zu finden, über solche Inhalte zu sprechen. Damit ist zugleich gesagt, was mich im weiteren Leben noch intensiver beschäftigen wird.

„Ausgesetzt auf den Bergen des Herzens"

Von der Einsamkeit der Geistesarbeiter, Steppenwölfe und Aufständischen des Gewissens

Rolf Lutzebäck

Einsamer nie –
Einsamer nie als im August:
Erfüllungsstunde – im Gelände
die roten und die goldenen Brände,
doch wo ist deiner Gärten Lust?

Die Seen hell, die Himmel weich,
die Äcker rein und glänzen leise,
doch wo sind Sieg und Siegsbeweise
aus dem von dir vertretenen Reich?

Wo alles sich durch Glück beweist
und tauscht den Blick und tauscht die Ringe
im Weingeruch, im Rausch der Dinge –:
dienst du dem Gegenglück, dem Geist.

(Gottfried Benn)

„Wenn man von den Einsamen spricht", so einer, der es wußte, „setzt man immer zuviel voraus." Wie kommt Rainer Maria Rilke, der große einsame Mann der deutschsprachigen Poesie zu dieser zunächst befremdlichen Aussage?

Sind nicht sie, die einsam und allein sind, selbst schuld? Haben denn nicht sie, die verschrobenen, zärtelnden und bei jeder Kleinigkeit beleidigten Elfenbeinkünstler, es jederzeit in der feingeschnittenen Hand, ihre versnobte Introvertiertheit aufzugeben, das ätherische Seidentüchlein gegen das geerdete Schweißtuch der ehrbar Tüchtigen einzutauschen? Aber wir können sie, die Berufseinsamen, doch nicht immer und immer wieder höflich bitten, erinnernd flehend einladen in unsere fröhlich-feuchten Klausen? Sie lehnen das ja ohnehin wieder ab, trauen sich in ihrem weltentfremdeten Verschüchtertsein nicht, haben vielleicht etwas zu verbergen, zu vertuschen, etwas zu verzeihen? Oder sie halten uns für abgeschmackt, nicht gut genug für ihre eitel stolzen Geisteshöhen und blicken verächtlich auf unsere breite Arena der Tat?

Wie steht es wirklich um die Berufseinsamen, die Menschen, die einsam schwingen? Der vorliegende Artikel wird einige aus dem Meer der Unzähligen zu Worte kommen lassen und auch ihrer Mission für uns nachspüren.

„Sie haben nie einen Einsamen gesehen"

Rainer Maria Rilke gibt in den bemerkenswerten „Aufzeichnungen des Malte Laurids Brigge", dem einzigen Roman des Wortgiganten, eine seiner vielen Antworten zu diesem Thema:

„Man meint, die Leute wüßten, um was es sich handelt. Nein, sie wissen es nicht. Sie haben nie einen Einsamen gesehen, sie haben ihn nur gehaßt, ohne ihn zu kennen. Sie sind seine Nachbarn gewesen, die ihn aufbrauchten, und die Stimmen im Nebenzimmer, die ihn versuchten.

Sie haben die Dinge aufgereizt gegen ihn, daß sie lärmten und ihn übertönten. Die Kinder verbanden sich wider ihn, da er zart und ein Kind war, und mit jedem Wachsen wuchs er gegen die Erwachsenen an. Sie spürten ihn auf in seinem Versteck wie ein jagbares Tier, und seine lange Jugend war ohne Schonzeit. Und wenn er sich nicht erschöpfen ließ und davonkam, so schrien sie über das, was von ihm ausging, und nannten es häßlich und verdächtigten es.

Und hörte er nicht darauf, so wurden sie deutlicher und aßen ihm sein Essen weg und atmeten ihm seine Luft aus und spien in seine Armut, daß sie ihm widerwärtig würde. Sie brachten Verruf über ihn wie über einen Ansteckenden und warfen Steine nach, damit er sich rascher entfernte. Und sie hatten recht in ihrem alten Instinkt: denn er war wirklich ihr Feind.

Aber dann, wenn er nicht aufsah, besannen sie sich. Sie ahnten, daß sie ihm mit alledem seinen Willen taten; daß sie ihn in seinem Alleinsein bestärkten und ihm halfen, sich abzuschneiden von ihnen für immer. Und nun schlugen sie um und wandten das Letzte an, das Äußerste, den anderen Widerstand: den Ruhm. Und bei diesem Lärmen blickte fast jeder auf und wurde zerstreut." (Rilke, S.155 f.)

Einsamkeit als Conditio sine qua non des Künstlers

Rainer Maria Rilke, der legendenumwobene deutsche Poet der Einsamkeit (1875–1926), wurde vor allem von schwärmerischen Frauen wie ein Heiliger verehrt. Seine Anhängerinnen wandten sich an den unermüdlichen Briefeschreiber, um Seelentrost von dem zarten sensiblen heimatlosen Dichter zu erfahren. („Mädchen, Dichter sind, die von euch lernen, das zu *sagen*, was ihr einsam *seid* ...")

Sie litten mit seiner selbstgewählten(!) Einsamkeit und veröffentlichten Erinnerungen über Erinnerungen. Nicht nur Theologen und Anthroposophen beschäftigten sich nach seinem Tod mit dem „werdenden Gott" des Stundenbuches und mit den Engeln seiner Duineser Elegien. Die Philosophen im Fahrwasser Martin Heideggers wählten ihn zum Kronzeugen für ihre existentielle Problematik von Sein, Dasein und Nichts. („Dieses heißt Schicksal: gegenüber sein und nichts als das und immer gegenüber." 8. Elegie.)

Die Frage des Alleinseins und der Einsamkeit wird zu einem der Leitmotive seines ästhetischen Schaffens und seines Lebens überhaupt. Aber Rilke geht noch einen Schritt weiter und sieht gerade in der Einsamkeit eine Conditio sine qua non des Künstlers, der es bei seinem Schaffen mit dem „dunklen Wunsch aller Dinge" zu tun habe, und „die Dinge, die er zu seiner Darstellung wählt, aus den vielen zufälligen konventionellen Beziehungen heraus [...] vereinsamt und die Einsamen in einen einfachen, reinen Verkehr" stellt, wobei vom Künstler selbst nichterkannte Zusammenhänge sich fest aneinanderfügen, wenn sich beispielsweise „bange Worte" danach sehnen, in ein Gedicht zu schlüpfen. (zit. nach: Hackel, S.14)

In einem Brief vom 11. November 1915 ein weiterer intimer Einblick:

„Das Abseitssein [...] ist mir, der ich nie eine andere Einrichtung gekannt habe, nichts Verwunderliches. Wie nun einmal die Gemüter gehen, möchte es leicht die Voraussetzung ernster künstlerischer Leistung geworden sein [...]. Man mag diese Ausgeschlossenheit schwernehmen, sie ist es; aber vor allem ist sie verantwortlich, und dann ist sie rein, und in keiner anderen Lage ist so unmittelbar einzusehen, was man durch sie empfängt." (An Jomar Förste, 01.11.1915)

Gegen das Ungelöste im Herzen habe man sich geduldig zu zeigen, entstehende Fragen liebzuhaben und zu leben, wodurch man sich eines fernen Tages, allmählich und ohne es zu merken, auch in die Antworten hineinlebe, rät er 1903 Franz Xaver Kappus, einem jungen Dichter.

Die Einsamkeit lieben und den Schmerz, den sie verursacht, mit schönklingender Klage tragen, das ist es, was er den vielen Einsamen rät.

Die Gemeinschaft der geistverwandten Einsamen

Das Werden am Du, die Kunst der Begegnung, sie erhält bei Rilke eine tiefere Bedeutung. So sucht (und findet) auch er im Sinne der „Wahrspruchworte" Rudolf Steiners in sich die Welt und sucht die Welt draußen in sich, wobei aber die menschliche Begegnung vor allem in der Gemeinschaft geistverwandter Einsamer aufgespürt wird.

Vom mönchischen Leben

Wer seines Lebens viele Widersinne
versöhnt und dankbar in ein Sinnbild faßt,
der drängt die Lärmenden aus dem Palast,
wird anders festlich, und du bist der Gast,
den er an sanften Abenden empfängt.

Du bist der Zweite seiner Einsamkeit,
die ruhige Mitte seinen Monologen;
und jeder Kreis, um dich gezogen,
spannt ihm den Zirkel aus der Zeit.

(Rainer Maria Rilke)

Wissend, daß er sein Leben nicht (gänzlich) aus den Schicksalen, mit denen es verwachsen ist, herausschneiden könne, war es ihm ein tägliches Anliegen, die Kraft zu finden, „es ganz, wie es ist, mit allem, in eine Ruhe hineinzuheben, in eine Einsamkeit, in die Stille tiefer Arbeitstage". (An Lou Andreas-Salome, 11.08.1903)

Und wenn man ihn doch häufiger, am liebsten immer, für sich ließe, wie sehr strebte er danach. Auch verspürte er – wie im übrigen die meisten Künstler – nicht das Bedürfnis, andere von seiner Arbeit reden zu hören, „wie etwa einer wünschte, die Urteile anderer über die Frau, die er liebt, gedruckt zu sehen und zu sammeln." (An Ernst Ludwig Schellenberg, 02.09.1907)

Nicht nur Rilke, viele seiner Verwandten im Geiste tun sich schwer mit dem prosaischen Alltag, mit dem Übersetzen von der einen in die andere Sprache, denn jedes Übersetzungswerk bleibt letztlich unbefriedigend. Wie schön, dieselbe geistige Sprache, noch schöner, dieselbe Mundart zu sprechen, kaum aussprechbar die Freude, demselben Gedanken sprechend zu lauschen! Doch jedem lieblich-süßem Duft eines Gedichtes folgt, wie Heinrich Böll einwirft, nicht selten allzu bald der alltäglich prosaisch-profane Geruch benachbarter Waschküchen – der gelbscheppernde Schweiß der Preßlufthämmer, ergänzt Alfred Döblin. Doch lauschen wir weiter unserem Rilke:

„Die Hausherrin tut in sehr gütiger Weise alles für mein Wohlbefinden und gibt mir so viel Freiheit und Recht zur Selbstbestimmung, daß ich viel Alleinsein einrichten kann, halbe Tage lang und, wenn es nötig sein wird, mehr. (Mein Inneres war doch Monate lang ausgerenkt, merke ich, und das Alleinsein stellt zunächst nur eine Art seelischen Gipsverband dar, in dem etwas heilt.) Aber nichts ist so wichtig wie das. [...] Es gibt vielleicht nichts so Eifersüchtiges wie meinen Beruf; und nicht ein Mönchsleben wäre meines in eines Klosters Zusammenschluß und Abtrennung, wohl aber muß ich sehen, nach und nach zu einem Kloster auszuwachsen und so dazustehen in der Welt, mit Mauern um mich, aber mit Gott und den Heiligen in mir [...]." (An Karl und Elisabeth von der Heydt, 11.12.1906)

Unbeobachtet, ungesehen, am besten vollkommenes Unsichtbarsein, Aufgehen im heimatlichen Geist des Kosmos, das ist es, wonach Rilke strebt und was ihm dennoch in den liebevollen Ketten der Inkarnation nicht vollständig möglich ist. Er weiß sehr wohl um diese Zusammenhänge. Und doch klingt es fast wie eine melancholische Klage, wenn er in „Das Letzte" über die verschiedenen Abstammungslinien, die faustischen zwei Seelen in der Brust der zeitgenössischen Menschen reflektiert:

„[...] meine Mutter hat mich in die Welt hinaus geboren. Da steh ich nun in der Welt und geh in die Welt immer tiefer hinein und hab mein Glück und hab mein Weh und habe jedes allein. Und bin doch manch eines Erbe. Mit drei Zweigen hat mein Geschlecht geblüht und auf sieben Schlössern im Wald, und wurde seines Wappens müd und war schon viel zu alt; – und was sie mir ließen und was ich erwerbe zum alten Besitze, ist heimatlos. In meinen Händen, in meinem Schoß muß ich es halten, bis ich sterbe. Denn was ich fortstelle, hinein in die Welt, fällt, ist wie auf eine Welle gestellt." (zit. nach: Hackel, S.19 f.)

Man möchte fast ergänzen: „O gibt es Geister in der Luft, die zwischen Erd' und Himmel herrschend weben, so steiget nieder aus dem goldenen Duft und führt mich weg, zu neuem, buntem Leben!" (Goethe, Faust I, Vor dem Tor)

Glücklicherweise besaß Rilke aber den astralen Zaubermantel, der ihn in fremde Länder trug, auch ließen sich seine Tränen trocknen durch die Gewißheit, daß auch für ihn, den Einsamen, die große Gemeinsamkeit möglich ist. Wann, wo, wie findet er sie? Er findet sie immer dann, wenn jemand etwas sagt, was er selbst dunkel dachte, oder wenn jemand „Dinge, die man in guten Stunden gesagt, getan hat. Daran wächst man. Dieses Gefühl von Leitungen und Linien, die von entfernten Einsamen zu uns herübergehen, und von uns, Gott weiß zu wem, das halte ich für das beste Gefühl: Es läßt uns einsam und schaltet uns doch zugleich in eine große Gemeinsamkeit ein, in der wir Halt und Hilfe und Hoffnung haben. Ist es nicht so?" (An Otto Modersohn, 25.06.1902)

Das gilt in ganz besonderen Maße, wie könnte es auch anders sein, auch für die leisen Melodien der Bachschen Musik: „Der Wald ist wild, die Welt ist weit, mein Herz ist hell und groß. Es hält die blasse Einsamkeit mein Haupt in ihrem Schoß." (Der Bach hat leise Melodien). Das wird zum Balsam nicht gegen, sondern in erwünschtem Sinne zugunsten der Einsamkeit ...

Einsamkeit ohne Gemeinsamkeit treibt Nietzsche in den Wahnsinn

Rilke ging auf seinen Engel zu und fand durch ihn den Trost und ein Stück Heilung, das einem Friedrich Nietzsche nicht vergönnt war. Anders als Rilke war dieser zweite große Einsame der deutschen Geistesgeschichte, die wir hier zu uns sprechen lassen, ein Mensch, der „über sich selbst hinaus schaffen will und so zugrunde geht" – wie Zarathustra sagt.

Die Einsamkeit und den erdrückenden Kampf, den dieser Einsame gegen die ehernen tradierten Werte führte, zehren seine ehemals frischen Kräfte auf und trieben ihn in die Verlassenheit des Wahnsinns. Zwei Jahre vor dieser schrecklichen Tragödie ließ er in einem Brief durchblicken, wie es um seine Einsamkeit stand:

„Wenn ich Dir einen Begriff meines Gefühls von Einsamkeit geben könnte! Unter den Lebenden so wenig als unter den Toten habe ich jemanden, mit dem ich mich verwandt fühle. Das ist unbeschreiblich schauerlich ..." (zit. nach: Baeumler, S.522)

Rilkes Gedanke von der Gemeinschaft der Einsamen im Geiste und die tragische Verzweiflung Nietzsches scheinen zu bestätigen, daß jeder, der sich als einzelner vereinsamt oder einsam fühlt, sich nach Gemeinsamkeit, zumindest nach einer Gemeinschaft im Geiste mit Lebenden oder Verstorbenen sehnt. Nun vermag, wie jeder weiß, allerdings die Form der Gemeinsamkeit allein es nicht, die Einsamkeitsgefühle aufzulösen, da das Gefühl erfüllter Gemeinsamkeit nur dann entstehen kann, wenn die eigenen Wünsche und Ziele sich mit denen der Gemeinschaft decken. Man denke hier an die gegenwärtigen Leitbild- und Wertediskussionen in vielen Institutionen unserer Gesellschaft.

Besonders schmerzlich ist die an sich segensreiche Einsamkeit dann, wenn die eigene geistige Heimat bedroht oder vernichtet wird. Wodurch ist das möglich? Zum Beispiel wenn das zunächst als geistige Heimat Gewähnte, das mit allen Merkmalen der ideellen Vertrautheit und Herzensnähe Ausgestattete, sich als fremd oder nicht mehr vorhanden erweist, wobei es fast gleich ist, ob ich mich von den anderen entfremdet habe (Einsamkeit des erwachenden Scientologen, die des ehemaligen Terroristen) oder die anderen sich von mir (die Einsamkeit des Pazifisten im Dritten Reich), oder ob ich in einem Leitbildkonflikt, gleich welcher Art, mich ohnmächtig und allein auf weiter Flur sehe.

Die Einsamkeit stößt in allen Fällen mitten durch das Selbst. Wir sehen in vergleichbaren Momenten den Himmel sich verdunkeln, tiefschwarze Regenwolken ziehen auf, dissonante Augenblicke in Moll.

„Ein Ertrinkender beschäftigt sich nicht mit seiner Frisur"

Ein weiterer Aspekt der Einsamkeit kommt uns im Steppenwolf Hermann Hesse entgegen. Bis zum Erscheinen seines Werkes „Der Steppenwolf", das anläßlich seines 50. Geburtstages erschien, wurde Hermann Hesse von einer Reihe schwerer Schicksalsschläge heimgesucht. Der Scheidung von seiner psychisch schwerkranken ersten Frau Maria folgten weitere Familientragödien, die den Autor selbst an den Rand der Verzweiflung und Selbstaufgabe brachten. Die zweite Ehe wurde 1927 geschieden, ständig wechselnde Mietwohnverhältnisse in Montagnola, Basel und Zürich spiegeln die ungewisse familiäre Situation wider.

Mit der Inflation in Deutschland ging ein Großteil seiner Einkünfte verloren. Zudem kündigte ihm sein Verlag den verheißungsvollen Vertrag über eine zwölfbändige Anthologie zum klassischen Jahrhundert des deutschen Geistes 1750–1850, die seine materielle Zukunft sichern sollte. Eine siebenmonatige Vorarbeit wurde damit zunichte gemacht. Gicht, Ischias und ein Augenleiden nötigten ihn oft zur Arbeitsunfähigkeit.

Aber schon wenige Jahre später, 1931, schloß er eine neue Ehe mit einer Kunsthistorikerin, mit der er ein von H.C. Bodmer erbautes und ihm auf Lebenszeit zur Verfügung gestelltes Haus an der Collina d'Orro in Montagnola beziehen konnte. – Und die biographischen Züge seines einsamen Wolfes Harry Haller ähneln doch sehr denen seines Schöpfers, der die Voraussetzungen seines Kunstschaffens auch nie verhehlte:

> „[...] ich habe schon seit Jahren den ästhetischen Ehrgeiz aufgegeben und schreibe keine Dichtung, sondern eben Bekenntnis, so wie ein Ertrinkender oder Vergifteter sich nicht mit seiner Frisur beschäftigt oder mit der Modulation seiner Stimme, sondern eben hinausschreit." (Brief an Heinrich Wiegand, 14.10.1926)

Der einsame Wolf

Harry Haller ist ein „einsamer Wolf". Das traditionell der Melancholie zugeordnete Symboltier ist der Hund, und dessen nicht in der menschlichen Gemeinschaft lebende Wildform ist der Wolf. So symbolisiert dieses Tier neben der Melancholie auch die Vereinsamung und gesellschaftliche Isolation. Haller steht außerhalb der bürgerlichen Ordnung, ein Melancholiker zwischen vermeintlichem Sonderling und werdendem Genie. Ein Außenseiter, der sich zwar dem Bürgertum entfremdete, aber an der gesellschaftlich bedingten Identitäts- und Existenzkrise leidet. Und er suchte vor allem über das Doppelgängererleben (und das ist das Entscheidende!) einen Weg zwischen bürgerlicher Welt und eigenem geistigen Kosmos.

Durch das Heilmittel der Unio mystica scheint eine Seelenkur möglich, um die Vereinsamung und die Alterskrise zu lindern. Aber der mit ihr verbundene Distanzverlust wäre angesichts der Zwangskollektivierung und Vermassung in der ersten Hälfte des 20. Jahrhunderts, mit all ihrer Verpflichtung zur ideologischen Parteiergreifung, sicherlich nicht zuträglich.

Um eine authentische, zwangfreie Versöhnung von individueller, freier Selbstentfaltung der inneren Geisteswelt mit dem Verobjektivierten, der vermeintlich außenstehenden Welt, mit samt ihrem immer wieder auch bedrohlichen Charakter, bemühen sich für die entfinsterten Erfordernisse der Moderne seit dem 20. Jahrhundert die anthroposophische Bewegung und die unzähligen freien Künstler dieser Welt.

Angst und Einsamkeit nach den Terroranschlägen vom 11. September 2001

Die große Fracht

Die große Fracht des Sommers ist verladen,
das Sonnenschiff im Hafen liegt bereit,
wenn hinter dir die Möwe stürzt und schreit.
Die große Fracht des Sommers ist verladen.

Das Sonnenschiff im Hafen liegt bereit,
und auf die Lippen der Galionsfiguren
tritt unverhüllt das Lächeln der Lemuren.
Das Sonnenschiff im Hafen liegt bereit.

Wenn hinter dir die Möwe stürzt und schreit,
kommt aus dem Westen der Befehl zu sinken;
Doch offenen Augs wirst du im Licht ertrinken,
wenn hinter dir die Möwe stürzt und schreit.

(Ingeborg Bachmann)

Längst hatte man sich an den schwarzgalligen Weltschmerz eines Günter Grass oder eines Günter Kunert über die Dunkelheit des neuen Antediluviums gewöhnt: „Kein Wort lohnt mehr die Bewachung. Wie eine Spinne harrt noch Einsamkeit aus. Nichts aber fängt mehr ihr Netz ..." (Kunert: Bekennerbrief, aus: Mein Golem)

Der bemitleidenswerte Weltschmerz muß aber keine poetische chronische Zeitgeist-Gelbsucht einer ganzen Zunft werden. Das zeigte z.B. die lebensbejahende, zukunftsoptimistische Reaktion des geläuterten Dichterkollegen und frischgebackenen Vaters einer neuen Erdenbürgerin, Wolf

Biermann, auf die Terrorattacken des 11. Septembers 2001 in New York und die gegenwärtige Weltlage anläßlich einer Veranstaltung des *Deutschlandfunks* im Oktober in Leipzig.

Viele von uns ahnen, hoffen, glauben oder wissen, daß auch ABC-Regen den Psalm 23 nicht erweichen können! Auch 2 x 2 bleibt immer 4. Keineswegs scheint dadurch aber die anspruchsvolle Aufgabe, die man als *„One World mit dem Herzen leben"* charakterisieren könnte und die in den vergangenen Wochen mal als „apokalypseblind", mal als „apokalyptisch" gekennzeichnet wurde, leichter zu werden! Das Gegenteil dürfte der Fall sein!

Die Engel schenken, schützen und schonen uns im 21. Jahrhundert nicht so ohne weiteres. Wer einmal aus dem weltgeschichtlichen Kindergarten in die Spielschule der Lebensbühne entlassen wurde, der sieht sich gefordert und genötigt, gerade weil er geliebt wird und „gelingen" soll. „It's a long and winding road."

Die Kraft, die stets das Böse will und stets das Gute schafft?

Die anstrengenden Fragen sind berechtigt: Kann denn der uns als das Böse entgegenschlagende grauenhafte blutige Terror ein im Grauen und Leid verfangener Selbstzweck sein? Haben wir gar diesen Terror durch das genüßliche Mitsegeln auf den Sonnenschiffen Luzifers und Ahrimans – entlang der weiten afrikanischen Elendsstrände und der ölverschmierten Diamantenküsten asiatischer Schneepiraten und Sklavenhändler – mitzuverantworten? Sind auch wir Teil eines Terrors, von dem ein Teil sichtbar geworden ist? Osama bin Laden unsere häßliche Kundry? Ist unser meisterpropergeputztes Sonnenschiff in Wirklichkeit eine überlackierte rostige Galeere, die vor einem Zerrspiegel schippert? Im Beiboot die Lemuren?

Werden die Terroranschläge und Katastrophen im 21. Jahrhundert uns zu einem permanenten Stachel der kollektiven Bewußtseinsseele gegen den nichtendenden Nihilismus, eine Art ABC-durchtränkter Kraft, die stets das Böse will und doch das Gute schafft?

Die Antwort auf die vielen bohrenden Fragen in uns allen ahnen wir. Aber jeder auf seine Weise, möchte man meinen, wenn die Mehrheit des amerikanischen Volkes (54 %) im Kampf gegen das „Böse", das in der Person des Osama bin Laden personifizierbar scheint, im November 2001 sogar den Einsatz von atomarer Gewalt billigt.

Nur eines scheint sicher: Einen Tanz der Eisscholle auf brodelndem Feuerkessel, eine Rückkehr zur vermeintlichen „Normalität" einer abgefaulten, anachronistisch überlebten Weltsicht aus der Trümmerasche des 19. und 20. Jahrhunderts kann und wird es nicht mehr geben!

Einsame Verstorbene weisen uns dabei den Weg in die Zukunft. Zwei von ihnen werden jetzt zu uns sprechen: Alfred Delp und Sophie Scholl. Die beiden schlagen die Brücke von der Einsamkeit zur Aufgabe, die sich uns jetzt in Einsam- *und* Gemeinsamkeit stellt.

Ewige Worte der in dunkler Zeit Verstorbenen an uns

Der am 2. Februar 1945 im Alter von 38 Jahren in Berlin wegen seiner Mitarbeit im Kreisauer Kreis hingerichtete Jesuitenpfarrer und Seelsorger Alfred Delp, der noch im Gefängnis mit der Schrift „Im Angesicht des Todes" seine früheren Arbeiten mit sicherer Gewissensstimme fortführte, hinterließ ein auch an uns gerichtetes, schier zeitloses Anliegen:

„Noch etwas wissen von Christus und selber Christ sein wollen, das heißt heute, innerlich bereit sein müssen, die Verantwortung für das Ganze auf sich zu nehmen. In diesen Zeiten erträgt Gott nicht den Menschen, der da vor ihm erscheint und nur sein privates Anliegen vor ihn bringt und nur seine private Sorge ihm vorträgt. In Zeiten, in denen Gott mit der Menschheit würfelt um die Grundordnungen des Daseins, da verlangt der Herrgott den Menschen des weiten Herzens, der großen Verantwortlichkeit, der wirklich vor Gott hintritt und das Ganze auf sich nimmt." (zit. nach: Brandt/Bracher, S.196 f.)

Anthropologische Konstanten im Umgang mit dem fast Unsagbaren

Überhaupt stellt sich beim Studium von Lebensläufen und Tagebüchern vieler existentiell Bedrohter, vor allem des 20. Jahrhunderts, der Eindruck anthropologischer Konstanten in bezug auf innere Wahrheiten im Umgang mit dem fast Unsagbaren ein. Auch scheinen diese Biographien – nicht selten dem zeitlichen Rahmen der üblichen Lebensrhythmik enthoben – mit dem Keim ihres verdichteten Lebensgeistes der Nachwelt verantwortungsvoll und fordernd zugleich entgegenleuchten zu wollen.

Die oben angekündigte Sophie Scholl spricht zu uns aus ihrem nahegehenden Tagebuch. Das furchtlose Schwabenmädchen Sophie Scholl durchlebte ihre Form der Einsamkeit sehr bewußt und liebte sie sogar – auf dem sicheren Fundament ihres Vertrauens auf die geistige Welt und den eigenen *daimon*.

Die ausgebildete Kindergärtnerin schrieb am 09.08.1942 als inzwischen 21jährige Biologie- und Philosophiestudentin etwas in ihr Tagebuch, das sich, wie so oft, an die – dem Zeitkorsett enthobenen – Gemeinsamen im Geiste richtet. (Während die Studentenkompanie in Rußland eingesetzt war, mußte Sophie Scholl nach Semesterende, von Anfang August bis Ende September, in einem Ulmer Rüstungsbetrieb einen Kriegshilfsdienst ableisten – als Vorbedingung für die Erlaubnis, das Studium im Wintersemester 1942/43 fortsetzen zu dürfen.)

„[...] Viele Menschen glauben von unserer Zeit, daß sie die letzte sei. All die schrecklichen Zeichen könnten es glauben machen. Aber ist dieser Glaube nicht von nebensächlicher Bedeutung? Denn muß nicht jeder Mensch, einerlei in welcher Zeit er lebt, dauernd damit rechnen, im nächsten Augenblick von Gott zur Rechenschaft gezogen werden?

Weiß ich denn, ob ich morgen früh noch lebe? Eine Bombe könnte uns heute nacht alle vernichten. Und dann würde meine Schuld nicht kleiner, als wenn ich mit der Erde und den Sternen zusammen untergehen würde. – Das weiß ich alles. Aber lebe ich nicht trotzdem leichtfertig dahin? O mein Gott, ich bitte Dich, nimm meinen leichten Sinn und meinen eigensüchtigen Willen, der an den süßen, verderblichen Dingen hängenbleiben will, von mir, ich vermag es nicht, ich bin viel zu schwach.

Ich kann es nicht verstehen, wie heute ‚fromme' Leute fürchten um die Existenz Gottes, weil die Menschen seine Spuren mit Schwert und schändlichen Taten verfolgen. Als habe Gott nicht die Macht (ich spüre, wie alles in seiner Hand liegt). Fürchten bloß muß man um die Existenz der Menschen, weil sie sich von ihm abwenden, der ihr Leben ist.

Da muß ich einen seltsamen Traum niederschreiben [...]: Ich ging spazieren, mit Hans und Schurik. Ich ging in der Mitte und hatte die beiden eingehakt. Halb ging ich im Schritt, halb hüpfte ich und ließ mich, von den beiden in die Höhe gehalten, ein Stück schwebend mitziehen. Da fing Hans an: Ich weiß einen ganz einfachen Beweis für die Existenz und das Wirken Gottes auch in der Gegenwart. Die Menschen müssen doch soviel Luft haben zum Atmen, und mit der Zeit müßte doch der ganze Himmel verschmutzt sein von dem verbrauchten

Atem der Menschen. Aber, um den Menschen diese Nahrung für ihr Blut nicht ausgehen zu lassen, haucht Gott von Zeit zu Zeit einen Mund voll seines Atems in unsere Welt, und der durchsetzt die ganze verbrauchte Luft und erneuert sie. So macht er das: Und da hob Hans sein Gesicht in den trüben, trüben Himmel. Er holte tief Atem und stieß die ganze Luft zu seinem Mund heraus. Die Säule seines hervorströmenden Atems war strahlend blau, sie wurde groß und größer und ging weit bis in den Himmel hinein, verdrängte die schmutzigen Wolken, und da war vor und über und um uns der reinste blaueste Himmel. Das war schön." (zit. nach: Jens, S.214 f.)

Nicht der bevorstehende Tod macht Sophie traurig – man sehe sich ja bald wieder, tröstete sie ihre Mutter im letzten Gespräch –, sondern die allseits beobachtete Zuschauergeste bei den unbeteiligt Beteiligten und auch bei den Abtrünnigen des Geistes, im Terrorstaat und bis in den Scheinprozeß hinein.

Das Gift des bloßen Zuschauens

Und diese distanzschaffende Geste des furchtsamen oder bloß emotionalisierten Zuschauens – das machen m.E. die Vernetzungen der Terroranschläge in jüngster Zeit deutlich – kann im Zeitalter der Bewußtseinsseele, gerade in den ihr angemessenen, demokratisch legitimierten, freien Gesellschaften, höchstgradig toxisch wirken für Geist und Seele.

Ein durch (Verlust-)Ängste erzeugtes, rationalisiertes Weltinteresse kann nicht wirklich tragen. Weltinteresse kann auch nicht vom Bundestag beschlossen werden, sondern muß schon – ohne jede Distanz – von Herzen kommen und zu Herzen gehen. Wir alle haben es zur Zeit noch sehr schwer mit dem Einordnen dieser Vorgänge, der Prozeß der *eigenen*(!) Urteilsbildung ist bei vielen von uns noch keineswegs abgeschlossen. Gemeinsam scheint die Verabscheuung der terroristischen Gewalt, unterschiedlich aber wird die dahinterstehende Symbolik interpretiert. Fragen der Theodizee werden angesprochen, und: Was bildet sich hier eigentlich ab, und was verweist hier in die geistige Welt?

Ich habe es einmal erlebt, wie eine 10. Klasse die Ketten ihres jahrelangen Vernachlässigungs- und Dressurempfindens nur durch den Bau einer provozierenden Pyramide aus Schultischen sprengen konnte. Sie diente ihnen in ihrem ungastlichen Klassenraum als blickzentriertes Erinnerungs-

Mahnmal, das an die chronisch beschäftigten Erwachsenen gerichtet war. Erleben wir nun, während unserer Zeitgenossenschaft, wie unsere fiebrig erotisierte Hektik an den Börsen und den merkantilen Verkaufsständen der Mächtigen dieser Welt auf die nahezu schrecklichste aller denkbaren Weisen auf etwas anderes gelenkt wird?

Der Schmerz afghanischer Eltern über das im Bombenhagel im Krankenhaus getötete Kind, der Zorn der Hunderten, die daraufhin sich in die Reihen wehrhafter Islamisten einreihen, sollte uns menschlich vertraut vorkommen. Wir sollten das Böse verwandeln, vor allem auch das eigene Böse, und uns für eine allseits gute Entwicklung der uns gemeinsam geschenkten Welt einsetzen. Die Möglichkeiten sind uns gegeben, in Einsamkeit und Gemeinsamkeit.

In unseren Wünschen, sagt der Weltbürger Goethe, haben wir die Vorgefühle der Fähigkeiten, die in uns liegen, Vorboten desjenigen, was wir zu leisten imstande sein werden. Er hat recht.

Literatur:

Baeumler, Alfred (Hg.): Nietzsche in seinen Briefen und Berichten der Zeitgenossen. Leipzig 1932.

Brandt, Willy/Bracher, Karl Dietrich (Hg): Das Gewissen steht auf. 64 Lebensbilder aus dem deutschen Widerstand 1933–1945, gesammelt von Annedore Leber. Berlin/Frankfurt a.M. 1954.

Hackel, Franz-Heinrich (Hg): Rainer Maria Rilke: Vom Alleinsein. Geschichten, Gedanken, Gedichte. Frankfurt a.M./Leipzig 1992.

Hesse, Hermann: Der Steppenwolf. Stuttgart [7]1977.

Huber, Peter: Der Steppenwolf, in: Hermann Hesse – Romane. Ditzingen 1994.

Jens, Inge (Hg): Hans Scholl, Sophie Scholl. Briefe und Aufzeichnungen. Frankfurt a.M. 1984.

Kunert, Günter: Mein Golem. Gedichte, München/Wien 1996.

Rilke, Rainer Maria: Die Aufzeichnungen des Malte Laurids Brigge. Stuttgart 1997.

„Ich habe für meine Ziele gekämpft"

Interview mit Angelika Goder

von Julia Pehrs und Wolfgang Weirauch

Angelika Goder, *geb. 1950. 1970 Abitur in Berlin, 1970–74 Studium der Anglistik und Politologie an der FU Berlin. 1975–78 Bewegung 2. Juni, 1978–89 Knast, 1991/92 Studium der Kunstpädagogik an der Humboldt-Universität Berlin, 1992–95 Studium der Malerei an der Kunstschule Kreuzberg. Seit 1996 freischaffende Künstlerin, 1996 Kunstunterricht für Jugendliche aus dem Haftvermeidungsprogramm von Aktion 70 e.V., seit 1998 Mitglied im bbk, 2001 Stipendium: ArToll Kunstlabor, Bedburg-Hau.*

Über zwei Jahrzehnte hielten die Bewegung 2. Juni und die RAF Deutschland in Atem. Für die meisten waren ihre Mitglieder Terroristen, die gegen die Symbole und führenden Vertreter der Politik und Wirtschaft kämpften und zunehmend zu Killern wurden, für die anderen waren es

Revolutionäre, die gegen die Unterdrückung durch den Staatsapparat kämpften und eine revolutionäre Situation in Deutschland schaffen wollten.

Angelika Goder gehörte zur Bewegung 2. Juni, war an vielen Aktionen beteiligt, wurde 1978 verhaftet und saß elf Jahre im Gefängnis Berlin-Moabit. Sie schildert in dem nachstehenden Gespräch markante Punkte ihres Lebens: die politische Situation in der Zeit um den 2. Juni 1967, ihre ersten Kontakte zur Bewegung 2. Juni, ihre militanten Aktionen, die Verhaftung, die Isolation im Gefängnis, die Hungerstreiks und die Zeit nach der Haft, die zugleich die Zeit der Wende in Deutschland war.

Angelika Goder ist Zeitzeugin und aktive Gestalterin der Vorgänge von zwei Jahrzehnten politischer Entwicklung in der BRD. Sie zeigt exemplarisch, wie politisch-idealistisches Engagement, das sich an den Ungerechtigkeiten der Welt entzündet, in die Gewalt abgleiten kann und auch zur Isolation führt. Gleichzeitig schildert sie, inwieweit sie vor, während und nach der Knastzeit Einsamkeitsgefühle hatte.

Idealismus und Wirklichkeit

Wolfgang Weirauch: Durch welche Ereignisse hast Du Dich in Deiner Jugend politisiert?

Angelika Goder: Begonnen hat es Anfang der 60er Jahre, als wir in der Schule das Dritte Reich durchgenommen haben. Dazu habe ich das Tagebuch der Anne Frank gelesen. Sowohl dieses Tagebuch als auch das Erkennen, in welcher Gesellschaft ich lebe, haben mich sehr erschüttert. Und immer wieder mußte ich erleben, daß die Erwachsenen mir überhaupt keine plausible Erklärung dafür geben konnten, warum es im Dritten Reich so verlaufen ist und warum sie sich daran mehr oder weniger beteiligt haben. Statt dessen hörte man immer wieder die gleichen Ausreden: Wir wußten nichts. Man konnte ja doch nichts machen.

Diese Ausreden haben mich nicht zufriedengestellt. Aus meiner Sicht waren die Erwachsenen allerdings für ihre Geschichte verantwortlich, denn sie mußten auch vor 1939 bzw. 1933 bemerkt haben, welches Verbrechen die Politik der Nationalsozialisten war. Die Verweigerung dieser Verantwortung hat mich stark aufgerüttelt. Zu diesem Zeitpunkt war ich 14 oder 15 Jahre alt, und ich nahm mir vor, in einer ähnlichen Situation nicht die Augen zu verschließen. Ich nahm mir vor, mich gegen Ungerechtigkeiten in Deutschland oder der gesamten Welt zu engagieren, selbst wenn es für mich in der Gesellschaft Nachteile bringen würde. Für die Geschichte der Deutschen habe ich mich sehr geschämt. Dieser Punkt war für mich die Einstiegsphase in mein politisches Engagement.

1966/67 beteiligte ich mich an Ostermärschen und hatte die idealistische Vorstellung, zum Volk zu gehören und daß das Volk über sich herrschen könnte, daß meine Stimme gehört würde, und wenn ich etwas zu sagen hätte, dann würde man sich mit mir auseinandersetzen. Die Erfahrung war aber ganz das Gegenteil: Meist wurden wir in der Presse beschimpft. Ich entsinne mich noch an ein Bild in der Zeitung, auf dem ein Pfarrer mit Kreuz in der Hand im Wasserwerferstrahl steht. Das war einer der ersten Eindrücke, die meinen Glauben an die Demokratie ins Wanken gebracht hat.

Ich habe mich auch an Demonstrationen im Zusammenhang mit einem besetzten und später geräumten Haus im Wedding, der Putte, beteiligt. Die Jugendlichen, die dort ein Zentrum einrichten wollten, hatten keine andere Möglichkeit, als dort zu leben. Aber das Haus wurde geräumt, und sie wurden auf die Straße gesetzt. Ihre Belange wurden überhaupt nicht beachtet. Auf einer Demonstration im Zusammenhang mit dieser Räumung gab es heftige Auseinandersetzungen mit der Polizei, und ich erkannte, daß die Belange der Jugendlichen nichts galten und daß es statt Argumenten nur Prügel, Tränengas, Wasserwerfer und Verleumdungen gab. Das hat meine Vorstellungen von der Gesellschaft ziemlich geprägt. Ich erkannte, daß sie nicht willens und nicht fähig war, mit Widersprüchen umzugehen, daß die Geschichte nicht aufgearbeitet wurde und daß viele Dinge aus dem Dritten Reich in der nachfolgenden Gesellschaft weiterliefen. Verschiedene wirtschaftliche und politische Größen des Nationalsozialismus haben später nahtlos weitergearbeitet, bis hin zum Bundeskanzler Kiesinger.

Schüsse auf Benno Ohnesorg

W.W.: Warst Du bei der Anti-Schah-Demonstration am 2. Juni 1967 in Berlin dabei?

A. Goder: Ja, ich war dabei. Am Tag zuvor war ein Teach-in in der TU oder in der FU, wo über die Lebensbedingungen in Persien berichtet wurde. Begleitend dazu habe ich ein Buch über die dortigen Verhältnisse gelesen, das mich außerordentlich erschüttert hat. Die Bundesregierung unterstützte ein Land, das von einer Diktatur beherrscht wurde. Das hat meinen Gerechtigkeitssinn sehr verletzt. Deswegen ging ich auf die besagte Demonstration. Ich war damals 17 Jahre alt, war persönlich stark berührt, aber verstand noch nicht alle politischen Zusammenhänge im Überblick. Aber ich empfand die Ungerechtigkeit und wollte nicht, daß der Schah in Deutschland hofiert wird, während er gleichzeitig seine Landsleute ausbeutet und unterdrückt. In dem Durcheinander bei der Räumung der Demonstration vor der Deutschen Oper traf ich einen Bekannten, der mir berichtete, daß gerade geschossen worden war. Ich selbst habe die Schüsse auf Benno Ohnesorg nicht gehört, auch wenn ich ziemlich dicht dabei war. Genaueres habe ich dann am nächsten Tag aus der Zeitung erfahren.

W.W.: Wie hat das auf Dich gewirkt?

A. Goder: In der wirklichen Bedeutung habe ich es noch nicht richtig ermessen. Es war unvorstellbar, daß auf einer Demonstration auf uns geschossen wird. Damals ging ich noch zur Schule und wohnte zu Hause, so daß es immer noch andere Bezugspunkte gab. Das politische Engagement war nicht das ausschließliche.

W.W.: Hast Du auch die Prügelperser erlebt?

A. Goder: Nein, sie prügelten schon am Nachmittag vor dem Rathaus Schöneberg auf die Demonstranten ein, aber ich habe es im Radio gehört. Natürlich hatte ich auch mit meinen Eltern Schwierigkeiten, denen es gar nicht gefiel, daß ich immer auf diese Demonstrationen ging. Aber mir war es so wichtig, daß ich es einfach machen mußte.

„Ich war eine Außenseiterin"

In einer Deutschstunde wurde auch einmal das Thema des Schahbesuchs am 2. Juni als Aufgabe gestellt, und ich weiß noch, daß der Lehrer nicht mit dem zufrieden war, was ich als Aufsatz verfaßte. Nicht nur in meiner Familie, sondern auch in der Schule war ich eine ziemliche Außenseiterin. Es war nicht erwünscht, was ich sagte. Alle, mit denen ich mich verbündete, wurden als Chaoten oder Moskaugesteuerte angesehen, allerdings fühlte ich mich in meinen Zusammenhängen nicht isoliert.

Was ich sehr spannend fand, waren die neuen Lebensformen, die Kommunen und Wohngemeinschaften. Das war für mich eine Möglichkeit, einen anderen Weg als den gesellschaftlich vorgegebenen zu gehen. Und in den 60er Jahren war es für Frauen keineswegs üblich, nicht zu heiraten und keine Kinder zu bekommen, sondern einen Beruf zu erlernen. Die Frauen an der Uni wurden nicht richtig vollgenommen, weil man ihnen nachsagte, daß sie doch nur da seien, um sich einen Mann zu angeln. Insofern war der Aufbruch in den 60ern eine Möglichkeit, ein anderes Leben zu wählen, nicht das, was meine Eltern und die Gesellschaft vorgegeben hatten. Und daß es eine Möglichkeit gab, nicht mehr die alten Pfade zu beschreiten, machte mich froh.

W.W.: Wie setzte sich Deine Politisierung fort?

A. Goder: Es gab immer Phasen, in denen ich mich stärker politisch engagierte, und Phasen, in denen es weniger stark war. Vom Attentat auf Rudi Dutschke 1968 habe ich auch nur aus dem Radio gehört. Auch bei den anschließenden Demonstrationen war ich nicht dabei. In der Zeit hatte ich auch gerade meinen ersten Freund, und alles war sehr aufregend. Obendrein habe ich mit verschiedenen Drogen herumexperimentiert, Haschisch und LSD. Darin lag auch ein Versuch, sich gegen die bürgerliche Gesellschaft abzusetzen, während dagegen die ältere Generation ihre eingefahrenen Rituale mit Alkohol hatte. Drogen gehörten zum damaligen Leben dazu. Die Spaltung in Polit- und Drogenszene kam erst einige Jahre später. Vorübergehend fühlte ich mich auch zu Indien hingezogen und meditierte etwas, aber kurz nach dem Abitur war ich dann eigentlich nur noch von Politik fasziniert.

Ich studierte an der Freien Universität in Berlin Anglistik und Politologie, erlebte noch die Ausläufer der Studentenunruhen – also daß z.B. die Professoren aus den Seminaren gejagt und die Seminare selbst gestaltet wurden – und war in einer Roten Zelle organisiert, in der wir viel theoretisierten. Ich begann z.B. in einem „Kapital"-Seminar ...

W.W.: Marx.

A. Goder: ... ja. Aber da habe ich überhaupt nicht durchgeblickt, es war einfach zu theoretisch. Mir lag es eher, etwas praktisch durchzuführen, und insofern war die Uni nicht das richtige Umfeld für mich.

„Plötzlich gehörte ich zu denen, vor denen mich alle gewarnt hatten"

W.W.: Wann und wie bekamst Du zum ersten Mal Kontakt zu Vorläufern der Bewegung 2. Juni?

A. Goder: Anfang der 70er stieß ich auf die Schwarze Hilfe, die in vielen Zeitungen immer als außerordentlich schlimm dargestellt wurde, eine Gruppe, die sich neben der Roten Hilfe für Gefangene einsetzte. Die Bedingungen in den deutschen Gefängnissen und Zuchthäusern war auch ein Punkt, der mich stark berührt und gegen unsere Gesellschaft aufgebracht hat. Sie waren noch wesentlich härter als heute, z.B. gab es Redeverbot zwischen den Gefangenen. Anfang der 70er gab es in Tegel Aufstände der Gefangenen, die sich gegen die harten Zustände in den Zuchthäusern gewehrt haben. Ihre Forderungen unterstützte ich von außen zusammen mit der Schwarzen Hilfe.

Durch sie lebte ich in einer Szene, die sich zunehmend militant organisierte, und ich sympathisierte mit ihren Aktionen und Zielen, weil ich mir davon eine Veränderung unserer Gesellschaft versprach.

Es war ohnehin alles sehr aufregend, denn plötzlich gehörte ich zu denjenigen, vor denen meine Eltern und andere Erwachsene mich immer gewarnt hatten. Es war schon toll, ein Bürgerschreck zu sein. Die Aktionen waren anfänglich verhältnismäßig harmlos. Eines Nachts zogen wir z.B. los und schmissen bei einem Gericht die Scheiben ein. Vorher organisierten wir die Steine, zogen mit einer Gruppe zum Gericht, dann warfen wir die Steine hinein und stoben anschließend in alle Richtungen fort.

Die Aktionen der Bewegung 2. Juni

W.W.: Was waren die Ziele der Bewegung 2. Juni?

A. Goder: Die Namensnennung bezieht sich auf die Erschießung von Benno Ohnesorg am 2. Juni 1967. Die Bewegung entstand aber erst einige Jahre später und hatte einen Vorläufer, der Blues genannt wurde, ein lockerer Zusammenhang jüngerer Menschen aus der Szene. Die Bewegung 2. Juni verstand sich als revolutionäre Guerillagruppe. Wir wollten durch verschiedene Aktionen als Vorbild wirken, um den Menschen zu zeigen, daß man sich gegen das kapitalistische System wehren kann.

Unsere Zielgruppe waren dabei vor allem die Arbeiter, von denen wir dachten, daß auch sie an einer Veränderung bzw. Umwälzung der Gesellschaft interessiert seien. Von den Gewerkschaften hatte man ohnehin nur den Eindruck, daß sie dazu dienten, jeden Widerstand abzuwürgen. Im großen und ganzen wollten wir die Arbeiter mobilisieren, selbst aktiv zu werden. Die Aktionen, die wir mit der Bewegung 2. Juni durchgeführt haben, waren allerdings wenig geeignet, von den Arbeitern aufgegriffen zu werden.

W.W.: Welche Aktionen habt Ihr durchgeführt?

A. Goder: 1974 wurde der Berliner Kammergerichtspräsident von Drenckmann beim Versuch, ihn zu entführen, erschossen. Im Frühjahr 1975 war die Entführung des CDU-Bürgermeister-Kandidaten Peter Lo-

Angelika Goder und Wolfgang Weirauch

renz. Er wurde eine Woche gefangengehalten und dann gegen fünf politische Gefangene, Verena Becker, Ingrid Siepmann, Gabriele Kröcher-Thiedemann, Rolf Pohle und Rolf Heißler – Horst Mahler verzichtete – ausgetauscht und in Begleitung von Pastor Heinrich Albertz in den Jemen geflogen. Das war die erste Entführung eines bundesdeutschen Politikers. Außerdem wurden mehrere Banken überfallen, und es wurde der Wiener Geschäftsmann Walter Palmers entführt und gegen 4,5 Mio. DM wieder freigegeben – Geld, das wir für den Untergrundkampf benötigten.

„Man kann sich gegen den Staat wehren"

W.W.: Wann genau bist Du dazugestoßen? Was war der Moment, an dem Du Dich dazugehörig fühltest?

A. Goder: Der ausschlaggebende Punkt, unbedingt mitmachen zu wollen, war die Entführung von Peter Lorenz.

W.W.: Vorher oder nachher?

A. Goder: Es war die Aktion selbst, die mich sehr mobilisierte. Allerdings hatte ich auch schon vorher Kontakte zur Bewegung 2. Juni. Die ersten Kontakte waren in den Jahren 1973 oder 1974, in denen ich kleinere Unterstützungsaktionen mitgemacht habe – Beobachtungen, Botengänge, Wohnungen organisieren, Kontakte knüpfen, falsche Papiere besorgen und andere logistische Unterstützungsmaßnahmen. Aber die Entführung von Peter Lorenz war der Ausschlag, denn ich sah, daß man sich gegen den Staat wehren und etwas bewegen konnte. Das war der Punkt, an dem ich mich entschloß, mit in den Untergrund zu gehen.

W.W.: Hast Du diesen Schritt sorgfältig überlegt, oder war es ein gleitender Prozeß?

A. Goder: Das war ein sorgfältig überlegter, gleitender Prozeß. Zwar hatte ich zu den entsprechenden Menschen Kontakt, lebte aber gleichzeitig noch legal in der Gesellschaft, hatte eine Wohnung, in der ich angemeldet war, war für Freunde erreichbar und hatte zu anderen legalen Gruppen Kontakt.

Nach der Lorenz-Entführung wurden einige Genossen und Genossinnen verhaftet, z.B. wurden Ronald Fritzsch und Herald Klöpper in einer Garage festgenommen. Und in der Folge sind auch Inge Viett, Ralf Reinders, Juliane Plambeck, Fritz Teufel, Till Meyer und Gabriele Rollnik festgenommen worden. In dieser Zeit war es nicht deutlich, welche Hinweise es auf mich selbst gab. Nach den Verhaftungen ergab es sich mehr oder weniger logisch, daß ich die Plätze besetzt habe, die durch die Verhaftungen leer wurden. So kam ich weiter in die Organisation hinein.

Befreiungsaktionen und Banküberfälle

W.W.: Bei welchen Aktionen hast Du konkret mitgemacht?

A. Goder: Ich habe bei einigen Banküberfällen mitgemacht, bei der Befreiung von Till Meyer aus dem Moabiter Knast 1978 und bei der Flucht von Juliane Plambeck, Inge Viett, Monika Berberich und Gabriele Rollnik aus dem Berliner Frauengefängnis Lehrter Straße 1976.

W.W.: Warst Du nicht bei der Palmers-Entführung dabei?

A. Goder: Nein, dafür bin ich allerdings verurteilt worden. Natürlich habe ich davon gewußt und die Aktion auch teilweise mitorganisiert, aber ich war nicht direkt daran beteiligt.

Julia Pehrs: Hast Du die Überfälle auf die Banken geplant, oder bist Du auch bewaffnet mit hineingegangen?

A. Goder: Beides. Ich habe die Überfälle mit vorbereitet, indem ich die Banken vorher angeschaut habe. Es war zwar nicht einfach, die Banken zu überfallen, aber es gab immer noch einige, die nicht so gesichert waren wie heute. Außerdem habe ich ausgekundschaftet, wie die Banken gelegen waren, ob sich ein schneller Fluchtweg ermöglicht und wo das nächste Polizeirevier ist. Vorher habe ich die Banken von innen ausgekundschaftet. Oft waren wir in dieser Zeit bewaffnet. Allerdings bin ich nicht immer bewaffnet rumgelaufen, aber bei den Überfällen war das kaum anders möglich.

W.W.: Wie habt Ihr die Befreiung Till Meyers aus dem Moabiter Gefängnis durchgeführt?

A. Goder: Eigentlich ist es nicht so gut gelaufen, denn es war geplant, zwei Gefangene zu befreien, aber das haben wir mit den Schließern nicht hinbekommen. Bei dieser Befreiungsaktion waren wir auch bewaffnet, aber eigentlich möchte ich das nicht in den Einzelheiten erzählen. Bewaffnet waren wir immer dann, wenn wir uns den nötigen Respekt verschaffen mußten. Aber natürlich wollten wir nicht wahllos in der Gegend herumballern und Menschen umbringen. Die Waffen waren dazu da, um dem, was wir wollten, Nachdruck zu verleihen, ebenso zu unserer eigenen Sicherheit.

Annäherung an die RAF

W.W.: Wie vollzog sich Dein Schritt von der Bewegung 2. Juni zur RAF?

A. Goder: Zu dieser Zeit saß ich schon im Knast. Ich selbst konnte deshalb diesen Schritt nicht machen. Wir haben in der Zeit meiner Verhaftung angefangen, darüber zu diskutieren, mehr mit der RAF zusammen zu machen. Dabei ging es erstmal um gegenseitige logistische Unterstützung. Wie der Diskussions- und Annäherungsprozeß dann weiterlief, habe ich nicht mitbekommen.

Ich fand die Entscheidung damals richtig, denn ich war der Überzeugung, daß der revolutionäre Kampf mehr auf der Ebene der Auseinandersetzung zwischen Guerilla und Staat ausgetragen werden müsse, um zu einer Veränderung der politischen Situation zu kommen.

Isolation im Alltag

Meine Erfahrung im Jahr 1977 war, daß ich mich in Berlin kaum bewegen konnte, ohne daß ein Polizeiauto an mir vorüberfuhr. Diese Situation hatte etwas von einem Polizeistaat. Die Szene, die politisch aktiv war, war fast völlig unter Kontrolle des Staatsschutzes, so daß wir ungeheuer aufpassen mußten, jemanden aus dieser Szene zu treffen.

W.W.: Welches Gefühl hat man, wenn man ständig auf der Flucht ist, verfolgt wird bzw. im Untergrund lebt?

A. Goder: Von außen erscheint dieses Leben vielleicht als völlige Isolation. Generell ist das Gefühl aber nicht so, denn anstelle der Kontakte, die ein Normalbürger hat, hatten wir andere Kontakte. Wir waren zwar eine kleine Gruppe, aber ich habe mich als Teil dieser Gruppe gefühlt. Einsam war ich eigentlich nicht, selbst wenn ich allein war. Ich gehörte zu dieser Gruppe, und unsere Aktivitäten waren meine Sache.

Außerdem gab es noch weitere Kontakte auf internationaler Ebene, z.B. Kontakte zu den Palästinensern. Mit ihnen haben wir uns auch ab und zu getroffen. Fernerhin hatten wir Kontakte zu anderen bewaffneten Gruppen in Europa, z.B. nach Italien.

W.W.: Zu den Roten Brigaden?

A. Goder: Genau. Und das war der Zusammenhang, in dem ich mich gesehen habe. Weiterhin sah ich mich im Zusammenhang der Befreiungsbewegungen der Dritten Welt.

W.W.: Hattest Du auch Kontakte zur ersten Generation der RAF?

A. Goder: Nein, überhaupt nicht. Auch zur zweiten Generation hatte ich nur wenige Kontakte, auch wenn ich einige hin und wieder getroffen habe. Vor dem Ausbruch aus der Lehrter Straße war ich fast die einzige, die noch in Berlin übriggeblieben war, und die Kontakte zur RAF liefen über verschiedene Ecken, an die ich mich heute kaum noch erinnere. Es gab auch einmal ein Treffen, bei dem sie uns mit Papieren und anderen Dingen ausgeholfen hatten.

Die politische Auseinandersetzung mit den Zielen der RAF begann in dieser Zeit. Bei der Bewegung 2. Juni gab es unterschiedliche Positionen, inwieweit wir uns darauf einlassen wollten, mit der RAF zusammenzuarbeiten. Einige wollten eine engere Zusammenarbeit bzw. sogar einen Zusammenschluß, andere waren strikt dagegen. Im Jahre 1977 wollte ich zwar den Kontakt zur RAF, aber noch keine intensivere Zusammenarbeit.

W.W.: Ab wann wurdest Du polizeilich gesucht?

A. Goder: Ich bin überhaupt nicht polizeilich gesucht worden. Es war zwar bekannt, daß ich zum Umkreis gehörte, aber ich war nie auf einer Fahndungsliste. Allerdings gab es einen Haftbefehl, weil es wegen eines Verkehrsunfalls zum Prozeß kam, zu dem ich nicht hingegangen bin.

Die Verhaftung

W.W.: Am 21.06.1978 wurdest Du zusammen mit Till Meyer, Gabriele Rollnik und Gudrun Stürmer in Bulgarien verhaftet. Was wolltet Ihr in Bulgarien?

A. Goder: Das war kurz nach der Befreiung von Till Meyer aus der Justizvollzugsanstalt Berlin-Moabit, und wir wollten der Fahndung aus dem Weg gehen und hatten Bulgarien als Rückzugsraum gewählt. Wir haben die Situation dort vollkommen falsch eingeschätzt. Unsere Annahme war, daß uns die Bulgaren, falls sie entdecken würden, wer wir waren, bitten würden, das Land zu verlassen, aber nicht, daß sie zulassen würden, daß wir festgenommen werden.

W.W.: Haben die Bulgaren Euch verraten, oder wie wurdet Ihr entdeckt?

A. Goder: Das ist mir bis heute nicht ganz klar. Früher haben wir gedacht, daß sie uns durch internationale Überwachungsmethoden entdeckt haben, z.B. weil wir hin und wieder nach Berlin telefoniert haben. Es sind auch einige Genossen nach Bulgarien angereist, um uns über den aktuellen Stand der Ereignisse zu informieren. Damals begann es bereits mit den automatischen Telefon-Abhörgeräten, die sich bei gewissen Worten oder einzelnen Begriffen einschalteten.

Von einer Journalistin hörte ich allerdings später, daß die bulgarische Polizei das BKA informiert hätte. Auf jeden Fall war unsere Verhaftungsaktion für die Bulgaren sehr erfolgreich, denn sie bekamen daraufhin verstärkte Wirtschaftshilfe.

W.W.: Wie wurde die Verhaftung durch das BKA durchgeführt?

A. Goder: Sie sind nach Bulgarien gereist. Wir saßen in einem Café und aßen eine Kleinigkeit. In der *Bild-Zeitung* hieß es dann, wir hätten Hummer und Sekt gespeist. Plötzlich kamen einige Männer mit Kulturbeuteln unter dem Arm auf uns zu, standen um uns herum und hielten uns die Pistolen an die Schläfen. Gleich anschließend wurden wir in ein Appartement gebracht, und am selben Tag wurden wir noch mit einer Lufthansa-Maschine – fast vollbesetzt mit BKA-Beamten – nach Köln „heim ins Reich" geflogen. Sie waren natürlich sehr begeistert über den Fang, den sie gemacht hatten. Till Meyer und Gabriele Rollnik wurden sofort weiter nach Berlin geflogen, weil dort Haftbefehle gegen sie vorlagen. Gudrun Stürmer und ich blieben etwa drei Monate in Köln und kamen dann nach Berlin-Moabit.

Der Prozeß

W.W.: Wessen wurdest Du angeklagt?

A. Goder: Wegen der Befreiung von Till Meyer und der Palmers-Entführung, hinzu kam noch illegaler Waffenbesitz und Mitgliedschaft in einer terroristischen Vereinigung. Bei meiner Festnahme hatte ich allerdings weder Waffe noch Ausweis.

W.W.: War der Prozeß in Berlin?

A. Goder: Ja.

J.P.: Wie viele Jahre hast Du bekommen?

A. Goder: Ich habe 15 Jahre bekommen. Der Prozeß lief über zwei Jahre, und das Urteil wurde 1982 gesprochen. Bei diesem Prozeß waren wir zu viert, und alles, was nach der Lorenz-Entführung an Aktionen durchgeführt worden war, wurde während dieses Prozesses verhandelt. Streckenweise haben wir uns vom Prozeß ausschließen lassen. Das ging immer nur dann, wenn wir ordentlich Rabatz gemacht hatten. Ich entsinne mich noch an einen Verhandlungstag, an dem ich scheinbar nicht genügend geschrien habe, denn meine drei Mitangeklagten wurden ausgeschlossen, ich aber nicht. Deshalb mußte ich noch ordentlich rumschreien und die Richter beschimpfen. Lieber wäre es mir natürlich gewesen, wenn wir die Freiheit gehabt hätten, zu den Verhandlungen zu gehen oder auch nicht. Nach solchen Aktionen wurden wir für eine gewisse Zeit von den Verhandlungen ausgeschlossen, und wenn wir wieder eine Erklärung abgeben wollten, konnten wir das mitteilen und wurden wieder zugelassen.

Als das Urteil 1982 verkündet wurde, waren wir gerade im Hungerstreik und befanden uns im Moabiter Knastkrankenhaus. Die Urteilsverkündung und die Strafzumessung erfuhren wir aus dem Radio.

W.W.: Wie hat das Strafmaß von 15 Jahren auf Dich gewirkt? Hast Du damit gerechnet?

A. Goder: Ich rechnete mit 12 oder 13 Jahren und mußte schon schlucken, als ich von den 15 Jahren erfuhr.

Totale Überwachung

W.W.: Wie waren die Haftbedingungen? Warst Du auch in Isolationshaft?

Die folgenden Abbildungen zeigen Arbeiten von Angelika Goder.

Besuchszelle

A. Goder: In Köln-Ossendorf war ich in Einzelisolation, das bedeutet, daß ich allein in der Zelle war und allein Hofgang hatte. Wenn ich aus der Zelle kam, wurden alle anderen Gefangenen, die sich z.B. auf dem Flur befanden, weggesperrt. Hinzu kamen die Trennscheibe bei Anwaltsbesuchen und die spezielle Überwachung bei anderen Besuchen. Kurz bevor ich nach Berlin verlegt wurde, wurden die Maßnahmen etwas gelockert; z.B. hatte ich Hofgang mit den Gefangenen meiner Station.

Im Oktober 1978 wurde ich nach Berlin verlegt, und da waren die Frauen in einer speziellen Abteilung im Untersuchungsgefängnis der Männer untergebracht. Gleich am ersten Tag – wir bekamen gerade Mittagessen – wurden die Zellen aufgeschlossen, und die Schließerinnen gingen weg. Ich war überrascht, denn ich hatte nicht damit gerechnet, daß ich Kontakt zu meinen Genossinnen haben konnte. Es waren damals Monika Berberich, Gudrun Stürmer und zwei andere Frauen, die als Unterstützerinnen der Bewegung 2. Juni galten. Wir konnten zusammen reden, und es gab eine Zelle mit Fernseher und eine Tischtennisplatte im Zwischenbereich der Zellen. Gabriele Rollnik war in einer anderen Abteilung in Moabit, aber nach einigen Wochen wurde sie in unsere Abteilung verlegt. Wir waren also sechs Frauen und hatten jeweils zu dritt eine Stunde Hofgang und einmal im Monat eine Stunde Besuch, ferner die Anwaltsbesuche hinter der Trennscheibe.

J.P.: Wie stark wurdet Ihr überwacht?

A. Goder: In dem neuen, 1979 gebauten und belegten Hochsicherheitstrakt waren wir noch vier politisch gefangene Frauen. Dort wurden alle Bereiche außerhalb der Zelle kameraüberwacht. Desweiteren gab es Alarmmelder und in unseren Zellen eine Gegensprechanlage. Wir sind immer davon ausgegangen, daß wir über sie auch abgehört wurden. Fast alle politischen Gefangenen waren damals in den Hochsicherheitstrakten, also in von den übrigen Gefangenen isolierten Bereichen des Gefängnisses. Besonders ausgefeilt war der Trakt in Celle. Die Gefangenen waren in diesem Trakt auch voneinander isoliert und hatten alleine Hofgang. Erst nach vielen Hungerstreiks haben wir es geschafft, daß sich die Gefangenen untereinander sehen konnten.

Es fehlt die Luft zum Atmen

W.W.: Wie wirkt eine so lange Haft auf die Psyche, den Geist und den Körper?

A. Goder: Diese Art der Haft hat natürlich starke Auswirkungen. Fast alle politischen Gefangenen sind im Laufe der Jahrzehnte krank geworden. In den 70er Jahren gab es Untersuchungen von externen Ärzten, die Konzentrationsschwierigkeiten, Schwindel u.ä. feststellten, und die Isolation dafür verantwortlich machten. Die soziale Isolation wirkt wie ein Vakuum. Sie nimmt die Luft zum Atmen.

In den ersten Jahren waren wir zu sechst, kurz darauf nur noch zu viert. Im letzten Jahr meiner Haft war ich mit Gabriele Rollnik allein.

W.W.: Fühltest Du Dich einsam und isoliert?

A. Goder: Teilweise schon, denn es wird einem sehr viel von der Eigenständigkeit und der sozialen Kompetenz genommen. Auch die Konzentrationsfähigkeit geht zurück. Die Kontakte zu anderen Menschen wurden uns fast ganz genommen, und es ist nicht möglich, alle vorhandenen Bedürfnisse mit den anderen zwei oder drei weiblichen Gefangenen zu befriedigen. Alle Besuche – von den Eltern, von den Freunden – wurden überwacht. Es saßen immer vier Leute dabei, zwei aus dem Knast, zwei vom Staatsschutz, so daß man ohnehin kaum Bedeutungsvolles miteinander besprechen konnte.

W.W.: Durftest Du entscheiden, wer Dich besuchen sollte?

A. Goder: Ja, das war meine Entscheidung. Einmal haben mich meine Eltern unerwartet besucht, ich hatte ihnen aber geschrieben, daß ich sie erst einmal nicht sehen wollte, und so habe ich sie wieder nach Hause geschickt. Das war natürlich sehr bitter für sie. Die Kontakte zur Außenwelt waren also weitgehend reduziert. Wir hatten auch nur zwei Stunden Besuche im Monat bekommen.

W.W.: Hattest Du im Knast ständig Einsamkeitsgefühle?

A. Goder: Nein, so würde ich es nicht sagen. Allerdings war ich viel allein. Die Nacht und den Vormittag war ich allein in der Zelle eingeschlossen, trotzdem habe ich mich im Zusammenhang aller politischen Gefangenen verstanden, auch wenn ich den Großteil von ihnen gar nicht kannte. Einsamkeit würde für mich bedeuten, aus allen sozialen Zusammenhängen herauszufallen.

W.W.: Hattest Du Momente in Deinem Leben, in denen Du wirklich einsam warst?

A. Goder: Ja, in der Zeit nach dem Knast. Diejenigen Menschen, mit denen ich nach dem Knast Kontakt hatte, lebten in einer anderen Welt. Und es war für mich sehr schwierig, mich wieder auf diese Welt einzulassen. Damals war wegen des Mauerfalls in Berlin ohnehin alles im Umbruch.

Vorführzelle

Gefangene

W.W.: Wann kamst Du frei?

A. Goder: 1989, nach elf Jahren. Ich wurde frühzeitig entlassen, weil ich Probleme mit meinen Hüftgelenken bekam.

Zuerst sollte ich unter Knastbedingungen operiert werden, dann wurde ich in ein Krankenhaus außerhalb verlegt, aber es sollte eine Schließerin ständig in meinem Zimmer anwesend sein. Da ich das nicht wollte, brachte man mich zurück in den Knast.

Es gab dann eine gemeinsame Forderung von uns, vier kranke Gefangene vorzeitig zu entlassen. Darunter befand sich auch Günter Sonnenberg, der bei seiner Verhaftung angeschossen worden war und unter epileptischen Anfällen litt. Die anderen waren Bernhard Rößner, Claudia Wannersdorfer und ich. Ich wurde als erste infolge des Hungerstreiks 1989 entlassen, was auch damit zu tun hatte, daß in Berlin gerade eine rot-grüne Regierung an die Macht gekommen war.

W.W.: An wie vielen Hungerstreiks hast Du teilgenommen?

A. Goder: Das waren vier größere Hungerstreiks, die über eine Phase von sieben bis zehn Wochen gingen, fernerhin einige kleinere Hungerstreiks. Unsere Forderung war die Zusammenlegung von politischen Gefangenen. Der erste Hungerstreik war bereits im Jahre 1979. In der Folge von 1977 waren die politischen Gefangenen ziemlich desorganisiert, so daß wir ihn nicht gut vorbereiten konnten und es eine Weile brauchte, bis alle in den Hungerstreik mit einstiegen. Der Abbruch des Hungerstreiks war koordiniert, denn für eine solche Angelegenheit durften wir miteinander telefonieren. Die Forderung nach Zusammenlegung in große Gruppen war für mich eine logische Konsequenz, denn ich wollte mit denen zusammensein, mit denen ich mich politisch verbunden fühlte. In einer größeren Gruppe hätten wir auch die Isolation besser überstanden. Mit unseren Forderungen haben wir uns auf die Genfer Konvention gestützt, aber es wurde uns immer entgegengehalten, daß es keine politischen Gefangenen und keine Isolation gebe. Es gab aber jede Menge Sondergesetze, die nur für uns geschaffen worden waren, und ich habe am eigenen Leib gespürt, was Isolation ist. Zwar hatten wir manches, wie z.B. Bücher, Zeitungen und Fernsehen, aber gegenüber anderen Gefangenen fehlte es uns an vielem.

W.W.: Kannst Du etwas zum Hungerstreik selbst sagen; ist es schwer, den Willen dazu aufzubringen?

A. Goder: Wir haben die meisten Hungerstreiks gut koordiniert, gemeinsam durchgeführt und beendet. Vor den Hungerstreiks gab es lange

Diskussionen, um die politische Lage einzuschätzen, vor allem, ob wir etwas erreichen können.

Die Situation im Knast war oft so, daß ich es dort nicht mehr aushalten konnte. Ich war verzweifelt und glaubte, kaputtzugehen, wenn es ohne Verbesserung so weiterlaufen würde. Vor allem die ständige Überwachung und Kontrolle war schlimm. Wir wurden ständig kontrolliert, alle paar Monate wurden die Zellen gründlichst durchsucht, und wir mußten uns zu Kontrollzwecken ausziehen. Alle Briefe wurden gelesen, jeder Besuch wurde durchsucht. Auch die Informationen – Bücher, Zeitungen – wurden immer mehr eingeschränkt.

„Die Hungerstreiks eröffneten neue Räume"

Beim Hungerstreik selbst gab es eine Umstellungsphase von zwei bis drei Tagen, während der sich die Verdauung auf den Nahrungsentzug einstellen mußte. In den darauf folgenden zwei bis drei Wochen habe ich mich immer sehr gut gefühlt. Der Streik selbst setzte auch Energien frei, die vorher nicht vorhanden waren. Wir hatten auch mehr Zeit, denn wir mußten uns nicht mit dem Essen beschäftigen. Der Streik gab einen Energieschub. Ich hatte ganz konkret das Gefühl, daß ich mir durch den Hungerstreik einen Raum eröffnen konnte, der vorher nicht da war.

W.W.: Hattest Du während der Hungerstreiks Bewußtseinsveränderungen?

A. Goder: Eigentlich nicht, außer dem schon beschriebenen Energieschub. Ich weiß aber von der Wirkung des Hochsicherheitstrakts auf die Gefangenen. Zwei von meinen Mitgefangenen ging es bei einem Hungerstreik, den wir nach der Verlegung in den Hochsicherheitstrakt machten, sehr schlecht. Sie konnten kein Wasser bei sich behalten und haben Galle gespuckt. Während der Hungerstreiks haben wir nur Wasser und Kräutertees getrunken. Nach etwa sechs Wochen waren die Vitamin-A-Depots aufgebraucht, und wir spürten Auswirkungen an unseren Augen. Ich konnte nicht mehr richtig sehen, bekam Schwindelanfälle, und infolge dieser konnte ich auch nicht mehr richtig laufen. Irgendwann landeten wir dann alle im Krankenhaus. Gabriele Rollnik wurde phasenweise auch an den Tropf gelegt, weil es ihr sehr schlecht ging. Mir selbst blieb das erspart.

W.W.: Hattet Ihr Erfolg mit Euren Forderungen?

A. Goder: Bei einem der Hungerstreiks schalteten sich der damalige Bundesjustizminister Schmude und Amnesty International mit ein. Wir

Gemeinschaftszelle

Häutung

beendeten den Hungerstreik aufgrund der Zusage, daß niemand von uns allein in Haft bleiben müßte. In bezug auf das Abbrechen dieses Hungerstreiks gab es unter uns allerdings differenzierte Meinungen, nicht zuletzt wegen Sigurd Debus, der in Hamburg bereits im Koma lag und künstlich am Leben erhalten wurde. Als wir den Hungerstreik abgebrochen haben, hat man die Maschinen abgestellt. Eigentlich war er schon vorher tot. Er hatte durch die Auseinandersetzungen während der Zwangsernährung eine Gehirnblutung bekommen.

W.W.: Bist Du zwangsernährt worden?

A. Goder: Nein, zu meiner Zeit wurde das in Berlin nicht mehr gemacht.

J.P.: Habt Ihr noch mehr durch Eure Streik erreicht?

A. Goder: Eigentlich hat sich immer etwas verändert, vor allem die subjektive Situation. Wir haben dem Versuch der Vernichtung etwas entgegengesetzt. Danach hatte ich immer eine Phase, in der ich das Gefühl hatte, mehr Raum zu haben und mich besser konzentrieren zu können. Die Hungerstreiks mobilisierten auch eine größere Öffentlichkeit, und es besuchten uns einige Menschen von draußen. Dadurch gab es neue Kontaktmöglichkeiten, und es haben sich Kleinigkeiten verändert.

Hungern bis zum Tod

W.W.: Gab es einen Punkt, an dem Ihr definitiv mit dem Hungerstreik aufhören wolltet, oder hätte es auch sein können, daß Ihr bis zum Tod weitergehungert hättet?

A. Goder: In den Diskussionen vorher haben wir diskutiert, über die Grenze zu gehen. Und währenddessen haben wir uns auch darauf vorbereitet, beim Hungerstreik zu sterben. Angesichts der Situation war das auch etwas Konsequentes. Wir hatten den Eindruck, daß uns jegliche Luft zum Atmen genommen wurde, daß wir sowieso irgendwann sterben müßten, wenn wir nichts dagegen unternehmen. Und in diesem Zusammenhang war es eine Möglichkeit, innerhalb der nächsten acht Wochen während eines Hungerstreiks zu sterben. Dann hätte wenigstens der Staat noch den Ärger mit der Öffentlichkeit gehabt.

Während des Hungerstreiks wurde die Angelegenheit allerdings wesentlich komplizierter. Als ich an der Grenze war, wollte ich nicht sterben. Bei den anderen Gefangenen war es wohl auch so. Wir waren auch insgesamt nicht viele politische Gefangene, und jeder von uns war wichtig, keiner von uns durfte sterben.

W.W.: Gab es internen Druck, nicht aufzuhören, obwohl man es wollte?

A. Goder: Einige mögen diesen internen Druck empfunden haben, ich aber nicht. Natürlich gab es so etwas wie einen Gruppendruck, der wurde aber von allen ausgeübt. Ich habe diese Gruppe genauso repräsentiert wie alle anderen auch. Insofern war ich auch für den Druck auf andere verantwortlich. Ich habe mich selbst und andere unter Druck gesetzt.

W.W.: Wann habt Ihr den Hungerstreik jeweils abgebrochen: nach Erreichen eines Ziels, weil man physisch nicht mehr konnte oder auf ärztlichen Rat?

A. Goder: Beim Hungerstreik 1989 war die politische Situation so, daß wir eine große Öffentlichkeit hinter uns hatten. Unsere Forderung nach Zusammenlegung und der Möglichkeit nach gesellschaftlicher Diskussion wurde von vielen unterstützt, bis hinein in die Parteien und Gewerkschaften. Unsere Einschätzung war damals so, daß wir politisch viel erreicht hatten.

Wenn aber ein Gefangener beim Hungerstreik gestorben wäre, hätte es wahrscheinlich eine militärische Eskalation gegeben. Und dadurch wäre das, was wir mittlerweile politisch erreicht hatten, zunichte gemacht worden, weil der Staat auf dem Gebiet der militärischen Auseinandersetzung stärker war als wir. Deshalb haben wir mit dem Hungerstreik aufgehört.

„Wir hatten das Gefühl, vernichtet zu werden"

W.W.: Die damalige Justizsenatorin von Berlin, Jutta Limbach, stellte Eure Haftbedingungen als „ganz kommod" da. Hatte sie recht?

A. Goder: Sie hat uns besucht, als wir im Krankenhaus waren. Eigentlich wollte sie uns gleich nach ihrem Amtsantritt besuchen, aber die Schließer haben protestiert und forderten, daß sie erst ihnen einen Besuch abstatten solle, bevor sie zu uns käme. Wir würden die Schließer jeden Tag beschimpfen und bespucken. Gut, das war ihre Wahrnehmung, als hätten wir nichts anderes zu tun.

Sie besuchte uns dann kurz vor Ende des Hungerstreiks 1989. Aber der Ausspruch, daß unsere Zellen kommod seien, ist totale Ignoranz. Von außen mag eine Zelle entsprechend aussehen, aber man kann es nicht nachfühlen, wie es ist, wenn man in so einer Zelle eingesperrt ist. Die Zelle besteht aus etwa 10 m^2 mit Bett, Tisch, einem Stuhl, einer Toilette und

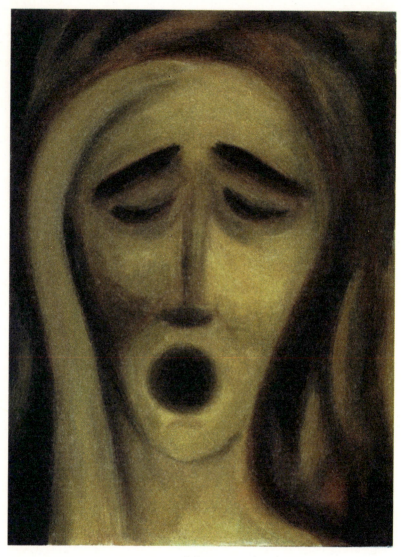
Schrei

Schmerz

einem Waschbecken. Unser weiterer Aktionsradius belief sich allerhöchstens noch auf den Gang und eine weitere Zelle. Dazu kam ja auch noch die soziale Isolation und die permanenten Schikanen im Knast. Hierzu kann man wohl kaum sagen, daß die Bedingungen kommod seien. Schließlich kam es nicht von ungefähr, daß wir diese Bedingungen als Folter bezeichnet haben. Wir hatten das Gefühl, daß wir mit dieser Haft vernichtet werden sollten. Und es gab immer Politikeraussagen, die das gestützt haben.

J.P.: Hattest Du auch ganz menschliche Bedürfnisse, wie z.B. die Sehnsucht nach gewissen Menschen oder nach draußen?

A. Goder: Ja, Sehnsucht nach draußen hatte ich. Aber damals war das noch auf unsere Organisation und die politischen Zusammenhänge gerichtet. Damals habe ich noch nicht daran gedacht, einmal ein normales Leben zu führen oder etwas anderes zu machen als Politik.

W.W.: Wie war während der elf Jahre Knast Dein politischer Prozeß? Inwieweit fühltest Du Dich der RAF zugehörig, und wann und wie hast Du Dich von ihnen gelöst?

A. Goder: Zuerst waren wir Gefangene aus der Bewegung 2. Juni. 1982 wurde diese Bewegung aufgelöst, und einige von ihnen sind zur RAF gegangen. Das fand ich damals richtig. In der Politik der Bewegung 2. Juni sah ich keine Zukunft mehr, und ich hoffte mehr auf die der RAF. Ihre Politik habe ich nicht in Frage gestellt, denn ich war davon überzeugt, daß Guerilla-Politik in Westeuropa notwendig ist. Verschiedene Aktionen der RAF fand ich allerdings politisch falsch. Das Konzept der RAF war, gezielte Angriffe gegen Repräsentanten der Politik, Wirtschaft oder des Militärs zu richten. Aber bei ihren Aktionen kamen auch andere Menschen zu Tode. Und durch die Eskalation nach dem Jahre 1977 zeigte sich, daß dies auch nicht der richtige Weg ist. Das war eine richtige Hinrichtungswelle, in den 80er Jahren.

J.P.: Wolltest Du Dich nach der Haft weiter politisch engagieren?

A. Goder: Nachdem ich aus der Haft entlassen war, hatte ich zwar noch Kontakt zu verschiedenen politischen Gruppierungen und ehemaligen Gefangenen. Aber dann stand ich vor der Frage, ob ich weiter Politik machen oder mich auf Kunst konzentrieren sollte. Bereits im Knast habe ich mit dem Malen begonnen. Das war für mich eine Möglichkeit, noch einen weiteren Raum aufzumachen. Ich habe mich dann für die Kunst entschieden.

J.P.: Hast Du Kunst studiert?

A. Goder: Ja, ich habe in Berlin an einer anthroposophischen Einrichtung Kunst studiert. Das Studium ging von 1992 bis 1995. Seitdem versuche ich, mich künstlerisch weiterzuentwickeln.

Einsamkeit in der Freiheit

W.W.: Welches Gefühl hattest Du bei Deinem ersten Schritt in Freiheit 1989?
A. Goder: Das war noch keine vollständige Entlassung. Ich habe erst einmal ein Jahr Haftverschonung wegen der anstehenden Operation bekommen, wurde also vom Gefängnis ins Krankenhaus verlegt. Dort lag ich unter Gefängnisbedingungen. Ich hatte ein riesiges Krankenzimmer für mich allein, und die Schließer saßen vor der Tür. Manchmal mußte ich auch zum Röntgen, und dann konnte ich ohne verschlossene Türen durch das Krankenhaus gehen, und die Schließer mußten mir folgen. Das war ein schönes Gefühl. Dann folgte die Operation, und anschließend war ich frei, mußte aber noch längere Zeit im Krankenhaus verbleiben. Im Krankenhaus konnte ich dann aber Tag und Nacht Besuch haben.
J.P.: Du warst elf Jahre fast ganz allein, und nun plötzlich bekamst Du im Krankenhaus Tag und Nacht Besuch. War das nicht eine starke Umstellung für Dich? Wurde Dir der Besuch schnell zuviel, weil Du es nicht mehr gewohnt warst, länger und mit vielen Menschen zusammenzusein?
A. Goder: Nein, das war für mich ein absoluter Kick. Ich kenne das auch aus Erzählungen anderer, die aus dem Knast kommen. Sie tauchen erst einmal in die Massen ein. Manche schlafen 14 Tage fast nicht, weil sie immer unterwegs sind. Ich war wie eine vertrocknete Pflanze, und als ich herauskam, war es wie ein warmer Regen. Ich fühlte, wie ich erblühte, wie ich wuchs und wie ich neue Kraft bekam.
Aber auf der anderen Seite hatte ich auch Phasen, in denen ich nicht wußte, wo ich überhaupt gelandet war. Es dauerte eine ganze Weile, bis ich mich im normalen Leben zurechtfand, vor allem wurde mir bewußt, daß ich in der Knastzeit sehr viel verloren hatte, an Fähigkeiten, an Selbstkritik.
J.P.: Welche Einsamkeitserlebnisse hattest Du in der Zeit nach dem Knast? Waren Dir die Menschen außerhalb fremd geworden, und fühltest Du, daß die Zeit im Knast stehengeblieben war?
A. Goder: Der Knast ist ein völlig anderes Terrain als das normale Leben. Dort haben wir uns anders organisiert, sind anders mit Problemen umgegangen, wir haben unsere Interessen anders vertreten, als es die mei-

Ofrea

sten Menschen außerhalb des Knasts machen. Draußen kann man Problemen aus dem Weg gehen, und wenn man nicht mehr sauer aufeinander ist, redet man vielleicht wieder miteinander. Im Knast haben wir uns bei jedem Problem zusammengesetzt und versucht, es zu klären und es in den Griff zu bekommen.

Als ich aus dem Knast kam, war ich zwar körperlich draußen, mit meinem Kopf war ich aber noch etwa zwei Jahre im Knast. Ich betrachtete alle Dinge der Welt und alle zwischenmenschlichen Zusammenhänge unter dem Aspekt Knast. Vieles hat mich dabei schockiert, z.B. daß die Menschen nicht ihre Probleme miteinander klären, sondern hinter dem Rücken übereinander reden. Es störte mich, daß jeden Tag Alkohol getrunken wird. Die einzigen Personen, zu denen sofort und immer ein Draht vorhanden war, waren die ehemaligen Gefangenen. Denn wir hatten die gemeinsamen Erfahrungen.

Viele Freunde außerhalb des Gefängnisses haben immer darüber geredet, daß Isolationshaft Folter sei; aber wenn ich, die diese Erfahrungen hatte, zu ihnen stieß, konnten sie nicht mit mir umgehen und wunderten sich nur, daß ich so komisch drauf war. Den ganzen Zusammenhang hat niemand begriffen. In solchen Situationen habe ich mich oft einsam gefühlt.

W.W.: Wie hast Du versucht, die Einsamkeit zu überwinden?

A. Goder: Das war ein langer Prozeß. Ein Freund hat mir einmal gesagt, daß ich mich in einer Art Transitraum befände. Damals gefiel mir seine Aussage überhaupt nicht, nach Jahren des Abstands sehe ich aber, daß er recht hatte. Ich war da, aber ich war nicht anwesend. Vielleicht kann man sich das so vorstellen, wie wenn man nach einer langen Auslandsreise zurück nach Hause kommt. Man versteht alle Menschen, aber irgendwie versteht man sie doch nicht.

W.W.: Kannst Du mal ein Beispiel nennen?

A. Goder: Ich stand z.B. einmal in einer kleinen Gruppe, und einer von ihnen sagte: „Man weiß ja gar nicht, was die Gefangenen denken." Und ich dachte nur: Warum fragt er mich denn nicht? Oder ich wohnte in einer Wohngemeinschaft, habe aber nicht verstanden, wie sich die Mitbewohner koordinierten. Alles war zwar organisiert, sie arbeiteten, trafen sich, aßen gemeinsam, aber ich wußte nicht, wie die Verabredungen untereinander liefen. Ich dachte, daß ich mich mit ihnen verabreden müsse, wenn ich sie treffen wollte. Sie haben mich behandelt wie jeden anderen auch, aber sie hätten mich anders behandeln müssen. Ich aber konnte es nicht artikulieren. Wenn man mich fragte, wie es mir ging, dann habe ich mich oft beklagt und geäußert, daß ich mich sehr seltsam fühle. Auf jeden Fall konnte ich in dieser Situation nicht mit den anderen und sie nicht mit mir umgehen.

J.P.: Hattest Du das Bedürfnis, viel mit anderen Menschen zu reden?

A. Goder: Auf jeden Fall. Aber für meine Bedürfnisse kam mir hier zu wenig entgegen. Eigentlich hätte ich es gebraucht, daß die Menschen zu mir kommen. Es war also noch eine knastähnliche Situation. Es brauchte eine lange Zeit, bis ich in der Lage war, aktiv zu werden und von allein irgendwo hinzugehen. Ich war psychisch nicht in der Lage, viel zu unternehmen. Andere Gefangene konnten das allerdings und sind wie wild durch die Gegend gereist.

„Mein ganzer Alltag wurde umgewälzt"

W.W.: Hattest Du irgendwann Kontakte zur Anthroposophie?

A. Goder: Ich bin auf eine Waldorfschule gegangen, meine Eltern sind Anthroposophen, und mein Zwillingsbruder ist Priester der Christengemeinschaft. Aber von zu Hause aus war mir das zu dogmatisch, und die Anfänge der Studentenbewegung kamen damals bei vielen Anthroposophen nicht sehr gut an. Sowohl in der Schule als auch zu Hause bin ich wegen meines Engagements angemacht worden. Ich hatte überhaupt nicht den Eindruck, daß ich mit meinen Zielen und Idealen verstanden wurde. Und deswegen war ich nach dem Knast äußerst amüsiert, als ich einen anthroposophischen Artikel las, wie wichtig doch die Studentenbewegung gewesen sei. Es war schon interessant zu sehen, wie sich die Sichtweisen ändern können. Das hängt sicherlich auch damit zusammen, daß sich Aktivisten der Studentenbewegung anthroposophisch orientiert haben. Auch mein anthroposophisches Kunststudium war sehr interessant, aber ich habe die Anthroposophie selbst nie als Möglichkeit für mich gesehen.

W.W.: Hast Du auch politische Einsamkeit erlebt, vor allem weil sich die Verhältnisse nach Deiner Haftzeit 1989 durch die Wende vollständig verändert haben oder weil Du gemerkt hast, daß Du keines Deiner Ideale auch nur im Ansatz verwirklichen konntest?

A. Goder: Eigentlich habe ich nie daran geglaubt, daß wir in diesem Staat die Macht übernehmen könnten. Unser Konzept war es eigentlich, etwas zu initiieren, was sich dann weiterentwickelt. Ohne Massenbewegung konnte eine Handvoll Menschen kaum etwas bewirken. Aber wir wollten als emanzipatorischer Prozeß in die Gesellschaft einwirken, wären aber darauf angewiesen gewesen, daß sich an den Umwälzungsprozessen viele beteiligen. Von daher war es bitter zu sehen, wie wenig wir erreicht haben, zumindest nicht das, was wir uns vorgestellt haben.

Für mich speziell war es bitter, die Situation der Wende mitzuerleben. Ich weiß noch, wie kurz nach meiner Freilassung die Grenzen geöffnet wurden und die DDR-Bewohner bei einer Bank in der Nähe meiner Wohnung wegen ihres Begrüßungsgeldes einmal ums Karree Schlange standen. Das hat mich schon erschüttert. In unseren Diskussionen war die DDR zwar nicht unser Vorbildmodell, allerdings nahmen wir von den dort lebenden Menschen an, daß sie weiter wären und nicht in dieser Weise den kapitalistischen Symbolen hinterherlaufen würden.

Ich fühlte allgemein in dieser Zeit, wie sich mein ganzer Alltag umwälzte, was aber viele meine Bekannten und Freunde nicht verstehen konnten. Und so merkte ich, daß durch meine Knastzeit doch einiges an Entwicklungen an mir vorübergegangen ist, die ich nicht bemerkt hatte.

„Ich bereue nichts"

W.W.: Wie siehst Du die Zeit der Bewegung 2. Juni und der RAF im Rückblick? Was bereust Du, was war richtig, was war falsch?

A. Goder: Bereuen tue ich nichts, es war eine sehr spannende Zeit. Es war sehr aufregend und idealistisch, und ich habe für meine Ziele gekämpft. Ich finde es richtig, daß wir es versucht haben, und es war für mich ein umfassender Lernprozeß mit sehr vielen Erfahrungen. Diese Erfahrungen hätte ich nicht gemacht, wenn ich anders gelebt hätte. Natürlich würde ich einige Sachen anders machen, wenn ich sie noch einmal machen könnte, aber das ist etwas vollkommen Normales. Ich kann Menschen nicht verstehen, die alles, was sie gemacht haben, in genau derselben Weise noch einmal machen würden. Im Rückblick muß ich auch sagen, daß wir damals vieles nicht sehen wollten, was sich nicht so entwickelte, wie wir es wünschten.

Long Island

Einsamkeiten vor der kanadischen Ostküste

Peter Krause*

Allen denjenigen gewidmet, die die Natur akzeptieren, wie sie ist, und bereit sind, von ihr zu lernen.

Verschiedene Aspekte der Einsamkeit

Was unser Leben bestimmt, welche Aufgaben und Verpflichtungen uns auferlegt sind, wird uns selten bewußt. Das Allermeiste ist zur unreflektierten Gewohnheit geworden, ereignet sich täglich, fordert uns heraus und ermüdet uns. Mitunter finden wir uns seelisch angerührt und bewegt, wenn sich Erfolg einstellt oder Mißerfolg nicht zu verhindern ist: Dann werden wir uns, sozusagen an der „Reibungsfläche des Lebens", unserer eigenen Natur bewußt, feiern einen Sieg oder beklagen die Niederlage.

Eigentlich hat so eine Erfahrung die Qualität, uns das Getrenntsein bewußtzumachen, in dem wir im Verhältnis zur inneren, eigentlichen Natur unseres Wesens leben. Faktisch ist es so, daß wir einsam sind – dauernd, inmitten des Alltags und unter den Mitmenschen. Wir sind einsam, weil wir zum größten Teil fremdbestimmt sind: „Es" (das Leben) ereignet sich, nimmt uns in Beschlag und in die Pflicht!

Viele Menschen sind schon so gewohnheitsmäßig in die Unbillen ihres Lebens eingepaßt, daß sie ein Herausgehen aus dem Gewohnten, ein Aufgeben des alltäglich Tragenden als Verstoßensein in die Einsamkeit empfinden. Nur wenige können genießen, was ich im folgenden beschreiben will. Nicht viele sind willens und in der Lage, den Alltag hinter sich zu lassen und ganz und gar auf die Natur einzugehen: Dort ist der Halt nicht da, der durch Geräusche, Technik und reguläre Abläufe des Lebens gegeben ist. Und dann, wenn der Mensch ganz in der nicht alltäglichen Natur angekommen ist, wenn ihm fehlt, was ihn sonst von sich selbst zwanghaft

---

* **Peter Krause,** geb. 1957 in Schleswig. Geschäftsführer einer Firma für Archivierungen und internetbasierte Geschäftsprozesse. Neben der „alltäglichen" beruflichen Verpflichtungen auf der Suche nach Grenzerfahrungen und der Brücke zwischen Mensch und Natur.

ablenkt, tritt die starke Erfahrung auf, ganz auf sich selbst gestellt zu sein, was von vielen als unglückliche Schwäche erlebt wird. Die wirkliche Erfahrung tritt insofern „verdreht" auf, weil alles, was den Menschen aus sich heraus, ihn zu vielem, nur nicht zu sich führt, vermißt wird und der Mensch, der sich in der Natur nicht behaupten kann, diesen Mangel als Einsamkeit deutet.

Einsamkeit kann eben zweierlei sein: im negativen Sinne die Entfremdung des Menschen von sich selbst, im positiven das Gewahrwerden des eigenen Wesens, wo alles andere fehlt und schweigt, was sonst diese Erfahrung verhindert. Von dieser letzten Form der Einsamkeit möchte ich im folgenden berichten, indem ich wechselnd eigene Erfahrungen in unberührter Natur und Bezüge zum alltäglichen Leben beschreibe.

Im Lesen des Textes begleiten Sie mich, liebe Leserinnen und Leser, auf eine Inselgruppe im kanadischen Nordatlantik, die – ansonsten unbewohnt – zur Durchführung von Inselcamps für Jugendliche und für Erwachsene dient.

„Ein Gestirn, das blühend durch die Weltnacht schwebt"

Long Island – oder wie sie in neueren Karten und unter den Einheimischen genannt wird: Hartlings Island – war (und ist) ein Traum, bis ich im Dezember 1999 zum erstenmal dieses Paradies betrat. Mit diesem Tag begann eine eigene Geschichte, aus der ich unter dem motivischen Vorzeichen „Erfahrungen der Einsamkeit" ein wenig erzählen will. Ich hoffe, daß es mir gelingt, das Exemplarische in solchen Erfahrungen aufzuzeigen, die man machen kann, wenn man sich auf diese Form der Einsamkeit einzulassen bereit ist: der Mensch auf einer unbewohnten Ozeaninsel, inmitten einer einzigartigen Natur, inmitten einer Einsamkeit, wie sie nur noch an wenigen Plätzen dieser Erde in dieser Form erlebt werden kann!

Max Frisch beschrieb einmal die Erde als „ein Gestirn, das blühend durch die Weltnacht schwebt". Ein so kurzes Zitat kann in uns Bilder erwecken, die sich besonders gegenwärtig von den Lebensrealitäten weit abheben. Aber ob es sich um weltgeschichtliche oder persönliche Erschütterungen des Lebens handelt, ist dabei eigentlich einerlei. Sich als Mensch auf einem Gestirn zu fühlen, das blühend durch die Weltnacht schwebt, wird im alltäglichen Leben als romantische Anwandlung und vom alltäglichen Leben losgelöst als nahezu unerfüllbarer Traum gelten müssen. Angesichts solcher Widersprüche mag man es als absolute Ausnahmesituation

Long Island

empfinden, sich als Mensch für eine gewisse Zeit auf eine vollkommen unberührte, einsame Ozeaninsel zu begeben.

Die Inselgruppe liegt in Kanadas maritimer Provinz Nova Scotia. Insgesamt leben in diesem riesigen, zu 80 % bewaldeten Gebiet nur knapp 900.000 Menschen. Die Ureinwohner, Woodland-Indianer vom Stamm der Micmac, gibt es kaum noch. Welch schweres Erbe für die Menschheit!

In einem bestimmten Augenblick der zivilisatorischen Entwicklung auf dieser Erde drangen Siedler in dieses Paradies ein, das die Provinz Nova Scotia damals noch war. Sie flohen aus einer Lebensdynamik, die durch die aufkommende Industrialisierung und die damit ausgelösten sozialen Probleme über Europa hereingebrochen war. Darin drückt sich ein gewisser Leidensdruck aus, der die skrupellose Eroberung Amerikas und die Unterwerfung seiner Urbevölkerung indizierte. Nun ist auf dem Territorium des nordamerikanischen Kontinents eine „Weltmacht" etabliert und mit den gleichen Sorgen und Nöten beschäftigt, die damals die Europäer zur Flucht in die „Neue Welt" veranlaßten. Egoistische Motive waren es, die die Menschen zur Eroberung Amerikas veranlaßten und sie das vorgefundene Paradies weithin zerstören ließen.

An der Küste geht es von Halifax aus Richtung Norden: sehr vereinzelte Häuser, kleine Siedlungen und zuweilen Dörfer, aber eine Natur, die sich von Kilometer zu Kilometer in ihrer Schönheit zu steigern scheint.

Mitchells Bay, eine kleine Landzunge ist das erste Ziel. Von dort fährt man mit dem Boot ein Stück in den Atlantik hinaus, bis man Long Island erreicht. Am Nordberg und am Siedlungsplatz finden sich Grundmauern: Spuren der Hartlings, die bis vor über 100 Jahren hier lebten. Ein kleiner Rundgang – die Insel liegt am Südufer voller Rosenquarz – zeigt landschaftliche Vielfalt und an der Hauptbucht Schutz vor der Brandung des Atlantiks: ein zauberhaftes und unberührtes Stück Natur!

In der Neuen Welt

Die Geschichte von Long Island ist mit der heute reichen Familie Hartling verbunden. Es begann aber alles anders. Im Jahr 1803 kam Frederic Hartling von Lunenburg im Süden Nova Scotias herauf. Er war einer der Ärmsten und beschloß, auf Long Island zu siedeln. Am Festland lebten noch die Indianer, und der Goldrausch kam erst 50 Jahre später in diese Region.

Aus der Alten Welt in die Neue gekommen, wird der Traum vom anderen und besseren Leben zunächst mit dem konfrontiert, was sozusagen ganz alltäglich, lebensnotwendig geleistet werden muß. Der Mensch auf der Suche nach veränderten Lebensgrundlagen wird nicht einfach von der einen in die andere Welt fliehen können, es bleibt ihm nicht erspart, unter schwierigen Bedingungen die Kultur zu schaffen, die seinen Traum Wirklichkeit werden läßt. Die ersten Siedler auf nordamerikanischem Boden fanden die bis dahin gewordene Kultur der Ureinwohner vor. An vielen Orten wurde sie zerstört, die Ureinwohner unterworfen, an anderen Orten wurde sie assimiliert. Zwischen dem, daß der Träumende seine Ernüchterung erfährt, wenn er mit den Bedingungen des alltäglichen Lebens konfrontiert wird, und dem Entschluß, eine neue – seine – Kultur zu schaffen, liegt eine tiefgehende Erfahrung der Einsamkeit.

Ob es sich um einen Menschen handelt, der aus der Alten in die Neue Welt geflüchtet ist, oder aber um den Menschen als geistiges Wesen, der im Leben auf der Erde die Bedingungen seiner Existenz zu schaffen aufgerufen ist, ist einerlei. Das Erlebnis der Einsamkeit am Beginn eines Weges zum selbstgewollten Kulturschaffen ist das gleiche. Nur durch das Tor der Einsamkeit hindurch kann Fortschritt stattfinden.

In der vorgefundenen Welt sucht der Mensch im von der Natur Gegebenen optimale Bedingungen. Auch die Natur ist ihm ein Gegenüber. Ihr Leben folgt eigenen Gesetzmäßigkeiten, die es zu verstehen gilt, denn alles andere brächte den Menschen vor der erlebten Übermacht zum Scheitern.

Die Gestaltung der Welt als schwere Arbeit

An ihrer nordöstlichen Seite hat die Insel eine große ruhige Bucht. Gezeiten und Brandung treffen die Insel an ihrer südwestlichen Spitze. Dort brechen Wellen die mächtigen Felsen empor, und der Wald ist dem Meer um einige Meter erhaben. Aber drüben im Nordosten um die Bucht herum ist es ruhig. Zusätzlich gibt der dichte Wald seinen Schutz.

Wer glaubt, daß Frederic romantische Bedingungen vorfand, irrt. Der Wald ist ein dichter unwegsamer Dschungel. Rechts und links der Bucht erhebt sich das Land in mäßig hohen Hügeln. Hartling wählte die dem Süden zu gelegene Erhebung als Siedlungsplatz, der mühsam freigeschlagen werden mußte. Der felsendurchsetzte Boden wurde aufgegraben, an einer Stelle ca. 3 m tief bis zur süßwasserführenden Schicht. Nicht tiefer, sonst ist der Brunnen unbrauchbar. Trinkwasser ist das elementarste Lebensgut für den Menschen zwischen Seeadlern, Möwen, Fischottern und Rehen!

So wunderbar die Bedingungen des Lebens sich dem äußeren Anschauen auch darstellen, sie sind bald eine Herausforderung. Die Integration eines Menschen in die von ihm vorgefundene Welt geht nur über schwere Arbeit.

Noch heute sieht man die Grundmauern und den Keller von Frederics Haus. Wir wollen sie als Zeugnis von der Vergangenheit erhalten! Das Haus war dem Lauf der Sonne folgend ausgerichtet, also mit dem Wind gebaut, nicht ihm trotzend, sondern ihn akzeptierend als einen dauernd gegenwärtigen Freund.

Frederic trug Steine von der Küste herauf, paßte sie einen um den anderen in die Grundmauern ein. Die gefällten Bäume wurden zu Wänden, zum Dachstuhl, zum Boden und ihre Reste zur Nahrung für das wichtige wärmende und trocknende Feuer.

Das eine ist, was der Mensch aus seinem Inneren heraus als äußere Welt für sich und andere gerne aufbauen und gestalten will. Das andere ist, daß er dabei die äußere Welt, so wie er sie vorfindet, verwandeln muß. Es gibt nichts anderes zur Gestaltung der eigenen Welt als das Vorhandene. Nichts kann vom Menschen in diese, seine Welt hereingebracht werden, was es in ihr als die natürliche Vorgabe nicht schon gäbe. Er kann sich bemühen, die Welt seiner Umgebung betrachtend zu verstehen, ihre Gesetzmäßigkeiten zu ergründen, um dann die einzelnen Elemente der von ihm vorgefundenen Natur in seine Kulturwelt zu verwandeln.

So besehen ist der Mensch äußerlich ein Wesen, das immer in seinem Leben mit leeren Händen antritt, gleichzeitig erfüllt mit einem reichhaltigen inneren Leben. Zwischen der Freude über den inneren Reichtum und dem Realisieren der äußerlichen Armut liegt die Herausforderung. Immer und überall geht es darum, zwischen Widersprüchen, als Mensch auf sich selbst gestellt diese Form der Einsamkeit bejahend, mit dem Kulturschaffen zu beginnen.

Überall Spuren der Geschichte

Frederic wurden sieben Kinder geboren. Drei Söhne trugen, im anglikanischen Glauben getauft, den Namen John: John, John Frederic und John Jacob.

In späteren Karten dieser Gegend, aus Zeiten, da die Hartlings schon zu ihrem Wohlstand und Ansehen gekommen waren, wird Long Island auch John Hartlings Island genannt. Frederic starb in den 30er Jahren seines Jahrhunderts. In den folgenden Jahren starben weitere fünf Angehörige seiner Familie an einer Epidemie. Ihre Gräber sind bis heute auf Long Island erhalten, ihr Geist gegenwärtig. Das Leben auf Long Island soll auch künftig ihre Geschichte respektieren. Romantische Stimmungen seien der Lohn für diejenigen, die die Unwirtlichkeiten bejahen konnten und für ein Stück Kultur im Einklang mit Lebewesen und Elementen hier auch Mühsal auf sich nahmen.

Ray und Jerry, ein älteres Ehepaar gegenüber auf dem Festland, kommen aus Toronto. Vor etwa 30 Jahren erwarben sie ihr Grundstück mit dem 150 Jahre alten Haus, das sie seither in den Ferien nutzen. Es war wohl eines der ersten Häuser weißer Siedler am Festland.

Wir kommen und gehen über dieses Grundstück, da von Long Island dorthin die kürzeste Entfernung zum Festland ist. Außerdem ist es eine willkommene Abwechslung, bei den beiden Alten auf einen Tee und einen Small talk einzukehren.

Ray ist an der Geschichte dieser Region sehr interessiert. Er hat Kopien der ersten alten Karten, in denen die Namen und Grundstücke der ersten Siedler verzeichnet sind, was für sich genommen schon von der Geschichte spricht.

Ray und Jerry fuhren nicht nur zum Baden immer wieder hinüber nach Long Island, sondern auch um die Gräber zu pflegen.

In früheren Zeiten, den Zeiten der Eroberung Nordamerikas, wurden die Siedler durch Land, Geschenke und steuerliche Vergünstigungen angelockt und in das sich bildende staatliche Gemeinwesen integriert. Tausende und Abertausende Menschen kamen abenteuerbereit und mit großen Hoffnungen in eine Welt, die ihnen so sehr als Herausforderung erscheinen mußte, wie der Traum von einem neuen Leben in einer besseren Welt sie zum Verlassen ihrer europäischen Heimat veranlaßte. Überall in Nova Scotia finden sich Spuren dieser Vergangenheit, überall erzählen Überreste der damaligen Geschichte von dem Ringen des Menschen mit sich selbst.

Wer sich auf ein Lesen in diesen geschichtlichen Spuren einzulassen vermag, wird vieles von dem, was ihm Gegenwart seines Lebens ist, besser verstehen. Auch heute noch gilt es, die eigenen Wünsche, Hoffnungen und Sehnsüchte in ein harmonisches Verhältnis zu all demjenigen zu setzen, was uns als lockendes Versprechen begegnet. Auch heute noch wird die Ursehnsucht des Menschen nach Teilhabe am Kulturschaffen durch täuschende Versprechen mißbraucht.

Eine ausgeprägte Form der Einsamkeit ist, heute wie damals, die Konfrontation des Menschen mit der ernüchternden Realität alltäglichen Lebens. Europäer, die als Siedler in Nordamerika angekommen waren, hatten den „point of no return" überschritten. Die Rückkehr aus der Neuen in die Alte Welt war praktisch unmöglich. So gesehen gab es nur eine „Flucht nach vorn". Sind Veränderungen einmal eingeleitet, nimmt das Leben seinen Verlauf. Wir Menschen sind dann gefordert, uns in solchen Verläufen zu behaupten.

Schützende Kräfte der Gemeinschaft

Kommt man vom Festland, kreuzt man zunächst die von Südwest immer kräftig herandrängende Strömung. Long Island empfängt sodann mit ihrer großen ruhigen Bucht. Der dichte höherstehende Wald und die mächtige Felsenküste fangen die letzten Unbillen der See auf. Eigentlich ist Long Island mit ihren rund 160.000 m² Landfläche ein Archipel: Zwei Hauptinseln im Osten und Westen und an der Süd-, Ost- und Nordseite vorgelagerte kleine Felsengruppen bzw. die kleine Südinsel bilden die ganze Einheit, die Hartling nicht ohne Grund zum Lebensraum wählte. – Long Island ist geschützt umgeben von High Island (Norden), Calf und Goose Island (Süden). Die größte Wucht der Brandung wird so gebrochen, ehe sie Long Island erreicht.

Der Lebensraum eines Menschen, so wie er ihn für sein Gestalten erwählt, ist immer wie eine Insel in wogender See. Manche solche Lebensräume sind von anderen Inseln schützend umgeben. Ein Menschenschicksal in einer Gemeinschaft kann darum beruhigter sein, weil andere Menschen in ihrem Leben abfangen und mildern, was sonst mit voller Wucht den eigenen Lebensraum gefährden würde.

Der eigene Lebensraum, die eigene Insel von anderen Inseln geschützt, ist ein äußeres Bild für den engen Zusammenhang zwischen einer individuellen Entwicklung und den Lebenstatsachen der ganzen Menschheit. Wer sich entschließt, vorgefundene Bedingungen in seinem Leben umzugestalten, wer das Tor der Einsamkeit durchschreitet, indem er sich den Fortschritt zum Ziel gesetzt hat, wird gut daran tun, sich der schützenden Kräfte der Gemeinschaft immer bewußt zu sein.

Der Ankömmling betritt die Insel über einen Weg auf den neu aufgegrabenen Brunnen zu. Von dort führt der kurze Weg zum historischen Siedlungsplatz hinauf, wo, wenig versetzt, neben den Grundmauern des alten Anwesens das neue Haus gebaut wurde.

Insel-Aphorismen

Rundwanderung um den Nordberg durch den überall wilden Dschungel. Die Bäume kommen in neuer Generation. Eschen und Birken behaupten sich gegen die langsam vergehenden Fichten. Ich klettere über die riesigen Felsen und höre ein mitteltiefes Surren: Ich glaube, es ist eine Libelle, und sehe einen kleinen Kolibri.

In einer Lebenswelt, die neu werden will, gibt es ein fortwährendes Vergehen des „Alten", das von dem Nachwachsen des „Neuen" begleitet wird. Das ist im menschlichen Leben nicht anders. Nicht ohne Bewußtsein von Geschichte und Tradition, aber doch in Anerkenntnis der Vergänglichkeit äußerer Lebensbedingungen wird Einsamkeit dort erträglich, wo man sich mit sicherem Gefühl darauf verlassen will, daß es kein Vergehen auf dieser Welt, in unserem Leben gibt, ohne daß nicht die Keime des Neuen veranlagt wären.

Wanderung um den Südarm am frühen Morgen. In wilden goldenen Farben kommt die Sonne herauf. Neben dem ruhigen Wasser der Bucht zwischen Nordberg und Südarm drängt die Strömung des Meeres gegen das Festland am Ostriff vorbei. Das Ostriff gibt uns bei den Überfahrten zur Insel und auch zum Festland Orientierung. Heute morgen tollen zwei Otter im Meer, schauen

neugierig zu mir herüber. Die „Königin", eine Möwe, deren Revier die Bucht ist, schimpft nervös mit mir. Wie schön sie ist in ihrem gleitenden Flug!

Hermann Hesse hat es in seinem Gedicht „Stufen" verewigt, daß in jedem Anfang ein beschützender und lebenfördernder Zauber liegt. Der erste Eindruck, eine leise zu uns sprechende Stimmung in den Augenblikken, wo etwas Neues beginnt, gibt demjenigen Schutz und Orientierung, der bereit ist, sich auf die Einsamkeit einzulassen.

Ein ruhiger Morgen. Um 6 Uhr unter strahlendem Himmel in den Atlantik. Klares Wasser, die Sonne scheint bis auf den Grund, wo der Leib seinen Schatten wirft. Am Ufer liegen überall, oft riesengroß und teils kristallisiert, Brocken von weißem und rosafarbenem Quarz: die Inseljuwelen, aus der Schatztruhe des Garten Eden hierher gerollt! Zurück über die Sumpfwiese am Rand des Nordbergs entlang. Das Feuer aus der Glut des Vortages entfacht und einen guten Kaffee gekocht. Die „Königin" kreist und kreischt über mir, in der Bucht zeigen sich drei Otter, die bis auf ca. 50 m an mich herankommen.

Der Mensch, der Neues will, wird dies nur in einem vorgefundenen Zusammenhang des Lebens gestalten können. Je mehr es ihm gelingt, diese Bedingung nicht einfach nur zu akzeptieren, sondern auch das eigene Leben mit dem vorgefundenen seiner Umgebung zu verbinden, zu verweben, desto mehr werden sich ihm – unabhängig von den eigenen Gedanken und Wertschätzungen – Ideen und Handlungsmaximen wie „Offenbarungen" enthüllen.

Majestätisch kreist ein Seeadler-Paar über dem Nordberg. Wahrhaftig großartige Tiere! Überwältigende Spannweite und wunderbarer Flug. Der Rauch vom Feuer weht in einer langen Fahne über den Brunnen zur Sumpfwiese hinüber. Auch der Wald ist eine Ressource. Zu Hartlings Zeiten war er sicher sauber und wegsam, denn das Feuer verlangt viel.

Überall sind wir darauf angewiesen, einen „Umkreis für unser Leben" zu definieren. Innerhalb dieses Umkreises ist unser Lebensraum. Äußerlich und innerlich finden sich darin die Ressourcen, die wir für unseren Verbrauch benötigen. Ein Lebensumkreis kann zu klein sein, dann werden sich Bedürfnis und Hunger entwickeln. Ein Lebensraum kann auch zu groß sein, dann wird man sich verirren und all demjenigen nicht gerecht werden können, was das Leben von uns verlangt.

Grenzenlose Ruhe, grenzenlose Einsamkeit. Als ich schon einige Stunden arbeite, die Mauer um den Siedlungsplatz rekonstruiere, kommt es mir in den Sinn: Wo keine Grenzen sind, schaffen wir sie uns! Babette (meine Frau) kommt von der Feuerstelle neben dem Bootslandeplatz am Brunnen vorbei herauf: „Sieht ja ganz schön kultiviert aus hier oben."

Unvermittelt wird man damit beginnen, den definierten Lebensumkreis innerhalb eines Gesamtzusammenhangs auch abzugrenzen: „Bis hierhin wirke ich", oder: „Ab hier sollst Du mein Wirken und meine Gesetze akzeptieren."

Jedes Ding hat seinen Platz – im Zelt, um das Zelt. Du mußt alles auch im Dunkeln, nur tastend, finden können. Bevor es dunkel wird, spätestens in der Dämmerung, muß alles noch mal geordnet werden.

Das eine ist, sein Leben äußerlich zu gestalten. Dann wird es für gewöhnlich seinen erkennbaren und gestaltbaren Verlauf nehmen. Es kann von unserem wachen Bewußtsein begleitet werden. Es wird aber auch Momente geben, in denen das äußere Licht schwindet und wir allein darauf angewiesen sind, zu tasten, zu fühlen, also innerlich gegenwärtig zu halten, was in bestimmten Augenblicken des Lebens äußerlich verhüllt und verborgen ist.

Zwischen den Extremen

Das Leben hier verlangt die Übereinstimmung mit der Natur. Das Wichtigste ist das Beachten von Ebbe und Flut. Manche Wege sind nur bei Ebbe zu

machen, das Boot ist am leichtesten bei mittlerem Wasserstand zu nutzen. Daraus ergibt sich Lebensplanung.

Leben entwickelt sich nicht nur in einer gewünschten Harmonie, Leben konfrontiert die Motive des Menschen immer wieder mit Extremen. Zwischen den Extremen liegt eine Ruhe, die als solche erkannt werden muß, denn in ihr liegt die größte Kraft.

Wir bewegen uns in einem Lebensraum, der vor 150 Jahren von Menschen wieder verlassen wurde. Der Wald ist überwiegend ein undurchdringlicher Dschungel. Man kann leicht die Orientierung in ihm verlieren, denn selbst die Strecke, die man einmal gegangen ist, ist darum noch lange kein Weg. Aber gerade in dieser dichten, „unkultivierten" Natur warten die schönsten Eindrücke, die größten Wunder. Besonders am Morgen, im Aufgang der Sonne, also wenn alles erwacht, lohnt schon ein Sonnenstrahlenbündel oder der Flug des Seeadlers jede Mühe und jeden Verzicht.

Ich bemerke an mir, wie die Verantwortung im Alltag geradezu ein Extrem fordert. Darum ist es mir hier egal, nein, großartig belebend, selbst am trüben grauen Tag ins Meer zu springen und genußvoll das Wasser und den Wind an der Haut zu spüren.

So wie wir handeln, entstehen Gewohnheiten. Gewohnheiten leben aus der Wiederholung. Niemals wird etwas Wirklichkeit, die sich tragfähig in das Leben integriert, wenn es nur einmalig getan ist. Je häufiger und unermüdlicher Kulturschaffen durch den Menschen angegangen wird, desto erträglicher wird es, Widersprüchen ausgesetzt zu sein. Selbst dasjenige, was einem zunächst als lebensfeindliches Extrem begegnet, kann geliebt und angenommen werden.

Begegnung mit der „offenen Zeit"

An vielen Stellen des Waldes wächst die nächste (die wievielte?) Generation der Bäume heran. Alte Riesen sterben ab, ihre Kronen werden dünn. Sie lassen in ihrem Sterben das Licht zu den jungen Bäumen durch, die sich ihrerseits geradezu drängeln. Spechte suchen die alten Bäume auf, verrichten ihr Werk, selbst in unmittelbarer Nähe von mir. So darf ich mich – für einen Augenblick – mehr als Teil dieser Natur fühlen, als es mein Verstand eigentlich fassen kann.

Der Neue und sein Neuschaffen werden in der alten Welt akzeptiert, wenn auch ein Gleichgewicht zwischen Einzelwesen und Gemeinschaft gewollt wird. Dieses Gleichgewicht ist wie der Wasserstand zwischen Ebbe und Flut. Es beinhaltet Ruhe und vermittelt Kraft, aber es muß gewollt sein.

Die Mädchen zelten auf der Westinsel. Bei Ebbe kann man dorthin trockenen Fußes gelangen, bei Flut sind beide Inseln voneinander getrennt. Wie im Leben: Zur rechten Zeit sind unsere Kinder für uns erreichbar, in den anderen Zeiten üben wir uns im Vertrauen! Immerhin: Als es regnerisch, windig und kalt wird, kommen sie zu uns, wollen bei uns schlafen. Die wirkliche Freiheit will erobert werden, was sie erfordert, muß erübt sein.

Ich selbst genieße es hier, mein Leben ganz grundlegend zu führen. Neben den alltäglichen Dingen, die auf einfachste Weise verrichtet werden, ist es die Begegnung mit der „offenen Zeit". Wir neigen sonst dazu, sie „Ruhe" zu nennen. Jetzt und hier scheint mir dieser Begriff nicht ganz passend. Er beschreibt eher einen Zwischenzustand auf dem Weg zur offenen Zeit, denn in ihr ist letztendlich alles Gelegenheit und nichts feste Verabredung. Erreicht man ihre Erfahrung, beinhaltet sie die Freiheit: voller Leben, voller Fragen und voller Chancen, die eigenen Gedanken entwickelnd in ihr zu plazieren.

Ein altgewordener Mensch wird im Rückblick auf sein Leben das Relative der Zeit erfahren. In Augenblicken der „beinhalteten Einsamkeit" kann die „offene Zeit" erfahren werden. Die offene Zeit ist nicht inhaltsleer, im Gegenteil. Allerdings erschließt sie sich nur demjenigen, der bereit und willens ist, auch das Bedrängende und Belastende der Einsamkeit zu

ertragen. So gesehen ereignet sich Fortschritt in einer lange nicht geahnten, dann aber erfahrbaren Fülle des Lebens.

Vertiefung der Gefühle

Long Island ist wie ein „kleines Kanada": Ruhe der weiten undurchdringlichen Wälder, die teils riesigen Felsen, die ruhige Bucht, die wilde Brandung an der Westspitze, Hügel, Tal, See und Sumpf, natürlich auch die plagenden Mücken, die vielen großen und kleinen Tiere, Bäume, Wind, Sonne und Wolken – alles so zueinander komponiert, daß es zu einer Symphonie wird, die dem geneigten Menschen zur unerschöpflichen Quelle der Vertiefung vor allem der Gefühle wird.

In allem Kleinen findet sich in der Regel ein Abbild des Großen. So wie unser Leben durch das Leben der Gemeinschaft geschützt und befördert wird, ist es gleichzeitig dessen Fokus. Solange es gelingt, das eigene Leben in gleichgewichteter Harmonie zu führen, läßt sich jede Dimension menschheitlichen Lebens in und an einer individuellen Biographie erfahren.

Gefühl fordert das Leben hier vor allem. Die allgemeinen Gedanken aus dem alltäglichen Leben werden ziemlich schnell sehr klein. Sie geben keinen Halt und sind ausgesprochen unwichtig in ihrer Art und in ihrem Inhalt. Aber die in ihnen liegenden Motive können sich nachts am prasselnden Feuer, am Ufer des Meeres, unter klarem Sternenhimmel, zum Wesentlichen vertiefen. Für mich geht das nicht ohne Gott und das Mysterium von Golgatha. Schwach gegenüber dem Eindruck am nächtlichen Feuer, wenn ich schreibe, wie klärend die Ahnung von der Katharsis der Menschheit im Weg Christi wirkt. Wieviel „Kulturunrat" tragen wir doch in uns, der uns von solch wesentlichen Eindrücken trennt!

Wie es im Evangelium den Menschen durch Christus auch nahegebracht wird, erschließt sich im Erleben der Einsamkeit jenes Motiv, das da heißt, daß nur derjenige etwas finden kann, der auch bereit ist zu verlieren. Jenes Motiv, das uns als scheinbare Absurdität darüber belehrt, daß all dasjenige, was wir mit Bewußtsein aufgeben, hundertfach lebendig zu uns zurückkehrt.

Der Nordberg hat einige wunderschöne „Lichtungen" (soweit man das hier sagen kann) in seinem Wald. Eine Lichtung ist, wie ich es momentan empfinde, ein Platz, an dem das Leben auf der Erde (Tiere, Pflanzen, Steine) in größtmöglicher Harmonie der Mitte zwischen Erde und Himmel ausgebildet ist. Diese Mittung überträgt sich sofort auf mein Inneres. Es ist der beste Ort zum Beten.

Suchen und/oder schaffen wir „Lichtungen" auch in unserem täglichen Leben!

Long Island ist vom Großen bis zum Kleinen eine harmonische Einheit. Jede Lebenserscheinung und -form korrespondiert mit einer anderen so, daß beide in ruhiger Harmonie erscheinen: die ruhige Bucht im Osten mit der wilden Brandung im Westen, der Strand im Norden mit dem teils steilen Felsufer im Süden (am stärksten auf der Westinsel zu sehen), der am Rand dichte und im Innern lichte Wald, die sumpfige Wiese und die kahlen Felsen ... zu allem gibt es hier ein Pendant.

Die Fülle des Lebens in der Natur, die uns umgibt, aber auch in allem, was unser inneres Leben bestimmt, stellt sich in Gegensätzen dar. Niemals gibt es Finsternis ohne Licht: Der dunkelste Schatten ist das Pendant zum hellsten Licht. Allerdings wird auch eine gute und edle Gesinnung den Gegensatz moralischer Finsternis herausfordern. Aber auch hier wird es wiederum deutlich: Zwischen den Gegensätzen liegt Harmonie. Harmonie ist Ruhe, und Ruhe vermittelt die eigentliche Kraft.

Es ist ein feuchtverhangener Tag. Eine Pause im Schreiben. Die Fischotter sind wieder in der Bucht – zauberhaft –, und als ich sie beobachte, zieht einer der Adler seine Kreise. Die Vögel rufen aufgeregt. Hartling hat diese Insel wirklich gut gewählt: So schön die Nachbarinseln auch sind, diese ist die ruhigste und von ihrer Gestalt und Natur vielfältigste. Sie ist geschützt.

Ich denke mir, daß Hartling „Hingabe" als Lebensqualität beherrschte. Das heißt nicht, daß er sich aufgab. Eben das nicht! Er verstand es, sich auf die Umgebung einzulassen, die ihm am meisten entgegenbrachte. Dort arbeitete er sehr schwer. Nichts von dem, was er als Kultur seines Lebens schuf, wurde ihm geschenkt. Er mußte sich weiter anpassen, als es die allermeisten Menschen heute noch können. (Wie viele erleben heute als Touristen die Natur nur noch durch „Schaufenster", wie Auslagen in einem Kaufhaus oder in einem Museum.) Aber er mußte sein Handeln auch mit sicherem Instinkt lenken. Zur Hingabe gehört auch Zurückhaltung, denn wirkliche Fehler kann man sich hier nicht erlauben. Einsamkeit gehört zur Hingabe, Hingabe erfordert ein besonnenes Handhaben des Auf-sich-selbst-Gestelltseins.

Innere und äußere Weltebenen

Ray und Jerry, seit 30 Jahren schon Eigentümer ihres Grundstückes hier, sind schon älter. Er ist 75 Jahre alt, sie einige Jahre jünger. Sie suchten damals ein Stück Land am Meer, zogen die Küste entlang und fanden es schließlich an der Mitchells Bay. „Hier", so sagt Ray, „fügten sich die Dinge eben."

Das gesamte heutige Grundstück bestand damals aus zwei Teilen. Der zweite Teil, der eigentliche, frühere Hafen, kam auf Betreiben der Frau des damaligen Eigentümers zum Verkauf, die diesen Ort nicht ertrug. Man hatte dreimal ein Haus gebaut, dreimal brannte es ab! Der Platz ist ein alter Friedhof der Micmac, der so offenbar auch heute noch seine Achtung fordert. Wehe dem, der Heiligtümer mißachtet!

Wo Menschen Kultur schaffen, wird die Welt verändert. Im Kulturschaffen korrespondieren innere und äußere Weltebenen. Damit entstehen Zusammenhänge, die nicht nur äußerlich, sondern auch innerlich – geistig – real sind. Kein Tag in unserem Leben wird in spurenlose Vergessenheit versinken, wenn wir über eine allein auf Äußerlichkeiten gerichtete Betrachtung hinausgehen.

Die Hartling-Gräber befinden sich auf dem Hügel auf der Südseite der Insel. Wir kämpften uns förmlich durch den dichten Dschungel. Die hohen Bäume sind fast alle abgestorben, und die neue Generation – viele Laubbäume zwischen den dichtstehenden jungen Nadelbäumen – kommt herauf. Es ist ein wahrhaft zauberhaftes Dickicht, und die Insel ist immerhin so groß, daß man die Orientierung im weglosen Dickicht verlieren kann. Irgendwo finden wir dann die sechs Grabsteine, und der Kreis zur Vergangenheit ist geschlossen.

Die Gemeinschaft der Menschen, die Schutz, Orientierung und Hilfe vermitteln, ist ebenso nicht nur äußerlich zu fassen. Nicht nur um uns, sondern auch „über" oder „hinter" uns wirken Menschen, die für sich in ihrem Leben unter Umständen schon aus dem Gewebe der Zeit herausgetreten sind. Ihre Welt und ihr Wirken berühren solche Punkte im Leben der Menschen auf Erden, die als bewußt ertragene und so beinhaltete Stimmungen der Einsamkeit erfahren werden können.

Einheit von Mensch und umgebender Welt

Der Morgen war zauberhaft! Der Himmel klar und rein, als sich um 6 Uhr die Sonne über den Horizont erhob. Wir haben vom Siedlungsplatz aus einen weiten Blick nach Osten. Es ist ja nur ein kurzer Moment, in dem der Erde mit dem frischen Sonnenlicht der Geist täglich neu eingehaucht wird. Ich bin dann bald zum Strand schwimmen gegangen (wie fast an jedem Morgen) und habe lange auf Holy Sunny Rock gelegen – heute direkt in der West-Ost-Achse zwischen Sonne und Mond am Himmel.

Die größte Form der Erhebung und die intensivste Erfahrung der Einheit von Mensch und umgebender Welt ist die, die sich auf den Kosmos bezieht. Es ist ja wunderbar, wie man traditionell die Anzahl der Sterne am Himmel mit der Anzahl der Menschen auf Erden in Zusammenhang sieht.

Gestern abend stand ich eine Weile am Bootsplatz. Babette und ich suchten vor einigen Tagen mit dem Boot an der Leine den idealen Liegeplatz zwischen den Strömungen in der Bucht. Nach langen Versuchen einigten wir uns auf einen idealen Platz. Gestern sah ich bei Ebbe, daß an dem von uns ausgewählten Platz die Steine fortgeräumt sind, und realisierte, daß wir mit unseren Versuchen Hartlings alten Platz wiedergefunden hatten.

Dann versuchte ich, mir seine Ankunft mit dem Boot vorzustellen und seinen Weg zum Haus. Dieser Vorstellung folgend, ging ich zu der dichten Baumgruppe vor dem Siedlungsplatz und fand zwischen den Bäumen die alte überwucherte Treppe. So führen die Wege der Gegenwart doch immer wieder auf die Spuren der Vergangenheit. Ich war ganz glücklich an diesem Abend.

Die Wege des Lebens stellen sich dar wie die Mäander eines Flusses. Es gibt eine „ideale" Richtung. Diese Richtung ist nicht immer geradlinig, aber in dem Verschlungenen der Wege liegt die Kraft, die den Fortschritt mit den vorgefundenen Bedingungen zu verbinden vermag.

Die Schönheit der Natur

Heute ist ein kompletter Regentag. Wir können das Zelt kaum verlassen. Aber auch das ist eine interessante Erfahrung. – Welchen Bedingungen mußten sich die Hartlings bei ihrer Ankunft stellen?

Möglicherweise hatten die Hartlings am Anfang auch wenigstens ein Zelt; alles andere ist in diesem rauhen Klima kaum vorzustellen. Dann benötigten sie, genau wie wir es erfahren, mindestens drei Werkzeuge: Säge, Beil und Schaufel. Sieht man auf die Reste am Siedlungsplatz, wird deutlich, daß schon die ersten Arbeiten unglaublich hart waren. Freischlagen der Fläche, ausschachten und befestigen eines Brunnens und des Kellers. Die Kellerwände, ohne Mörtel gesetzt, sind aus teils zentnerschweren Steinen (unbehauen) paßgenau gebaut. Diese Steine mußten von der ganzen Insel zusammengetragen werden – d.h. geradezu Schwertransporte über mehr als einen Kilometer lange, unwegsame Strecken oder über das Wasser mit einem Floß.

Die Bäume für das Blockhaus dito. Zwar gibt es hier heute wie damals jede Menge Wald, und Hartling hatte einige Flächen für Landbau und Viehhaltung erkennbar freigeschlagen, aber nicht jeder Baum taugt für den Hausbau. Die Stämme wurden am Siedlungsplatz geschickt entrindet (denn die Rinde hatte später der Dachdeckung zu dienen), einseitig eingekehlt und an den Enden mit Schlitz und Zapfen versehen. Wie viele Stämme konnte man in den 15 Tagesstunden im Sommer fertigstellen?

Die Ankunft im Frühjahr (Mai) vorausgesetzt, mußten Platz, Brunnen und Haus in fünf Monaten fertiggestellt sein. Alle anderen Arbeiten für den Lebensunterhalt und -erhalt nicht außer acht zu lassen! Wie z.B. fing man damals Fische? Am Abend tummeln sich die Makrelen in der Bucht. Um sie zu fangen, braucht man aber jedenfalls ein Netz.

Auf Long Island gibt es viele verschiedene Beerensträucher um den Siedlungsplatz herum. Auch sie sind Zeugen von Hartlings Leben hier. Auch Gemüse und Kartoffeln ließen sich hier anbauen.

Alles in allem komme ich zu dem Schluß, daß die Eheleute Hartling die Dinge nicht allein schaffen konnten. Es muß mindestens partiell die Hilfe anderer Siedler und eine Freundschaft zu den Indianern am Festland gegeben haben (vielleicht landete Hartling mit seinem Boot an der gleichen Stelle am Festland wie wir, von den Indianern genauso willkommen wie wir durch Jerry und Ray). So nehme man „Siedlungswellen" an und konstatiere, daß elementares Kulturschaffen härteste Bedingungen stellt und zum Sozialsein zwingt.

Wie erschließt sich die Schönheit der Natur? Ich erfahre hier: durch ein uneingeschränktes Leben mit ihr und einen darin entwickelten offenen Sinn. Das Blau bis Türkis des Meeres, das Glitzern der Sonnenstrahlen an seiner Oberfläche, aber auch eiszeitlich geformte Felsmassive erheben ebenso wie die zauberhafte Tierwelt. Die verspielten Fischotter, die königlichen Adler, die frechen Vögelchen ohne Menschenscheu, die Maus, die allmorgendlich an unserem Zelt vorbeihuscht ... Sie alle liefern tiefe Eindrücke, wo ihnen die Herzen und Sinne offen zugewandt werden. Zum einen sprechen sie von der starken Kraft des Lebens, zum anderen ist diese Schönheit der Welt ein fragiler Zusammenhang, der geachtet werden will. Ich wünsche mir auf unserer Insel Menschen mit Abenteuerlust und Respekt vor der Natur. Dann kann die Welt uns Menschen Dinge und Weisheiten lehren, die wir anders nicht erreichen könnten.

Wie schön und zart verzweigt die Korallen an der Spitze der Westinsel sind. Im Einklang mit den wilden Kräften der Brandung entfalten sie sich in ihrer Pracht.

Stetes Wachstum in sonst widriger Umgebung bildet Schönheit: wie wahr und weit erhaben über unsere allgemeinen Definitionen von Schönheit!

Im Sonnenaufgang das gewaltige himmlische Farbenspiel bewundert.

Unsere Gefühle in allem, was wir tun, müssen viel stärker werden. Vielleicht ist das schwer, denn im Alltag ist das von unserem freien Wollen abhängig. Andererseits wird das Leben sonst geistleer. Ein Leben ohne Geist kann nicht in Frieden sein. Als ich dies denke, fliegt wieder einer der Adler von Süden nach Norden über die Bucht.

Alljährlich finden auf den Inseln Camps statt, die eine besondere Begegnung mit der Natur ermöglichen. Es gibt Reiseangebote für Erwachsene und auch für Jugendliche. Die Reisen werden fachkundig begleitet. Unter der Internetadresse **www.lernstatt.at** (für Jugendreisen) oder unter **www.tomeetsomebody.de** (für Erwachsenenreisen) finden sich genaue Beschreibungen und Daten. Schriftlich wendet man sich an: Integralweb GmbH, Schwabacherstraße 117, D-90763 Fürth

Einsamkeit – ein zweifaches Stranden

Rainer Kubiessa*

Dies war in der Tat die ungewöhnlichste Reise meines Lebens.

Ohne lange zu überlegen, hatte ich es übernommen, eine Gruppe von Erwachsenen auf eine kanadische Insel[1] zu begleiten. Dort wollten sie in völliger Abgeschiedenheit zu sich selbst kommen. Was uns dort erwarten würde, wußte keiner von uns, selbst ich nicht, der ich die Insel nur von Erzählungen und Bildern her kannte. Alle wußten nur, daß sie sich auf ein sehr einfaches Leben einzustellen hatten, und darin lagen gerade der Reiz und die Herausforderung.

Nur mit dem Allernötigsten ausgestattet in eine unberührte Landschaft vorzudringen war ja für sich genommen ein abenteuerlicher Gedanke. Natürlich hatten wir darüber mit unseren Freunden zu Hause gesprochen. Die Reaktionen waren unterschiedlich. Und als wir dann erklärten, wir wollten Erfahrungen an der Natur mit uns selbst machen, stießen wir doch auf einige Skepsis. Eines der Abschiedsworte war dann auch: „... und im übrigen wünsche ich Dir nicht nur Erfahrungen!" Wie wahr diese Worte sein sollten, konnte zu diesem Zeitpunkt noch keiner ahnen.

Genau genommen ist es natürlich eine ziemlich verrückte Idee: Seinen eigenen Urlaub einem so offenkundigen Streß anheim zu stellen. Wir hatten alle das Buch von Tanis Helliwell, „Elfensommer" (Saarbrücken 1999), gelesen. Sie beschreibt da sehr eindrucksvoll ihre Erfahrungen mit Elementarwesen. Die Aussicht, auf der Insel sich ganz dem elementaren Wesen hinzugeben, mag viele Menschen zurückschrecken lassen. Uns hatten diese Schilderungen neugierig gemacht. Aber wie sollten wir uns auf diese neue Erlebniswelt vorbereiten?

Wenn mich mein Freund, Peter Krause (er hatte zusammen mit seiner Frau ein Jugendcamp auf derselben Insel vorzubereiten), fragte, welche Programmgestaltung ich für die Erwachsenen vorsehen würde, konnte ich

---

* **Rainer Kubiessa,** geb. 1943 in Potsdam, ist Klassenlehrer an der Freien Waldorfschule Wendelstein. Außerdem in der Lehrerbildung und im Coaching tätig.
1. Long Island in Nova Scotia. Siehe auch den vorangehenden Artikel von Peter Krause.

ihm, ehrlich gesagt, keine rechte Antwort geben. Was kann man auch tun, damit andere Erwachsene ihre eigenen Erfahrungen an der Natur und an sich selbst machen können?

Wer kann das im voraus wissen? Je näher der Abreisetermin rückte, begann ich mich unwohler zu fühlen. Irgend etwas würden die Teilnehmer doch von mir als Begleiter an Gestaltungen erwarten. Mir war aber klar: Diese Frage mußte offen bleiben.

„Patient just dying"

Oft hilft das Schicksal im richtigen Moment. Etwa drei Stunden vor der Landung in Montreal befielen mich heftige Magenschmerzen – eine Lebensmittelvergiftung, wie sich später herausstellte. Die Krämpfe nahmen von Stunde zu Stunde zu, das Bordpersonal war hilflos. Ein zufällig an Bord befindlicher Arzt spendete Trost und den damit größtmöglichen Beistand. Ich wurde in die Business class verlegt. Kein Mitleid in den Blicken der Passagiere, eher Abscheu.

Es war abgemacht, daß Peter mich am selben Abend vom Festland abholen würde. Wie sollte ich ihm meine neue Situation mitteilen? – Nach drei qualvollen Stunden endlich die Landung! Trotz meiner deutlich sichtbaren Torturen auf meinem Gesicht, folgte nun eine peinliche Befragung durch eine Zollbeamtin. Gnadenlos erfüllte sie ihre Pflicht. Die letzten Worte des freundlichen Arztes an Bord waren: „Sie werden bald in guten Händen sein." Im Krankenwagen erzählte mir der Sanitäter, er habe die Nachricht vom Flugzeug erhalten: „Patient just dying."

Es herrschte eine Gluthitze, und zwischen den Häusern dieser häßlichen Stadt hing eine lastende Schwüle. Und dann dieses Krankenhaus! Es bestand aus einer Ansammlung von halbverfallenen Baracken, die schlecht beleuchtet und, mit europäischen Maßstäben verglichen, unglaublich primitiv eingerichtet waren. Die Gänge standen voll mit Betten, in denen vorwiegend alte Menschen lagen. Sie alle schienen sofortigen ärztlichen Beistand zu brauchen.

Ich begriff, warum der Steward die Meldung „just dying" durchgegeben hatte: eine Präventivmaßnahme, um überhaupt einen schnellen Transport zu erhalten. Die Lage war verzweiflungsvoll. Schwestern und Ärzte liefen nervös durch die Räume, Telefone schrillten, ständig wurden neue Patienten eingeliefert. Das Personal war hoffnungslos überfordert und einem solchen Patientenansturm nicht gewachsen. Meine Krämpfe nahmen ständig zu.

Offensichtlich gab es in dieser Abteilung des Krankenhauses keine Möglichkeit, meine Freunde telefonisch zu benachrichtigen. Also stieg ich wieder von meiner Bahre und schleppte mich durch die Gänge in den Eingangsbereich, bis ich einen Telefonapparat fand, der allerdings nicht funktionierte. Der nächste zeigte ebenfalls „Defect" auf dem Display. Alle Geldwechselautomaten waren leer, die Cafeteria geschlossen. Ich brauchte schließlich eineinhalb Stunden, bis ich den entsprechenden Telefonanruf getätigt hatte. Wieder bei meinem Bett angelangt, sah ich, daß es mit einer neuen Patientin belegt war. Es dauerte fünf Stunden, bis die Ärzte endlich Zeit fanden, mich zu untersuchen. Ergebnis: Lebensmittelvergiftung.

Nein, ich könnte nicht im Krankenhaus über Nacht bleiben, weil keine Betten zur Verfügung stünden.

Obwohl es inzwischen schon Abend geworden war, herrschte noch immer Gluthitze, und ich stand wieder auf der Straße und winkte einem Taxi. Mein Aufzug muß erbärmlich gewesen sein. Einen Menschen mit solch schmerzverzerrtem Gesicht und von der Untersuchung gekennzeichneten Armen wollte keiner der Hotelbesitzer als Gast aufnehmen. Erbrechen auf der Straße. – Ich wollte nicht mehr leben: Lieber sterben, als das hier fortsetzen.

Dann handelte der Taxifahrer. Er ging nun selbst in die Rezeptionen, um für mich zu verhandeln. Beim fünften Motel hatten wir Glück. Ich bekam ein Zimmer.

Eine Entwurzelung

Was mir an diesem Tag widerfahren war, glich einer Entwurzelung. Wie war es möglich, daß sich in nur wenigen Stunden ein kaum zu steigerndes Gefühl von Einsamkeit meiner bemächtigt hatte? Zwei Erfahrungen waren dafür ausschlaggebend: Die erste, in tiefer Not keine menschliche Zuwendung zu erfahren; die zweite, in einer äußerst schutzbedürftigen Lage lange keine Unterkunft zu finden.

Im Nachdenken darüber bin ich heute selbst erstaunt, wie schnell mich veränderte äußere und innere Umstände dazu bringen konnten, mein eigenes Leben nicht mehr leben zu wollen. Was bedeutet das?

Offensichtlich hängt mein Gefühl zu existieren viel stärker an den äußeren und inneren Lebensumständen, als es mir zuvor bewußt war. Sie waren in der Lage, so starke Wirkungen auszuüben, daß sich mein Ich ihrer kaum erwehren konnte. Es war, als ob in wenigen Stunden alle selbstverständlichen Gewohnheiten, alles, worin ich mich selbst erlebte, wie ein Kostüm von mir genommen war. Was danach von mir übrig blieb, war ein kleiner eitler Wille, so nicht mehr weiterleben zu wollen. Begleitet wurde er von dem Gefühl: Wenn ich kein anderes Leben führen kann, ein solches will ich nicht.

Was brachte mich dazu, das größte Geschenk, mein Leben, nicht mehr zu achten? Es bedurfte zwar keiner großen Anstrengung – zu der wäre ich vermutlich auch nicht mehr in der Lage gewesen –, wohl aber eines Entschlusses, um von dem „Ich will nicht mehr" zum „Dein Wille geschehe" zu kommen.

Und dann war da dieser Taxifahrer, der sich für mich einsetzte. Eine Selbstverständlichkeit möchte man meinen, und doch weit gefehlt. Nichts, auch nicht die kleinste Handlung, ist selbstverständlich, wenn es um die Nähe von Mensch zu Mensch geht. Jede menschliche Handlung trägt einen Teil von Gnade in sich.

Die Insel nahm mich auf

Die Weiterreise zum Küstenpunkt, welcher der Insel gegenüberliegt, war beschwerlich, aber ohne weitere Dramatik. Nach stundenlanger Autofahrt an der Küste von Nova Scotia erreichte ich schließlich das Haus von Michael Richardson, dem freundlichen Fischer, mit dessen Boot ich auf die Insel übersetzen sollte. Und dann war da Laura, seine Frau, die mir einen schwarzen Tee kochte. Ich erzählte, wie alles gekommen war, und dann schauten wir aus dem Küchenfenster hinaus auf das weite Meer. Dort hinten irgendwo im Nebel mußte die Insel liegen. Es wurde allmählich dunkel, und aus dem Nebel tauchten plötzlich zwei Gestalten auf: Als Peter und seine Frau Babette mich umarmten, war ich angekommen.

Ich war neugierig, was mich auf der Insel erwarten würde. Das bunte Leben mit den Jugendlichen einerseits, für die ich eine Woche lang bis zu ihrer Abreise einen Englischkurs geben sollte, und andererseits die bezaubernde Landschaft dieser Insel waren es, die mich völlig in ihren Bann zogen. Durch meine Krankheit noch arg mitgenommen, war ich unsicher, wie mir das Zelten auf der Insel bekommen würde.

Etwas völlig Unerwartetes trat ein. Ich hatte mein Zelt unter einigen Tannen direkt am Ufer aufgestellt, umgeben von einer wildwuchernden Natur. Von ihr ging aber nichts Bedrohliches aus, im Gegenteil, mich umgab sofort eine liebevolle Stimmung. Obwohl ich der Natur völlig ausgesetzt war, fühlte ich mich geborgen. Das ging soweit, daß ich den

Wunsch verspürte, mich noch spät in der Nacht auf einen Stein zu setzen, lange meinen Gedanken nachzugehen und die Stille zu erleben – eine Stille, der ich nie zuvor in meinem Leben begegnet war. Ich spürte deutlich: Die Insel hatte mich aufgenommen.

Ein neues Abenteuer

Für die Jugendlichen war der Tag der Abreise gekommen. Es regnete in Strömen. Nachdem wir uns verabschiedet hatten, fuhr ich zum Flughafen Halifax, um meine kleine Erwachsenengruppe in Empfang zu nehmen, es waren drei Personen. Ich freute mich auf sie, und als sie endlich in der Ankunftshalle erschienen, ahnte ich, daß ein neues Abenteuer beginnen würde, aber eines, das gut ausgehen würde. Mich beunruhigte nicht mehr die Frage, was wir auf der Insel tun würden. Ich hatte in Montreal erfahren, was es bedeutet, in zweifacher Hinsicht zu stranden.

Auch meine Gefährten hatten sich aus freiem Willen entschlossen, für eine kurze Zeit in ihrem Leben zu stranden. Auf der Insel würde dies, für jeden der Teilnehmer, in zweifacher Hinsicht erfahrbar werden. Keine feste, schützende Unterkunft mehr zu haben und darüber hinaus auf Hilfestellungen von außen ganz verzichten zu müssen bedeutete in verwandelter Form das gleiche, was mir in der Großstadt begegnet war.

Ich wußte nun auch, was meine eigentliche Aufgabe gegenüber diesen Erwachsenen sein würde: dazusein für jemanden, der in seiner Einsamkeit irgendwann einen Menschen braucht. Interessanterweise hatte keiner von ihnen irgendeine Programmgestaltung von mir erwartet. Im Gegenteil, es hätte sie befremdet, wenn ich so etwas vorgehabt hätte.

Sobald das Wetter es zuließ, zog jeder mit seinem Gepäck über die Insel und suchte sich seinen Zeltplatz. Und so begann jeder ein Leben in selbstgeschaffener Einsamkeit. Alle machten ihre eigenen und ganz unterschiedlichen Erfahrungen. So wollte der eine zuallererst einmal seine mitgebrachten Sorgen und Gedanken zur Ruhe bringen. Für ihn war die Natur, in der er sich befand, zunächst nur ein Ort, wo er dies tun konnte.

Eine Frau, die ausschließlich nur auf offenem Feuer kochen wollte, konnte wegen des vielen Regens keines entzünden. Nachdem sie es drei Stunden vergeblich versucht hatte und ihr vom vielen Blasen schon schwarz vor Augen wurde, kam sie zu mir, um sich auf meinem Kocher einen Tee zu kochen. Sie erzählte mir von ihren spirituellen Wahrnehmungen, die sie an der Natur ihres Umfeldes gemacht hatte. Sie war sehr glücklich darüber, daß ich ähnliche Wahrnehmungen schildern konnte und sie deshalb verstand. Das Verstandensein, das sie bei den anderen Teilnehmern anfangs nicht erfahren hatte, war – wie sie mir später berichtete – ihr entscheidendes Erlebnis, auf der Insel angekommen zu sein.

Eine andere Frau verspürte auf der Insel ein Interesse, mehr von dem Leben der anderen Teilnehmer zu erfahren und auch selbst gefragt zu werden. Anfangs schien es ihr, mit diesem Wunsch allein dazustehen. Nach ein paar Tagen aber begannen die Teilnehmer, sich gegenseitig zu besuchen. Darüber hinaus hatten wir alle das Verlangen, uns alle zwei bis drei Tage zu treffen. Bei solchen Zusammenkünften haben wir regelmäßig etwas gemeinsam unternommen, entweder eine Fahrt auf eine andere Insel oder Arbeiten im Wald.

Reich beschenkt

Gemeinsames Kochen und anschließendes Essen waren willkommene Gelegenheiten, über unsere Erfahrungen sprechen zu können. Aus der Natur der Sache waren diese Gespräche immer wesentlich. Wir lebten ja ständig umgeben von Naturwesen. Dieser gemeinsame Austausch hat uns einander sehr nahegebracht. Jeder hatte das Gefühl, am anderen wachsen zu können. Das war eines der schönsten Erfahrungen überhaupt.

Unsere Erlebnisse in der Natur hatten nun einen ganz eigenen Charakter. Alle Teilnehmer berichteten, am Anfang die Insel in einer abwarteten Stimmung erlebt zu haben. Jeder verspürte die Frage: „Wer kommt da?" und: „Was wollen sie?"

Diese Verhaltenheit änderte sich, als wir es schafften, mehr und mehr innerlich loszulassen und uns auf die Bedingungen der Natur einzustellen. Als wir begannen, die Gegebenheiten um uns herum zu akzeptieren und die Natur als uns vertraute Welt zu erleben, und alles Fremdgefühl überwunden war, geschah etwas sehr Erstaunliches. Täglich begannen wir, neue Dinge zu entdecken, die wir vorher einfach nicht wahrgenommen hatten. Die Natur schien uns selbst als Vertraute zu empfinden und offenbarte sich, indem sie uns Einblick in ihre großen und kleinen Wunder gewährte. Nach fünf Tagen hatte jeder das Gefühl, wenn er abends zu seinem Zelt zurückkehrte, nach Hause zu kommen.

So bildete sich nach kurzer Zeit ein sich gegenseitig tragender Prozeß heraus, der einerseits in die vertiefte Naturbegegnung führte, andererseits eine immer größer werdende Nähe und Wahrnehmung am anderen Menschen ermöglichte. Die Wahrnehmungen des einzelnen wuchsen zu einem gemeinschaftlichen Bewußtsein zusammen. Und dies wirkte wieder stärkend auf den einzelnen zurück. Natürlich läßt ein solcher Prozeß der Individualisierung und des gleichzeitigen Zusammenwachsens keine Stellungsunterschiede zwischen den Beteiligten zu. Wir alle bildeten eine echte Lebensgemeinschaft.

Am Schluß hatte jeder das Gefühl, von allen reich beschenkt worden zu sein. Nicht nur die eingangs mitgebrachten Hoffnungen waren erfüllt worden, sondern Verwandlungen waren geschehen und menschliche Begegnungen, die man nicht mehr mit dem Wort „Erfahrungen" bezeichnen kann.

Eine Liebenswürdigkeit in jedem Moment

Zum Abschluß möchte ich noch die Antwort einer Teilnehmerin auf die Frage: „Welches waren für Dich die wichtigsten Prozesse auf der Insel?" wiedergeben:

„Zu erleben, wie von Tag zu Tag die Menschen und deren Herzen und auch die Wesen auf und um die Insel offener und offener wurden. Ich durfte erfahren, wie unbegründet und sinnlos meine Ängste sind, und konnte sie lassen – loslassen. Ich wollte nach ca. einer Woche mit der Natur um mich verschmelzen und war trotzdem bei mir. Ich weinte vor Glück, und ein Wunsch nach Lebendigkeit erfüllte mich, der mich wacher machte und mir Ideen und Impulse schenkte.

Es setzte eine Klärung ein, Geschehnisse stellten sich vor mein Auge, in denen ich nicht bei mir geblieben war, in denen ich nicht mit mir im Einklang gelebt hatte. Sie wurden mir nochmals deutlich. Diese Stunden trugen für mich viele Impulse meiner Zukunft in sich. Meine Träume spiegelten mir nochmals Nöte, die vor langer Zeit in mein Unbewußtsein versunken waren. Ohne große Emotionalität wollten sie nochmals gezeigt werden. Es war für mich wichtig, sie das erste Mal so still und ruhig anzusehen.

Meine Kräfte und Stärken zeigten sich, und ich erkannte, wie ich in dem Element ‚Feuer' so nahe am Wasser aufblühte. Bis hin zu einer Vision von dem Haus, in dem ich arbeiten werde.

Ich habe Ressourcen gewonnen, die mich tragen werden. Ich bin mir sicher, auch ich konnte der Insel durch meine Einzigartigkeit etwas geben. Etwas, was sie auch brauchen kann. Die Einzigartigkeit jedes Menschen konnte ich in dieser Zeit begreifen wie nie zuvor. Eine Liebenswürdigkeit in jedem Moment."

Eine Reise an die Grenzen des Ich

Interview mit Wilfried Erdmann

von Arfst Wagner

Wilfried Erdmann, *geb. 1940 in Pommern. 1958/59 Radtour nach Indien. 1966–68 allein die Welt umsegelt (Kurs: Karibik, Panama, Tahiti, Kap der Guten Hoffnung). 1969–72 dreijährige Weltumseglung mit seiner Frau Astrid. 1976–79 dreieinhalb Jahre Südseesegeln mit Frau und Kind. 1984/85 in 271 Tagen allein und nonstop um die Welt, von West nach Ost um alle berüchtigten Wetterecken: Shetlands, Kap der Guten Hoffnung, Tasmanien, Kap Hoorn. 1989 doppelte Nordatlantiküberquerung mit unerfahrenen Gewinnern eines Stern-Preisausschreibens. 1993 mit seiner Frau Umrundung der Ostsee in ihrer ganzen Ausdehnung bis hinauf nach Haparanda. 1996 Umrundung der Nordsee: Holland, Belgien, England, Schottland, die Hebriden, Orkneys und Shetlands und die Westküste Norwegens. 2000/01 segelte er in 343 Tagen allein und nonstop gegen die Winde um die Welt.*

Buchveröffentlichungen u.a.: „Mein Schicksal heißt Kathena. Als Einhandsegler um die Welt" (Bielefeld [2]2001); „Die magische Route. Als erster Deutscher allein und nonstop um die Welt" (Bielefeld [3]2001); „Ein unmöglicher

Törn. Transatlantik mit ‚Gatsby' und Gewinnern" (Bielefeld [4]2001); *„Nordsee-Blicke. Eine Segelreise im Gezeitenmeer"* (Bielefeld [3]1999).

Wilfried Erdmann ist wohl der bekannteste deutsche Fahrtensegler. Extreme Reisen beschäftigten ihn von seiner Jugend an. 1958/59 fuhr er auf einem Fahrrad nach Indien. Im Jahre 1966–68 umsegelte er als erster Deutscher einhand, d.h. allein, die Welt. 1969–72 segelte er mit seiner Frau Astrid ein zweites Mal um die Welt. Ein drittes Mal umrundete er den Globus, diesmal einhand und nonstop, mit seiner Aluminium-Sloop „Kathena nui" im Jahre 1984/85 mit den Winden von West nach Ost.

Am 14.08.2000 legte er in Cuxhaven erneut ab, diesmal, um die Welt einhand und nonstop gegen die vorherrschenden Winde, von Ost nach West, zu umsegeln. Sein Kurs führte ihn nach Süden durch den Atlantik, um das Kap Hoorn, südlich an Australien vorbei, durch den Indischen Ozean, um das Kap der Guten Hoffnung und wieder gen Norden nach Hause zurück. Am 23.07.2001, nach 343 Tagen, lief er wieder in Cuxhaven ein. – Aus Überzeugung verzichtet Erdmann bei seinen Touren auf einen Hilfsmotor. So kam es, daß ich ihn bei der Abfahrt zu dieser Weltumsegelung mit seinem Boot aus dem Hafen schleppen durfte. Jetzt besuchte ich Wilfried Erdmann in Goltoft bei Schleswig, um etwas über die Reise zu erfahren.

Arfst Wagner: Sie haben kürzlich im *Stern* ihr Leben in Anbetracht einer sehr kritischen Situation während Ihrer letzten Weltumsegelung wie folgt zusammengefaßt: „Ich bin mit 18 per Fahrrad nach Indien gefahren, bin als erster Deutscher allein um die Welt gesegelt, habe das als einziger Deutscher nonstop wiederholt, habe eine blonde Frau geheiratet, ein Kind gezeugt, ein Haus gebaut, einen Baum gepflanzt, ein Buch geschrieben. War bestrebt, nie mittelmäßige Sachen zu machen." Fangen wir ganz von vorne an: Was hat Sie dazu getrieben, die Reise mit dem Fahrrad nach Indien zu unternehmen?

Wilfried Erdmann: Das liegt schon eine Weile zurück, denn es war im Jahre 1958. Wahrscheinlich liebte ich ganz einfach die Ferne. Es war damals ohnehin populär, etwas mit dem Rad zu unternehmen. Und da ich Radrennfahrer war, lag es für mich nahe, diese Idee umzusetzen. Auch hatte Indien damals eine gewisse Faszination für junge Menschen. Es dauerte sechs Monate, bis ich in Indien war, wo ich dann weitere sechs Monate blieb, weil es mir dort gut gefiel.

Vom Fahrrad zum Boot

A.W.: Wie sind Sie dann vom Fahrradfahren zum Segeln gekommen?
W. Erdmann: Das war ganz einfach. Ich war fast ein Jahr mit dem Rad allein unterwegs. Die Distanzen in Indien waren problematisch, und ich hatte große Strecken zurückgelegt. Ich lag am Strand von Mangalore, einer kleinen Stadt am Indischen Ozean, und befand mich in einer etwas lustlosen Stimmung – wie das so ist nach einem Jahr unterwegs auf dem Fahrrad. Es war schließlich auch sehr anstrengend, das Fahrradfahren beansprucht den Körper sehr. Ich hatte auch sehr wenig Geld und war mager und ausgehungert.

Da lag ich also am Strand und lernte einen Engländer kennen, der auf einem Segelboot wohnte. Er ankerte mit seinem kleinen Boot vor Mangalore in der Bucht. Sein kleines Kajütboot war etwa 6 bis 7 m lang. Er zeigte mir das Boot, und ich war sofort fasziniert, ohne daß wir das Boot bewegt haben. Ich sah die Kojen. Mit dem Rad ist das Schlafproblem groß, und auch das Essen bereitet Probleme. Die ganze Ausstattung auf dem Boot hat mir sehr gut gefallen. Er hatte einen Kocher, um den ich ihn beneidete. Auf dem Boot war man verhältnismäßig unabhängig. Man konnte Tee kochen, wann man wollte usw.

Das kleine Segelboot hat mir so gut gefallen, daß ich die Fahrt mit dem Rad zwar noch kurze Zeit fortsetzte, bald darauf aber nach Deutschland zurückgekehrt bin. Es hat dann noch drei oder vier Jahre gedauert, bis ich die Idee, ein eigenes Boot zu haben, verwirklichen konnte. Die Begegnung mit dem Engländer war ein Glücksfall.

Ein wunderbares Gefühl der Freiheit

A.W.: „Das Segeln befreit und nimmt alle Sinne in Anspruch", steht auf einem Erdmann-T-Shirt. Können Sie das ein wenig erläutern? Was bedeutet das Segeln für Sie?
W. Erdmann: Ich habe gleich und ohne Umschweife mit dem Seesegeln begonnen. Meine erste große Fahrt um die Welt führte ich aus, ohne vorher gesegelt zu haben und ohne die Navigation zu beherrschen. Das ging gut, schließlich war ich jung und ging unbekümmert an die Sache heran. Ich hatte auch ein bißchen bzw. auch mehr Glück. Auf der ersten Reise gefiel mir diese komplette Unabhängigkeit. Es war ein wunderbares Gefühl der Freiheit! Nicht in dem Sinne, daß man machen kann, was man

will – so stellte z.B. das Wetter doch große Anforderungen –, aber ich fühlte mich vollkommen gelöst. Ich mag dieses Leben auf See, und die Erlebnisse, die man da haben kann, sind sehr intensiv.

Man vergißt zunächst alles, was vorher wichtig war: Gedanken an die Gesundheit, ob irgendwelche Rechnungen bezahlt sind, Sorgen usw. Es ist erstaunlich, wie schnell das alles verschwindet. Alle Probleme verschwinden mit dem Land im Kielwasser – zumindest bei mir ist das alles weg. Man hat vielleicht noch eine Weile mit der Trennung von der Familie zu kämpfen. Gerade wenn man mit einer sehr langen Fahrt beginnt, ist das natürlich nicht einfach. Aber das Gefühl der Unabhängigkeit ist das Schöne.

A.W.: Nach Ihrer letzten Reise nannten Sie das Unternehmen „Eine Reise an die Grenzen des Ich". Wie meinen Sie das? Sie haben auf die Frage nach Ihrer Motivation für ein solches Unternehmen kurz geantwortet: „Ich mache das für mich selbst." Können Sie das noch etwas ausführen?

W. Erdmann: Ja, natürlich mache ich die Fahrt für mich. Eine solche wie die letzte – 343 Tage allein und nonstop gegen die vorherrschenden Windrichtungen um die Welt – könnte man nicht für Anerkennung oder Geld durchführen. Das würde man nicht durchstehen. Und Anerkennung habe ich schon für meine anderen Fahrten genügend bekommen. An seine eigenen Grenzen, an die Grenzen seines eigenen Ich stößt man immer, wenn man lange allein unterwegs ist. Man stößt in Grenzbereiche vor.

Ein Berg an Zeit

A.W.: Nun würden aber die meisten Menschen wohl sagen, daß sie eine solche Fahrt gerade unterlassen würden, wenn sie an sich dächten!

W. Erdmann: Nun, das ist ihr Leben. Für mich muß eine Fahrt schon ein wenig risikoreich sein. Es muß ein bißchen kribbeln. Auch meine erste Alleinfahrt mit dem Wind um die Welt hat schon einiges an Unruhe und Anspannung mit sich gebracht. Beide Fahrten habe ich mit der „Kathena nui" gemacht, die eigentlich mit ihren 10,50 m Länge ein wenig zu klein für ein solches Unternehmen ist. Aber ein Reiz muß schon da sein. Man setzt sich den Naturgewalten aus. Man setzt sich der Zeit aus. Es steht ein Berg an Zeit vor einem in dem Element der See, des Wassers. Diese Kombination fasziniert mich. Auch das Einfache ist mir wichtig. Das begann ja schon mit der Reise mit dem Rad, mit 18 Jahren.

A.W.: Verändert sich das Zeitgefühl im Laufe von 343 Tagen? Was ist Zeit auf so einer Fahrt? Man hat eine so lange Strecke vor sich.

W. Erdmann: Ja, die Zeit verändert sich. Wenn man die Meilen mit dem Zirkel absteckt und dann sieht, daß man noch 12.000 Meilen vor sich hat und schon 200 Tage auf See ist, ohne einer Menschenseele zu begegnen, dann spürt man förmlich eine kalte Böe. Die Zeit habe ich aber gut in den Griff bekommen. Ich habe mir hier und da Zeit gegeben. Über die gesamte Fahrt habe ich Feiertage eingelegt, insgesamt so fünf- oder sechsmal. An diesen Tagen kam es mir nicht auf Meilen an, sondern auf Wohlbefinden, auf Wohlgefühl, auch ernährungstechnisch. Dann habe ich ruhiger gekocht, ganz in Ruhe gegessen. Ich bin sozusagen „beigedreht" ...

A.W.: ... innerlich beigedreht?

W. Erdmann: Ja, das hat mir ungeheuer gut getan. Ich habe in normalem Wetter weniger Fahrt gemacht. Gut, ich habe dadurch weniger Meilen gemacht, aber ich habe mir Zeit gelassen. Wenn ich auf jede Meile aus gewesen wäre, hätte ich die Fahrt nicht durchgehalten. Ich wollte nicht an die Zeit und die Meilen denken. Und das auch nicht nur eine Stunde lang, das bringt nichts. 20 Stunden muß eine solche Phase schon dauern. Ich habe mir sozusagen einen Block einer ruhigen Phase geschaffen.

A.W.: Während der Fahrt schaut man auf eine Zeit, die vor einem liegt, aber auch auf die, die man bereits zurückgelegt hat. Das sind doch sicher zwei verschiedene Qualitäten.

W. Erdmann: Das ist schon richtig. Schaut man auf die Zeit zurück, dann denkt man: „Wann war das bloß?" Man hat keinerlei Kommunikation an Bord, keine Post, kein TV etc. Gerade war man noch am Kap Hoorn, aber nach einer Weile ist das schon wieder ganz lange her, ganz weit weg. Die Abfahrt steht einem allerdings noch lange vor Augen, sie ist ein sehr prägender Moment. Das Bild der Abfahrt habe ich nie verloren und werde es wohl auch nicht verlieren.

Was die vor mir liegende Zeit angeht, so wurde sie im Indischen Ozean ein echtes Problem. Da habe ich sogar an Aufgabe gedacht. Ich kenne Kapstadt. Es ist eine schöne Ecke, und ich hatte die Seekarten von dieser Gegend dabei. Die Zeit war vielleicht nicht eintönig, aber es gab zwischen Australien und Madagaskar viel weniger zu tun an Deck. Folglich wurde ich nicht so gefordert. Da hat man dann die Zeit doch mehr im Kopf.

Den Mount Everest rückwärts besteigen

A.W.: Die Strapazen einer solchen Fahrt sind für einen Küstensegler oder einen Menschen, der mit Segeln nichts zu tun hat, eigentlich nicht nachzuvollziehen. Was wäre ein angemessener Vergleich für ein solches Unternehmen? Etwa eine Besteigung des Mount Everest?

W. Erdmann: Natürlich gibt es da einen kleinen verrückten Touch, vor allem bei der Fahrt gegen die See. Selbst Regattasegler versuchen, solche Kurse gegen die See, gegen den Wind zu meiden. Man hat praktisch ständig Gegenwind. Da muß man sehr stark sein und sein Selbst auch mögen, um das überhaupt ins Auge zu fassen, zu beginnen und durchzustehen.

Die erste Fahrt allein und nonstop dauerte 271 Tage und ging mit den vorherrschenden Windrichtungen. Sie würde ich mit der Besteigung des Mount Everest vergleichen. Man nimmt da ja auch den gangbaren, wenn ich auch nicht sagen will, leichten Weg. Leicht ist auch der nicht. So gibt es auch bestimmte Routen, die man segeln kann, die es einem einfacher machen.

A.W.: Man nimmt auch nicht die schwierigste Route beim Besteigen eines Gipfels.

W. Erdmann: Nein. Vielleicht wäre meine letzte Reise damit vergleichbar, daß man den Everest rückwärts besteigen würde. *(Gelächter).* Jetzt

Arfst Wagner schleppt mit seinem Schiff die „Kathena nui" aus dem Hafen. Beginn der Weltumsegelung Wilfried Erdmanns gegen den Wind in Cuxhaven am 14.08.2000.
© Foto: Erdmann

kann man schön darüber lachen. Unterwegs war mir oft gar nicht zum Lachen zumute.

„Du hast das alles für dich!"

A.W.: Einige bekannte Segler wie Arved Fuchs, Burghard Pieske und Rüdiger Nehberg verbinden mit ihren Fahrten verschiedenste Motive. Fuchs segelt z.B. die Rettungsfahrt des Briten Shackleton in der Antarktis nach. Pieske segelt allein in einem Nachbau eines der Rettungsboote der Bounty die viele 1.000 Meilen dauernde Fahrt des Kapitän Bligh nach. Nehberg verbindet seine Fahrten mit seinem Engagement für die Yanomami-Indianer in Brasilien. Was ist Ihr Anliegen, Ihr Motiv für diese extremen Fahrten mit dem Wind und gegen den Wind um die Welt? Auf diesen Reisen haben Sie sich bewußt in Situationen begeben, in denen Sie ganz allein, extrem allein waren. Warum?

W. Erdmann: Nun, extremer kann man gar nicht allein sein, denn große Teile dieser Fahrt war ich 2.000 und mehr Kilometer von jeglicher Zivilisation entfernt. Vielleicht war ab und zu mal ein Schiff in der Nähe. Aber selbst große Schiffe befahren die Route sehr selten. Glücklicherweise für mich, denn die Kollisionsgefahr ist in stark befahrenen Seegebieten für einen Einhandsegler doch zu berücksichtigen. Und man kann ja nicht immer Wache schieben.

Das Alleinsein spürt man auch intensiv. Wenn man auf die Seekarte sieht, dann sagt man sich: „Mensch, dahinten ist Tahiti. Das sind 2.500 km! O Mann, du bist hier vollkommen allein." Und das ist durchaus nicht immer unangenehm. Das ist auch angenehm. Das ist schön, daß du allein in dieser Natur sein kannst! Du hast das alles für dich! Du brauchst auch keine Angst haben, daß du gerammt wirst, weil ja kein Schiff weit und breit da ist. Dieses Alleinsein spürt man sehr stark, und es ist ein ungeheuer schönes Gefühl.

Das Motiv? Ich fahre nicht so gern Leuten nach, die vor 100 Jahren von hier nach dort gefahren sind. Und wenn ich das machen würde, dann würde ich das auch nicht in Begleitung eines anderen Schiffes tun. Wenn, dann allein! Das sportliche Moment ist auch eines meiner Motive. Letzteres gilt sicher auch für Arved Fuchs. Ich segle und plane auch gern lange Strecken. Das habe ich gleich auf meiner allerersten Fahrt in den 60er Jahren so gehalten. Das Ausrüsten für lange Strecken, die Logistik und dann das Segeln, das mache ich unheimlich gern.

Wie eine Fahrt ins Nirgendwo

A.W.: Es klingt so, als habe das auch etwas mit der Suche nach sich selbst zu tun, auch wenn dieser Begriff vielleicht ein wenig verbraucht ist.

W. Erdmann: Das Meer animiert zum Meditativen. Man verliert die Zeit in sich. Es kommen Tage, wo man sich fragt: „Wo ist der Nachmittag geblieben?" Man sitzt quer im Cockpit, das muß man am Wind, weil die Krängung, die Schräglage da ist. Man schaut auf den Horizont, die Reling geht auf und ab. Vor allem, wenn der Horizont etwas diesig ist, bedeckt vom Grau des Südpolarmeeres, dann schaut man stundenlang ins Kielwasser, ins vorübergleitende Seitenwasser – es zieht Adern. Das ist ein wunderschönes Bild, in das man sich regelrecht versenken kann. Man muß sich schon sehr anstrengen, um etwas Ähnliches an Land zu finden. Und sich selbst spürt man in diesen Situationen sehr stark.

A.W.: Natürlich gibt es auch Leute – wie sollte es anders sein –, die Sie bzw. Ihre Unternehmungen für ziemlich verrückt halten.

W. Erdmann: Demzufolge könnte man sagen, daß auch die andere Nonstop-Tour sinnlos war: Du legst in Kiel ab und legst nach 271 Tagen wieder in Kiel an. Wie eine Fahrt ins Nirgendwo. Wenn ich solche Törns für unsinnig halten würde, würde ich sie nicht durchführen.

Freude an der Einsamkeit

A.W.: Kunst ist, nach Goethe, auch ohne Zweck. Ich gehe in ein Konzert, höre mir das Werk an und gehe dann wieder hinaus. Empfinden Sie auch eine solche künstlerische Sequenz im Hinblick auf Ihre Fahrten?

W. Erdmann: Das ist mir natürlich nicht ganz unangenehm, das so zu betrachten. Aber es bleibt sicher für viele schwer nachvollziehbar. Leute, die eine Nacht nach Dänemark hochkreuzen, denken vielleicht: „Das würde ich nicht 343 Tage lang am Stück machen." Aber anspruchsvolleres Segeln liegt mir halt sehr. Ich möchte nicht noch einen Törn in die Karibik machen. Das ist inzwischen doch schon sehr normal geworden. Andererseits habe ich ja auch die Fahrten in die Nord- und Ostsee gemacht und darüber auch Bücher geschrieben. Aber ab und zu soll es dann auch ein bißchen mehr Distanz sein, die ich im Kielwasser lasse. Auch die Planung gehört, wie schon gesagt, absolut zur Fahrt dazu.

A.W.: Manche Menschen können allein sein. Andere suchen auch die Einsamkeit. Wenn man allein ist, muß man sich nicht unbedingt gleich einsam fühlen. Wie sind Sie mit diesen beiden Begleitern Alleinsein und Einsamkeit umgegangen?

W. Erdmann: Ja, das ist ganz klar, daß einer, der allein ist, sich nicht immer einsam fühlen muß. Das wäre auch schlimm, wenn man die ganze Fahrt von Einsamkeit geplagt würde. Dann hätte ich die Fahrt wohl nicht gemacht. Freude muß schon dabei sein. Bei aller Härte darf sie nicht zu kurz kommen. – Aber die Einsamkeit spürt man manchmal auch körperlich: Der Körper wird schwerer. Man geht dann den Arbeiten sehr distanziert entgegen, man muß sich fast selbst treten, um sie zu erledigen, und die Freude kommt zu kurz. Man beginnt, viel zu viel nachzudenken, sieht Bilder von zu Hause und denkt, wie schön doch dies und jenes war.

Auf der anderen Seite hatte ich viele Tage, an denen ich mich darüber gefreut habe, daß ich diese Einsamkeit erleben konnte. Das ist ja nichts Selbstverständliches. Auch nicht, daß man sie gesund erleben kann. Alles läuft gut. Man ist froh. Ein Albatros – den man dann häufig sieht – begleitet einen. Er kreist und kreist. Der Albatros hat ja diese ungeheure Ausdauer. Das sind Bilder, von denen man dann sagt: Welch ein Glück, daß ich so etwas erleben kann! So lang allein zu sein, zu kochen, die Navigation, auch alle anderen Tätigkeiten – alles ist wie getragen von Glück. Auch scheinbar Einfaches wird zu etwas Besonderem. Diese Momente und Situationen überwogen auf der ganzen Fahrt.

Um aber mit der Einsamkeit und dem Alleinsein so umgehen zu können, muß man schon ein bißchen nachhelfen. Es gibt Tage, die einem besonders wertvoll erscheinen. Dazu gehören natürlich Kap Hoorn, die Überquerung des 100. Längengrades, die Halbzeit der Fahrt, das Kap der Guten Hoffnung. Aus diesen Situationen habe ich mir Feiertage gemacht, die auf besondere Weise begangen wurden. Ich habe sie regelrecht zelebriert, mich schick angezogen, mal was Frisches, damit man wieder einen guten Geruch hat. Ich habe auch ein bißchen ausgiebiger gekocht, eine Dose Bier extra geöffnet. Es ist nicht nur die Verbesserung der äußeren Qualität, sondern es ist wichtig, auch mit dem Kopf dabei zu sein. Das hilft unheimlich, damit eine Alleinfahrt nicht zu einer quälend einsamen wird.

Wirklich allein

A.W.: Ich denke, diese Hinweise können – ein wenig transponiert – Menschen auch im normalen Leben helfen. Es gibt ja viele Menschen, die zum Teil schwer unter Einsamkeit leiden.

W. Erdmann: Auf meiner ersten Nonstop-Fahrt hatte ich damit sehr viel mehr Probleme. Ich denke auch, in dieser Hinsicht kann man einiges lernen.

Meinem Sohn Kym fiel z.B. auf, daß diesmal auf den Fotos von unterwegs alles so sauber aussah. Ich habe einfach viel mehr auf Ordnung geachtet. Einmal auch schon wegen der Schräglage, mit der man permanent zu tun hat, wenn man am Wind segelt. Außerdem klappert alles, da auch die See von vorn kommt, und das ging mir auf den Geist. Es mußte immer alles gleich aufgeräumt werden. Das andere war die Kleidung. Auf der ersten Nonstop war ich nachlässig angezogen, jetzt war ich ehrgeiziger. Die ganze Einstellung war eine andere. Ich wollte einfach nicht wieder so absacken. Ich habe auf der ersten Nonstop auch unregelmäßiger gegessen. Ich habe mal um 5 Uhr, mal um 8, dann um 10 gegessen, wie es gerade kam, irgendwann eben, und alles lag rum, ziemlich unordentlich. Diesmal habe ich die Ordnung konsequenter gehandhabt. Ich fühlte mich manchmal wie ein Spießbürger und habe darüber gelacht. Gegessen wurde immer zwischen 9 und 10 Uhr und dann zu einer bestimmten Zeit am Nachmittag. Das habe ich immer eingehalten – ich muß hinzufügen: Wenn das Wetter es erlaubte.

A.W.: Sie haben den Tagesablauf durchrhythmisiert.

W. Erdmann: Ja. Das mußte auch immer in guter Stimmung passieren, denn sonst wäre ich in Cuxhaven nicht angekommen.

Und noch etwas: Man muß sich schon sehr mögen, um eine solche Unternehmung durchzuführen. Manchmal muß man sich während einer solchen Fahrt auch sagen: „Ich lieb mich mehr als alles andere", auch wenn es schrecklich ist, das zuzugeben, besonders wenn man eine Familie zu Hause hat. Aber selbst die Bilder von der Familie verblassen nach einer Weile. Dann ist der Zeitpunkt gekommen, wo man wirklich allein ist, wenn diese Bilder von Menschen, die du magst, beginnen zu verlaufen.

Über 300 Tage sind schon sehr lang

A.W.: Kann man durch diese Konsequenz lernen, mit Einsamkeit und Alleinsein zu leben?

W. Erdmann: Das ist im Kleinen sicher möglich. Ich weiß aber nicht, ob ich der Richtige bin, diese Frage zu beantworten. Ich war generell schon früh in meinem Leben gern allein. Das ist meine Basis. Die trage ich irgendwie im Körper, sie ist mir offenbar mitgegeben worden. Es gibt natürlich Menschen, die können nie allein sein. Die würden eine solche oder eine ähnliche Fahrt gar nicht erst ins Auge fassen. Über 300 Tage sind dann doch schon sehr lang, und dann auch noch auf See! Nicht etwa auf einer Insel, was für viele sicher schon schwer genug wäre. Auf See hat man noch zusätzliche Aufgaben, z.B. bei schwerem Wetter. Die Sicherheitsrisiken sind doch wesentlich höher. Man kann sich keine Nachlässigkeiten leisten. Allein die vielen Gänge aufs Vordeck, Segelwechsel, Reffen usw.

A.W.: Schwankender Boden allein ist für viele Menschen schon nicht auszuhalten.

W. Erdmann: Wenn man auf einer Insel wäre, könnte man sagen: „Heute schlafe ich den ganzen Tag. Es passiert ja nichts." Auf dem Schiff kommt man manchmal tagelang nicht zum Schlafen, auch in der Nacht nicht. Vielleicht kann man ein wenig dösen, das ist dann aber auch schon alles. Du mußt die Segel reffen, egal wie müde du bist, egal wie das Wetter ist, egal ob du dich wohl fühlst, du mußt einfach alles im Griff haben. Sonst schadet es zumindest dem Material, oder es geschieht Schlimmeres.

Fünfmal so schwierig

A.W.: Besitzen Fahrten wie die beiden Nonstop-Touren eine Art innerer seelischer Gesetzmäßigkeit? Sie haben als einziger Deutscher zwei derartige Fahrten unternommen. Wenn Sie beide Fahrten vergleichen, gibt es Übereinstimmungen? Kamen Krisen etwa zur selben Zeit? Gab es eine etwa entsprechende Annäherung an das eigene Ich? Die Fahrt beginnt mit dem ersten Gedanken, den man auf sie richtet. Spielt sich neben diesen äußeren Dingen – Logistik Durchführung usw. – auch eine Art innerer Prozeß ab?

W. Erdmann: Der ist schwer in Worte zu fassen. Die Fahrten liegen 15 Jahre auseinander. Ich habe mich auch verändert. Aber tatsächlich waren die Fahrten sehr unterschiedlich. Natürlich existierte der Wind, es gab Wasser und Wellen. Die zweite Fahrt war bekanntlich gegen den Wind, und das macht doch einen wesentlichen Unterschied. Es ist fünfmal so schwierig. Ein Beispiel:

Vor dem Wind – also wenn der Wind von achtern weht – kommt es beim Wechseln oder Reffen der Segel nicht auf fünf Minuten an. Nichts flattert, nichts knallt, kein Segel killt. Das Segel kann auch ruhig am Fall hängen, der Wind kann ja nicht hineingreifen. Ich kann mich in Ruhe mit der Sicherheitsleine und dem Lifebelt einpicken, absichern. Alle Arbeiten vor dem Wind sind viel einfacher, selbst wenn das Boot rollt. Am Wind –

„Kathena nui" vor Steward Island, Neuseeland 2001. Foto: Kym Erdmann

wenn der Wind von vorn kommt – beginnt es schon mit dem Durchholen der Fock. Das Geräusch ist viel stärker, und es beeinflußt mehr, als man denkt. Der Kraftaufwand ist wesentlich höher. Die Windstärke verdoppelt die Gefahr, das Risiko. Allein durch diese Dinge ist es eine ganz andere Fahrt gegen den Wind als vorm Wind. Dazu kommt die Dauerschräglage. Die macht das Leben sehr, sehr viel härter. Interessanterweise habe ich aber festgestellt, daß ich auf dem Törn vor dem Wind viel häufiger krank war.

Alle Am-Wind-Kurse im Kielwasser

A.W.: Nach der ersten Nonstop-Fahrt haben Sie gesagt, die 271 Tage seien so etwa das Limit dessen, was ein Mensch aushalten kann. Die letzte Fahrt hat aber 343 Tage gedauert. Wie war das nun auszuhalten?

W. Erdmann: Natürlich hatte ich Krisen. So bekam ich zunächst einen ordentlichen Push, nachdem ich das Kap der Guten Hoffnung passiert hatte. Das war am 15. Mai 2001. Da hatte ich noch 69 Tage vor mir. So in etwa wußte ich das schon. Ich kenne die Strecke und konnte das in etwa abschätzen. Das war ein richtiger Höhepunkt der Fahrt. Alle Am-Wind-

Kurse waren im Kielwasser, die Kaps auch. Nun hatte ich günstigere Winde. Es wurde alles leichter, für mich und für das Boot. Eigentlich sollte jetzt nichts mehr passieren. Der Rest war eigentlich nur noch abzusegeln.

Dann wurde mir die Zeit aber doch noch sehr, sehr lang. Zudem war auch die Ernährungslage schlecht, mein Proviant sehr knapp, was die Zeit gefühlsmäßig noch wesentlich verlängerte. Sonst sagt man sich vielleicht: „Na, jetzt koche ich mir dies und das und verbringe damit die Zeit." Das war aber nicht drin, weil ich außer Reis und Bohnen nicht mehr viel hatte. Es war dann eine lange Zeit. Ich habe das Ende der Fahrt doch schon sehr herbeigesehnt und fast zu oft die Restdistanz mit dem Zirkel abgesteckt.

A.W.: Ist es im nachhinein vorstellbar, diese beiden Nonstop-Fahrten auch zu zweit gemacht zu haben?

W. Erdmann: Nein. Ich glaube, das wäre schier unmöglich. Auch mit der eigenen Frau. Für mich wäre der Reiz der Sache dann weg.

Eine wunderschöne Seekarte

A.W.: Wenn Sie nahe an Land vorbeigesegelt sind, z.B. an Tasmanien oder am Kap der Guten Hoffnung, was war das für ein Gefühl zu wissen, da könnte man jetzt einlaufen? War das eine Versuchung?

W. Erdmann: Der Gedanke, eine solche Fahrt abzubrechen, wird sehr dadurch beeinflußt, was in der Nähe liegt. Hat man von der Gegend die Seekarten? Sonst ist sowieso nichts machbar. Ich hatte natürlich für diesen Fall einige Seekarten mit. Es hätte ja etwas passieren können, gesundheitlich oder mit dem Boot. Man wäre dumm, so etwas nicht einzuplanen. Und da hatte ich u.a. auch Seekarten von der Südküste Australiens. Albany hieß der Hafen. Ich hatte eine wunderschöne Seekarte dabei. Es ist auch ein wunderschöner Hafen, jedenfalls auf der Karte, mit vorgelagerten Inseln und dem Königlichen Yachtclub. Eine Kleinstadt, alles sehr schön. Und ich war gut 300 Meilen entfernt, also nicht sehr weit. Aber ich hatte mir ja schließlich etwas vorgenommen. Und wenn man das dann abbricht ...

Glücklicherweise hat man immer noch viel Zeit, den eigentlichen Kurs wieder einzuschlagen, nachdem man ihn in der Richtung eines Hafens geändert hat. Selbst wenn man einen Tag lang in die Richtung des Hafens segeln würde, kann man sich sagen: „Nein, jetzt drehst du wieder ab." So verlockend wie Albany und Kapstadt war sonst gar nichts auf meiner Fahrt. Eine gewisse Versuchung habe ich schon gespürt.

Seltsame Träume

A.W.: Wenn man so weit weg ist von aller Zivilisation, wie sieht man dann die Beziehungen, in denen man sonst als Alltagsmensch lebt? Reflektiert man diese Lebensumstände aus dem Abstand, oder verdrängt man sie?

W. Erdmann: Besonders in den Träumen geht man mit der Vergangenheit um. Erstaunlicherweise tauchen in den Träumen Bilder auf, die sehr lange zurückliegen. Manches, was beim Liegen in der Koje so in den Träumen aufsteigt, liegt 30 oder 40 Jahre zurück. Das ist so seltsam, daß man darüber manchmal richtig lachen kann! Die Bilder sind sehr plastisch, und es sind Bilder, die sonst wirklich nicht kommen. Sie reichen sehr weit in die Vergangenheit zurück. Man träumt mehr, wenn man allein ist.

Ansonsten habe ich nur wenige Gedanken darauf verwendet, wie es in meinem Alltag aussieht. Und immerhin hat meine Frau in der Zwischenzeit ein Haus gebaut. Über all das habe ich mir nicht viel Gedanken gemacht. Das war auch so beabsichtigt. Ich habe mir gesagt, daß ich so eine Fahrt nie wieder machen werde. Ich bin jetzt doch in einem gewissen Alter. Und meine Gedanken mußte ich auf die Fahrt richten, alles andere hätte mich viel zu sehr belastet. Man lebt doch in seiner eigenen Welt auf dem Boot. Wenn ich allerdings Nachtwachen hatte, besonders im Sturm, wenn die Zeit elendig lang und es wirklich scheußlich wurde, habe ich manchmal doch so etwas hervorgeholt. Damit verkürzt man etwas die Zeit. Dann beschäftigt man sich mit Episoden aus der Vergangenheit.

Ein blechtrockener Sender

A.W.: Wie blickt man aus der Entfernung auf die Weltsituation, von der man höchstens über einen Kurzwellenempfänger dies und das mitbekommt? Wie erlebt man die Nachrichten?

W. Erdmann: Ich bin nun nicht unbedingt ein politischer Mensch. Die Nachrichten sind nicht so wichtig für mich. Einen Kurzwellenempfänger hatte ich mit. Die *Deutsche Welle* konnte ich empfangen. Manchmal dachte ich: „Wie schrecklich, und wie gut geht's mir!" Bei den Sendungen aus Berlin fiel mir allerdings bei den Kommentaren der Politiker auf, mit wie wenig Herz sie sprachen. Sie sprachen sehr hart und hatten kaum Gefühl in der Stimme. Auf so etwas habe ich geachtet. Harte Mitteilungen und Statements waren zu hören. Leider ist die *Deutsche Welle* ein ziemlich blechtrockener Sender. Es gab wenig Amüsantes.

A.W.: Nach vier Weltumsegelungen, die Sie hinter sich haben, möchte ich einmal fragen, ob sich für Sie der Globus, die Erdkugel, geändert hat. Ist er in Ihrem Bewußtsein durch die Fahrten größer oder kleiner geworden? Ist die Erde rund?

W. Erdmann: Man spürt förmlich und intensiv die Entfernungen. Wenn man im Südatlantik ist, dann ist das Gefühl noch nicht so stark, daß man weit weg ist von der Heimat, aber so in der Nähe von Neuseeland, da tritt das schon recht massiv auf. Man weiß, daß es die Hälfte der Fahrt ist, und es ist der Punkt, der am weitesten weg ist. Ob das dann unangenehm ist, hängt davon ab, wie man sich insgesamt fühlt.

Die Erdkugel wird auf jeden Fall nicht kleiner. Auf der letzten Fahrt wurde die Erde sehr groß.

„Ich konnte nichts mehr tun"

A.W.: Auf der letzten Fahrt hat es eine Situation gegeben, in der Sie mit Ihrem Leben abgeschlossen hatten. Was war da los?

W. Erdmann: Das war nun gar nicht mehr zum Lachen! Das war einer der ganz wenigen schweren Stürme überhaupt in meinem Leben. Ich bin innerlich und äußerlich total abgesackt und konnte eigentlich auch nichts mehr tun. Ich war der Situation einfach ausgesetzt. Ich habe schließlich nur noch in der Kajüte verharrt und abgewartet, was geschehen würde.

Während verschiedener Stürme habe ich oft an der Pinne gesessen. In diesem Fall war ich aber drinnen, weil es draußen viel zu gefährlich wurde. Ich hatte wirklich alles getan, ich konnte nichts mehr tun. Das ist immer schlimm, wenn es dann doch kritisch wird. Ja, und dann hatte ich abgeschlossen. Man denkt sich: „Na, es war doch ganz schön." Die Stunden werden dann lang. Und man überlegt sich, was man wohl so als letztes denkt. Es war furchtbar und sehr ernst. Besonders schlimm waren die kurzen Wellen. Es krachte und knallte von allen Seiten. Im Schiff flog alles durcheinander, obwohl ich sehr sorgfältig auf Sicherheit bedacht gewesen war und alles gut verlascht hatte. Konserven flogen wie Geschosse durch die Kajüte. Es wurde mir bewußt, daß ich nur durch 4 oder 5 mm Aluminium von diesen Wellen entfernt war. Ja, da bin ich wirklich abgesackt.

A.W.: Und wenn es dann doch weitergeht ...?

W. Erdmann: Nun, in der Regel ist es so, daß man nach einem Sturm aufs Neue die Segel setzt und sich freut, daß es vorbei ist. Man zieht sich neue Kleidung an. Alles ist vergessen. Aber diesmal war es schon anders.

Ich habe sehr gezögert, das Boot wieder in Gang zu bringen, ich bin nur zögerlich wieder in Fahrt gekommen. Vielleicht kam auch das Ernährungsproblem hinzu, denn der Körper machte nicht mehr so mit.

„Mein Ernährungszustand hat die Moral untergraben"

A.W.: Der Proviant war zu dieser Zeit schon knapp geworden?

W. Erdmann: Ja, sehr knapp. Ich habe schon rationieren müssen und viel zu wenig gegessen, wenn man die Beanspruchung, die Aufgaben betrachtet, die Tag und Nacht zu erledigen waren. Mein Ernährungszustand hat die Moral schon ein wenig untergraben.

A.W.: Stimmt es, daß Sie keinen Fisch essen?

W. Erdmann: Ja, zu dumm, ich habe mein Leben lang eine Fischallergie.

A.W.: Von See werden oft Geschichten mitgebracht, die man Seemannsgarn nennt. Haben Sie auf Ihrer letzten Fahrt etwas erlebt, was für Sie unerklärlich geblieben ist? Haben Sie ein Logbuch geführt?

W. Erdmann: Ja, habe ich, aber alles kann ich hier nicht erzählen, es muß auch etwas für mein Buch übrigbleiben.[1]

Ich habe genau Logbuch geführt, zunächst sogar zwei Logbücher. Einmal das sozusagen normale, dann ein zweites, wesentlich persönlicheres, das ich aber eigentlich nicht einmal meinem Sohn zu lesen geben kann. Mit dem persönlichen habe ich nach einer Weile auch aufgehört, weil es sehr viel Arbeit war, alles doppelt zu schreiben, und es wurde auch schwerer, beide inhaltlich zu trennen. Ich kam durcheinander. Irgendwann habe ich gesagt: „Schluß damit, alles kommt in eines. Es liest sowieso nur die Familie." Es ist allerdings weniger ein Logbuch, mehr ein Tagebuch.

Die Rückkehr

A.W.: Wie war der Empfang bei der Rückkehr in die Zivilisation?

W. Erdmann: Ich wurde großartig empfangen, von der Familie und auch von sehr vielen Freunden und Bekannten.

A.W.: Ihre Frau und Ihr Sohn spielen für Sie eine wesentliche Rolle bei Ihren Unternehmungen. Wie sind Sie mit der Trennungssituation vor, während und nach der Fahrt zurechtgekommen?

---

1. Das Buch von Wilfried Erdmann über seine gerade zu Ende gegangene Weltumsegelung erscheint voraussichtlich im Januar 2002 bei Delius Klasing, Bielefeld, unter dem Titel: „Allein gegen den Wind".

Wilfried Erdmann unmittelbar nach seiner Rückkehr in Cuxhaven.
© Foto: Arfst Wagner

W. Erdmann: Das ist eigentlich normal, daß einem da so einiges sehr schwer fällt. Die Abfahrt in Cuxhaven war eine der ganz schwierigen Situationen. Es fiel mir außerordentlich schwer. Ich habe mich auch ein bißchen für meinen Gefühlsausbruch während meiner Abschiedsrede geschämt. Das war schon so schlimm, daß ich sogar davon geträumt habe, wie schlecht ich mich da ausgedrückt habe. Im Traum habe ich gesagt: „Ich segle von Dortmund nach Dortmund." Ich habe wirklich geträumt, daß ich das zum Abschied gesagt habe. – Wie es nach der Fahrt ist? Nun, ich bin ja noch gar nicht richtig wieder angekommen.

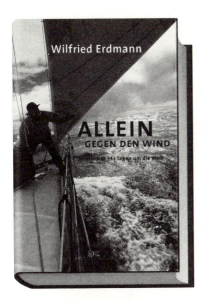

Die Geschichte einer Grenzerfahrung

Wilfried Erdmann ist ein leiser Held, der nie viel Aufhebens um seine Person gemacht hat – und einer der größten deutschen Ausnahmesportler. Stets auf der Suche nach dem Extrem, umrundete er schon drei Mal allein die Erde. Seine vierte Weltumseglung – gegen Strom und Wind – führte ihn dieses Jahr an seine Grenzen.

Allein gegen den Wind
320 Seiten, 60 Farbfotos, 38 S/W-Abbildungen
€ 22,90 | ISBN 3-7688-1343-6
Ab Mitte Januar im Buch- und Fachhandel

DELIUS KLASING

Sidney Saylor Farr

Tom Sawyers Nah-Todeserfahrung und die Wandlung seines Lebens

Übersetzt aus dem Amerikanischen
von Dagmar Dhyvert
204 Seiten, kart., DM 32,–
ISBN 3-926841-82-6

Tom Sawyer, ein ehemaliger Radrennfahrer, wurde im Jahr 1978 von seinem Lastwagen zerquetscht, als dieser bei einer Reparatur auf ihn fiel und seinen Brustkorb auf neun Zentimeter zusammendrückte. Aber Tom Sawyer überlebte als medizinisches Wunder, obwohl er 15 Minuten klinisch tot war. Während dieser Zeit hatte er eine umfangreiche Nah-Todeserfahrung, die sein späteres Leben von Grund auf veränderte.

Er schwebte durch einen Tunnel in ein unermeßlich schönes Lichtreich, erlebte das totale Wissen, die Liebe des Christus, sein gesamtes Lebenspanorama und eine Schau in die Zukunft.

Das Buch über Tom Sawyer beschreibt nicht irgendeine der vielen Nah-Todeserfahrungen, sondern eine der umfangreichsten und kraftvollsten überhaupt, von der bisher berichtet wurde. Es besticht vor allem auch durch die Schilderung dessen, was sich im Leben danach für Tom Sawyer verändert hat und was er den Menschen in unzähligen Gesprächen und Kursen an heilenden Impulsen mitgeben konnte.

Zu beziehen über den Buchhandel
oder direkt beim Verlag
(zzgl. Porto u. Verpackung)

Flensburger Hefte Verlag
Holm 64, D-24937 Flensburg
Tel.: 0461/ 2 63 63 Fax: 0461/ 2 69 12
e-Mail: flensburgerhefte@t-online.de

Allein zum Ziel

Interview mit Rüdiger Nehberg

von Wolfgang Weirauch

Rüdiger Nehberg, *geb. 1935, ist Deutschlands bekanntester Abenteurer und Überlebenskünstler. Seit Anfang der 1970er macht er immer wieder mit seinen Expeditionen Schlagzeilen – ebenso mit seinem Engagement für die Rettung der Yanomami, die Erhaltung des Regenwalds und zuletzt mit seiner Initiative gegen die Verstümmelung von Frauen. Seine Reisen dokumentierte er in vielen Büchern und TV-Filmen.*

1951–60 Radtouren um die halbe Welt. 1965–90 selbständiger Konditor. 1970/72/75 Blauer Nil in Äthiopien. 1977 Danakil-Wüste in Äthiopien. 1980 Beginn des Einsatzes für die Yanomami. Ab 1980 Aktivist für Menschenrechte. 1981 Deutschlandmarsch – 1.000 km ohne Nahrung von Hamburg nach Oberstdorf. 1980–2000 Yanomami-Projekte. 1987 per Tretboot über den Atlantik. 1992 per Bambusfloß von Senegal über Brasilien, Karibik,

zum Weißen Haus. 1995 Bau einer Krankenstation im Yanomami-Land. 1996 Australienmarsch. 2000 „The Tree": auf einer massiven Tanne von Mauretanien nach Brasilien. 2000 Gründung von „Target – Gezielte Aktionen für Menschenrechte". Ab 2001 Einsatz gegen weibliche Genitalverstümmelung und für die Waiapí-Indianer im Amazonas-Regenwald.
Buchveröffentlichungen u.a.: „Survival – Die Kunst zu überleben" (München [20]1997, [5]2000); „Mit dem Baum über den Atlantik. ‚The Tree' / Der Australienmarsch / Gefangen in Jordanien" (München 2000); „Überleben in der Wüste Danakil" (München [5]2001); „Yanonámi. Überleben im Urwald" (München [2]1999); „Die Rettung der Yanomami" (München 2000); „Im Tretboot über den Atlantik" (München [2]2000); „Abenteuer am Blauen Nil / Drei Mann, ein Boot zum Rudolfsee" (München 2001).
Internet: **www.target-human-rights.com**

Würden Sie gerne einmal hautnah allein über den Ozean schippern, fast nackt durch den Urwald gehen oder, dem Verdursten nahe, der Hitze der Wüste trotzen? Allein den Elementen ausgesetzt, nur auf sich, die eigene Körperkraft und einige überlebensnotwendige Utensilien vertrauen? Was für die meisten Menschen der totale Horror wäre, das Höchstmaß an Einsamkeit und Alleinsein, Rüdiger Nehberg hat diese Situationen bewußt aufgesucht.

Kaum ein Mensch in der heutigen Zeit hat so viele spektakuläre und abenteuerliche Reisen und Aktionen hinter sich wie Rüdiger Nehberg. Zweimal allein über den Atlantik von Westafrika nach Brasilien, nur mit einem Tretboot bzw. einem Baumstamm als Fahrzeug trotzte er den Elementen Wind und Wellen; einmal legte er dieselbe Strecke zu zweit auf einem Bambusfloß zurück.

Lesen Sie im nachstehenden Interview, wie ein Mensch allein, aber nicht einsam, wirklich das Letzte aus sich selbst herausholt, um in Extremsituationen zu bestehen, Orkane und haushohe Wellen, bewaffnete Überfälle, wilde Tiere im dichten Urwald und die Hitze in der Weite der Wüste zu überleben.

Mittlerweile ist Rüdiger Nehberg 66 Jahre alt, aber damit keineswegs weniger agil und rastlos. Zusammen mit seiner Lebenspartnerin Annette Weber bereitet er für die kommende Zeit eine seiner wichtigsten Aktionen vor – seine proislamische Allianz gegen die Genitalverstümmelung von Mädchen und Frauen in Ägypten und der südlichen Sahara. Lesen Sie, auf welche Weise er einem seiner Lebensziele – der Deklaration durch führende Vertreter des Islam, daß Genitalverstümmelung Gottesanmaßung ist – bereits nähergekommen ist. Noch hängt diese Aussage nicht über der Kaaba in Mekka, aber die Chancen sind groß, daß die aus alten vorislamischen Traditionen stammende Genitalverstümmelung, die Millionen von Frauen zu lebenslangem Leid verdammt, in absehbarer Zeit eingedämmt, vielleicht sogar weitgehend abgeschafft wird.

Neugier auf die Welt

Wolfgang Weirauch: Hatten Sie als Kind schon Reise- und Abenteuerlust?

Rüdiger Nehberg: Bereits mit vier Jahren soll ich meiner Mutter das erste Mal ausgebüchst sein, und erst zwei Tage später fand mich die Polizei und brachte mich nach Hause. Ich habe auch sehr gerne und oft im Garten geschlafen. Glücklicherweise hatte ich sehr tolerante Eltern, die es mir auch erlaubten, mit jungen Jahren die Nachbarschaft mit meinem Fahrrad zu erkunden. Ich habe noch die Notzeiten des Zweiten Weltkriegs erlebt und ergriff deswegen einen krisenfesten Beruf in der Bäcker- und Konditorenbranche. Das war für meine Abenteuerlust natürlich vollkommen perspektivlos.

Parallel zu meinem Beruf habe ich aber immer die Abenteuerei weiterentwickelt. Ich habe niemals eine Stelle angenommen, bei der ich nicht unbezahlten Urlaub bekommen konnte. Wenn dies dann doch nicht möglich war, habe ich gekündigt und verschwand für einige Monate. Diese Abenteuerlust ist irgendwie in mir veranlagt, allerdings nicht durch meine Familie. Die war hauptsächlich durch seriöse Banker geprägt, deren einzige Aufregung war, wenn die Zinsen gesenkt oder angehoben wurden.

W.W.: Haben Sie eine Erklärung dafür, woher Ihre Abenteuerlust kommt?

R. Nehberg: Nein, das war immer so. Ich war immer neugierig auf die Welt. Wenn ich auf einen Berg stieg, sah ich dahinter den nächsten und wollte auch diesen besteigen. Und auch dahinter gab es dann wieder etwas Interessantes zu sehen. Damals gab es auch noch kein Fernsehen, und deshalb mußte man sich durch eigene Anschauung informieren.

W.W.: Was war Ihre erste größere Reise?

R. Nehberg: Das war eine Fahrradtour nach Marokko in meinem 18. Lebensjahr. Ich wollte dort Schlangenbeschwörung lernen. Marokko ist 1956 von Frankreich in die Unabhängigkeit entlassen worden, und in den

Jahren zuvor hatte es im Land viele blutige Auseinandersetzungen gegeben. Deshalb habe ich meinen Eltern mein Reiseziel verschwiegen und gesagt, daß ich nach Frankreich fahren würde. Dort habe ich einem Freund fünf Postkarten hinterlassen, von denen er eine pro Woche einwarf.

Aber als ich wiederkam und meinem Vater erzählte, daß ich mit dem Fahrrad durch Marokko gefahren sei, war er sehr glücklich und stolz auf mich, und er hat mich motiviert, weitere ähnliche Reisen zu unternehmen. Er selbst war gehbehindert, da er von Geburt an ein zu kurzes Bein hatte. Er wurde bei der Geburt verletzt, so daß er bis zum sechsten Lebensjahr in Gips liegen mußte. Deswegen konnte er keine abenteuerlichen Reisen unternehmen. Anderseits wurde er aber auch nicht zum Krieg eingezogen, was wiederum seine Rettung war.

W.W.: Was hat Sie an der fremden Kultur in Marokko gereizt, und wie hat diese auf Sie gewirkt?

R. Nehberg: Das war ungeheuer spannend. Ich kannte die Städte Casablanca, Marrakesch und Tanger nur aus Filmen, und mit einem Male erlebte ich sie in der Realität. Ich sah, daß die Menschen dort tatsächlich im Burnus herumlaufen und abends auf den Plätzen zusammensitzen und Pfefferminztee trinken. Das hat mich fasziniert. Irgendwie war es für mich eine Art Karl May-Erlebnis. Marrakesch war für mich ein 1001-Nacht-Erlebnis: die Färbergasse, der Platz Dschemma el-Fna, die Schlangenbeschwörer, die Wasserverkäufer, Kamele, die Nähe der Wüste, die Stadtmauern. Das hat mich vollkommen begeistert. Damit begann auch mein Interesse am Islam und am Orient überhaupt.

W.W.: Haben Sie denn in Marokko Schlangenbeschwörung lernen können?

R. Nehberg: Dabei gibt es eigentlich nicht viel zu lernen. Theoretisch wußte ich auch schon vorher, wie es geht, weil ich mich immer für Schlangen begeistert habe. Ich habe auch jahrzehntelang Schlangen gehalten, zuerst in einem Käfig, später in einem großen tropischen Raum. In Marokko wollte ich einfach kennenlernen, was man mit den Schlangen alles drumherum veranstaltete. Leider gehen die Menschen dort mit den Schlangen sehr brutal um, indem sie ihnen die Zähne oder die Giftdrüse rausreißen, mitunter sogar den Mund zunähen. Zähne können nachwachsen, deswegen ist aus Sicht vieler marokkanischer Schlangenbeschwörer das Zunähen des Mundes das Sicherste.

Im Hamburg wollte ich im Hansa-Theater mit sechs unverletzten Tieren auftreten, fand aber keine Versicherung, die dies abdeckte, so daß das

Hansa-Theater meine Aufführung nicht zuließ. Ich wollte in einem großen Glaskäfig auftreten, damit die Schlangen nicht entkommen könnten, und wollte vor mich einen Korb hinstellen und die Schlangenbeschwörung durchführen. Anschließend wollte ich den Zuschauern erklären, wie die Schlangenbeschwörung funktioniert. Schlangen können nämlich nicht hören, nehmen die Musik also gar nicht wahr. Wenn eine Kobra Angst hat, richtet sie sich auf und macht mit ihrem gespreizten Nackenschild eine Drohgebärde. Beim Zuschlagen ist sie sehr langsam, und sie hält die Flöte für ihren Gegner. Sie riecht mich mit der Zunge. Die Flöte und ich sind für die Kobra eins. Meistens hat die Flöte vorne noch einen dicken Kürbis, wodurch sie die Flöte ganz deutlich sieht. Wenn ich vor ihr sitze und Musik mache, hört die Kobra nichts, und die Musik dient lediglich der Täuschung der Menschen. Wenn ich aber mit der Flöte hin- und her-, vor- und zurückwiege, dann folgt die Schlange dieser Bewegung. Sie folgt dem Kürbis, weil sie denkt, daß er sie angreift. Wenn ich mich schnell auf sie zubewegen würde, dann würde sie in den Kürbis reinbeißen. Ist man aber in den Bewegungen behutsam und steigert die Schnelligkeit nur langsam, dann folgt sie dem Kürbis, so daß es für den Zuschauer aussieht, als würden wir zusammen tanzen.

Außerdem hatte ich vor, nach der Schlangenbeschwörung eines der Tiere zu melken, um den Zuschauern zu beweisen, daß die Schlangen noch im Vollbesitz ihres Giftes sind. Das machte für mich auch den Reiz aus: sechs Giftschlangen unter Kontrolle zu halten. Da diese Veranstaltung aber abgelehnt wurde, hatte ich die sechs Kobras nur zu Hause bei mir.

W.W.: Haben Sie dort entsprechende Aufführungen gemacht?

R. Nehberg: Ja, manchmal, wenn ich Besuch hatte.

„Ich war zu einer Mumie geschrumpft"

W.W.: Sie sind Einzelkämpfer: Was bedeutet für Sie der Kampf eines Einzelmenschen gegen die Gewalten der Natur?

R. Nehberg: Im Grunde habe ich nie versucht, gegen die Natur anzukämpfen, sondern habe mir durch sie klargemacht, wo meine Grenzen liegen und wo die Kräfte der Natur ihrerseits ihre Grenzen haben, so daß sie mich nicht überwältigen können. Ich habe die Kräfte der Natur grundsätzlich respektiert, mich auf sie eingestellt und mir auch klargemacht, daß ich gewisse Dinge nicht überleben würde, während anderes, was im ersten Anblick erschreckend wirken mag, doch kontrollierbar ist. Das gilt sowohl für den Ozean als auch für die Wüste. Man kann mit Hitze, Durst und Orkanen fertigwerden, wenn man das entsprechende Wissen und die notwendige Ausrüstung hat.

W.W.: Welcher Kampf ist schwerer: der gegen Hitze, Kälte, Nässe, Sturm, Urwald, wilde Tiere, Hunger, Durst oder der gegen sich selbst, gegen die Verzagtheit, die Bequemlichkeit, Verlockungen des Alltags, Leidenschaften, Angst, schwach zu werden?

R. Nehberg: Der Kampf gegen den inneren Schweinehund ist auf jeden Fall der schwierigere. Es kommen immer wieder Momente, in denen man sich fragt, wozu man solche Aktionen überhaupt macht oder ob einem diese Aktion so viel wert ist, um sie fortzusetzen. Diesen inneren Schweinehund habe ich vor allem auf meinem Marsch durch Deutschland kennengelernt, der für mich ein Training für Brasilien war. Ich wollte wissen, wie lange ich ohne Lebensmittel auskommen kann, denn ich wollte möglichst wenig Gepäck haben, wenn ich zum ersten Mal zu den Yanomami-Indianern gehen würde. Nachdem ich 14 Tage gelaufen war und damit gut fertig wurde, wollte ich eigentlich aufgeben, aber ich hatte mir vorgenommen, Oberstdorf an der österreichischen Grenze zu erreichen. Und ich habe mich überwunden und es geschafft.

W.W.: Sind Sie hier oben in Flensburg gestartet?

R. Nehberg: Nein, nicht in Flensburg, sondern in Hamburg.

W.W.: Haben Sie wirklich nichts gegessen während dieser 14 Tage?

R. Nehberg: Ich habe ein ganz bißchen dazugefuttert in Form von Heuschrecken, manchmal auch Holunder. Ich hatte mir die Bedingung gestellt, nicht zu stehlen, nicht zu wildern, keinen Mundraub zu begehen und auch nachts keine Kuh zu melken. Ich habe hauptsächlich von meiner Körpersubstanz gelebt und pro Tag ein Pfund abgenommen. Als ich ankam, war ich 25 Pfund leichter, geschrumpft zu einer uralten Mumie. Davon gibt es ein Bild, auf dem ich grauenerregend aussehe. Aber ich war um zwei Erfahrungen reicher: Nach drei Tagen hatte ich keinen Hunger mehr – es überkommt einen dabei eine wunderbare Gelassenheit –, und ich wußte, daß ich 1.000 km fast ohne Nahrung marschieren konnte. Dadurch war ich für den Urwald fit, zumal es im Urwald heißer ist und man dadurch weniger Nahrung braucht.

W.W.: Waren Sie dehydriert, oder warum sahen Sie wie eine Mumie aus?

R. Nehberg: Der Körper baut Fett ab und später die Muskulatur, um Nährstoffe zu bekommen, mit denen Körperwärme erzeugt werden muß.

W.W.: Warum haben Sie das bürgerliche Leben als Konditor aufgegeben?

R. Nehberg: Als Konditor habe ich nie Erfüllung gefunden, es war einfach eine Zweckmäßigkeit. Und nur für diesen Beruf war ich bei den Banken kreditwürdig. Ich hatte mich mittlerweile in Hamburg selbständig gemacht und besaß einen 50-Mann-Betrieb. Diesen Betrieb hätte ich sicherlich eher aufgegeben, wenn ich nicht so tolle Mitarbeiter gehabt hätte, auf die ich mich sehr verlassen konnte, so daß ich als Selbständiger pro Jahr drei bis vier Monate ausscheren konnte. Aber letztendlich hatte ich den Punkt erreicht, an dem ich nun endgültig mein Hobby zum Beruf machen wollte.

Mord am Nil

W.W.: Auf einer Ihrer Nil-Touren wurden Sie in bewaffnete Kämpfe verwickelt, bei denen auch einer Ihrer Begleiter erschossen wurde. Was ist damals geschehen?

R. Nehberg: Wir sind den Blauen Nil bis nach Äthiopien gefahren, und normalerweise hält man gewisse Gegenden für ein Niemandsland. Das ist aber ein Irrtum, denn jedes Gebiet auf der Welt, jede auch noch so entfernte Wüste gehört irgend jemandem. Und oft betrachten die Menschen, die in diesen Gegenden leben, einen Besuch als Eindringen in ihre Region, so als würde zu mir jemand durch mein Fenster in meine Wohnung steigen. Aber weil dort scheinbar niemand wohnte, fuhren wir auf dem Blauen Nil weiter, und eines Morgens waren wir von 14 Mann umstellt. Als Michael, mein Kameramann, auf sie zuging, um sie zu begrüßen, schossen sie sofort. Sie hatten kein Wort gesprochen, er kam auf zwei Meter an sie heran, und dann schossen sie ihm in den Kopf. Daß mein anderer Begleiter und ich nicht getroffen wurden, war reines Glück. Aber dann konnten wir uns zur Wehr setzen, denn unter unserem Hemd hatten wir unseren Überlebensgürtel versteckt.

Das Verstecken dieses Überlebensgürtels gehört zur Taktik, damit man von niemandem richtig eingeschätzt werden kann und scheinbar unbewaffnet wirkt. Wir wußten allerdings, daß es ein Räubergebiet war und auch andere vor uns dort schon erschossen worden sind. Auch war es nicht meine erste Tour in dieses Gebiet des oberen Blauen Nils. Allerdings hatte ich die Schüsse bei meinen früheren Reisen für Warnschüsse gehalten, denn die Kugeln wurden nie sichtbar, man sah nicht einmal einen Aufplatscher im Wasser. Nun aber wußten wir, daß es nur Zufall war, daß sie uns nicht getroffen hatten.

Damals haben wir auch einen anderen Mord aufgedeckt, einen Doppelmord an zwei Amerikanern. Wir entdeckten ganz frische Spuren von ihnen und kurz darauf in einem Todeslager ihre Tennisschuhabdrücke. Einen Tag vorher hatten uns Einheimische, die am Fluß Wasser holen, einen Brief dieser Amerikaner gezeigt. Sie wollten als erste den Blauen Nil abwandern und fühlten sich umringt, bedroht und schrieben diesen Sachverhalt an den Finder des Briefs. Sie hatten auch ihre Namen niedergeschrieben, so daß ich später die Eltern in den USA benachrichtigen konnte. Wahrscheinlich wurden sie genau an der Stelle ermordet, an der man auch Michael ermordet hatte.

W.W.: Wie konnten Sie entkommen?

R. Nehberg: Die Mörder hatten nicht erwartet, daß wir bewaffnet waren, und beim ersten Schuß flohen sie in den Wald. Wahrscheinlich wollten sie uns dann aus der Deckung heraus in aller Ruhe abknallen, denn natürlich fühlten sie sich wegen ihrer größeren Zahl überlegen. Wir lagen am Strand des Nils, an einem flachen Ufer ohne Gebüsch. Mein Freund schlug vor, alles liegenzulassen und abzuhauen. Wir ließen also unser Camp zurück, kappten das Seil des Bootes, sind mit dem Boot als Deckung ins Wasser gesprungen und haben uns von der Strömung forttreiben lassen. Nach etwa 100 Metern sind wir ins Boot geklettert und befanden uns die nächsten fünf Tage auf der Flucht. Dann wurde eine Suchaktion mit 50 Polizisten und Hubschraubern gestartet, mit dem Resultat, daß wir die Mörder fangen konnten. Der Haupttäter, bei dem auch unsere Ausrüstung gefunden wurde, erhielt acht Jahre Gefängnis.

Allein auf dem Ozean

W.W.: Dreimal haben Sie den Atlantik überquert, zuerst mit dem Tretboot. Wie haben Sie Ihre Angst vor dem Ozean überwunden, und welche Willensanstrengungen mußten Sie unternehmen, allein los- und immer weiterzufahren?

R. Nehberg: Beim ersten Mal fuhr ich allein, und es war wirklich schlimm, meine Angst vor dem Ozean zu überwinden. Ich wußte, daß ich so hart, wie mich ein Orkan gegebenenfalls testen würde, noch niemals getestet worden bin. Ich vertraute einfach meinem Fahrzeug. Gleichzeitig wußte ich, daß der Wind aus dem Rücken kommt und man nicht gegen ihn und die Strömung ankommen kann. Als ich losfuhr, gab es nur noch einen Weg nach Hause: den über Brasilien. Aber das wußte ich alles vorher, insofern war es kein Drama.

Natürlich wird man nervös, man zittert, und ich habe die Nächte vorher kaum geschlafen. Ich war so aufgeregt, daß ich fast vibrierte. Ich bin überhaupt kein Seemann und hatte immer Angst vor dem Wasser. Andererseits wußte ich aber, daß mein Schiff meine Insel ist. Ich war an das Fahrzeug angebunden, denn wenn ich über Bord gespült worden wäre, hätte ich es schwimmend nie mehr erreichen können. Das Tretboot war so leicht, daß es auch fuhr, wenn ich nicht trampelte. Fast war es wie ein Luftballon, den man aufs Wasser wirft und der von dem leisesten Wind davongetrieben wird. Ich wußte beim Abfahren, daß es kein Zurück geben würde und ich mit mir selbst klarkommen mußte.

W.W.: Wie lange sind Sie beim ersten Mal gefahren?

R. Nehberg: Beim ersten Mal 72 Tage, beim zweiten Mal mit dem Bambusfloß zusammen mit Christina Haverkamp 53 Tage. Allerdings haben wir die Fahrt verlängert und sind noch nach Washington gefahren, so daß wir insgesamt 4.1/2 Monate auf dem Wasser waren. Mein Rekord war die dritte Reise mit dem Baumstamm, denn ich habe es in 43 Tagen geschafft, von denen sogar noch sieben Tage Flaute waren. In der Seefahrt heißt es „Länge läuft", und bei dem Baumstamm war wirklich alles auf Länge getrimmt: Die 20 Meter Tanne waren wie ein Speer, der durchs Wasser schnitt.

W.W.: Bitte beschreiben Sie das Gefühl, allein auf dem Wasser, fast ganz den Naturgewalten ausgeliefert zu sein.

R. Nehberg: Man fühlt sich plötzlich nicht mehr als Krone der Schöpfung, auch wenn ich mich nie so gefühlt habe, aber das wird einem ja meistens suggeriert. Statt dessen fühlt man sich als kleines Mosaiksteinchen in dem Weltengefüge der Elemente. Gleichzeitig überlegt man ständig, ob alle Vorkehrungen ausreichend waren und ob man das, was der Mensch an Unterlegensein mitbringt, technisch aufgewogen hat, so daß man den Kräften widerstehen kann.

In der Zivilisation ist alles abgesichert, ich habe Wärme, Licht und Lebensmittel und muß nicht wissen, wie man Getreide anbaut oder eine Kuh melkt. Das machen andere für mich. Auf dem Wasser aber war ich ganz allein und mußte alles selbst entscheiden. Und das ist ein tolles Gefühl, man wird von Glücksgefühlen durchströmt und bekommt mehr Selbstvertrauen für die Zukunft.

Vor allem durch mein Survival habe ich gemerkt, daß ich kein Sklave der Zivilisation bin und notfalls auch monatelang allein klarkommen kann. Und das gibt innere Zufriedenheit.

W.W.: Kann man überhaupt schlafen, wenn man allein auf dem Wasser ist?

R. Nehberg: Zunächst ist man aufgeregt, und der Schlaf wird verdrängt. Aber irgendwann wird er übermächtig, und dann entwickelt sich Gleichgültigkeit. Es wird einem klar, daß eine Kollision mit einem anderen Schiff unwahrscheinlicher ist, als die Nadel im Heuhaufen zu finden. Ich habe dann einfach geschlafen und konnte abschalten.

Dem Meeresgott ein Schnippchen schlagen

W.W.: Die zweite Tour haben Sie zusammen mit Christina Haverkamp unternommen. Welcher Unterschied ist es, wenn man zu zweit fährt?

R. Nehberg: Das hat den großen Vorteil, daß man Freuden und Leiden teilen kann. Das sind ganz andere Dimensionen, denn geteilte Freude ist doppelte Freude, und geteiltes Leid ist halbes Leid. Das ist toll. Man kann zu zweit Pläne machen, und da wir beide aktionistisch veranlagt sind, erlebten wir fast täglich ein gegenseitiges Berauschen, und wir versuchten immer wieder, dem Meeresgott noch ein neues Schnippchen zu schlagen. Zu zweit fühlt man sich also ungleich sicherer, weil man weiß, daß, wenn der eine ins Wasser fällt, der andere ihn noch bergen kann. Wir hatten auch immer eine 50 m lange Leine hinter dem Floß laufen, an die man sich notfalls noch hätte klammern können. Außerdem kann man sich unterhalten, die Zeit verrinnt schneller. Wenn ich dagegen allein war, habe ich mir entsprechend viel Arbeit mitgenommen, vor allem Lesestoff, damit ich nie Langeweile hatte. Denn sonst würde man in der Einsamkeit verblöden.

W.W.: Wovon haben Sie sich ernährt, als Sie mit dem Baum über den Atlantik gefahren sind?

R. Nehberg: Fische waren meine Frischnahrung. Davon gab es reichlich. Bei meinen langsameren Fahrten mit dem Tretboot und dem Floß konnten mir fast alle Fischarten mühelos folgen, bei meiner schnelleren Fahrt mit dem Baumstamm allerdings nur noch Goldmakrelen bzw. Doraden. Sie werden etwa 1,50 m lang, und von diesen Torpedos hatte ich etwa immer 60 um mich herum als Begleitschutz. Vor allem nachts sieht man sie, wenn man die Beleuchtung anmacht. Das ist ein ganz phantastisches Bild. Natürlich tauchen auch manchmal Haie auf.

W.W.: Haben Sie die Fische roh gegessen?

R. Nehberg: Nein, ich hatte einen Kocher mit; außerdem auch andere Lebensmittel. Ich konnte mir alles kochen bzw. braten. Da mein Schiff sehr wackelte, hatte ich nur eine kleine Gasflamme und konnte mir nicht auf mehreren Flammen verschiedene Sachen kochen. Ich hatte alles mögliche mit, z.B. auch Kaffee und Müsli. Auf meiner ersten Fahrt hatte ich einen Fehler mit dem Müsli gemacht. Ich hatte es vorher an Land gemischt und in einem großen Kanister mitgenommen. Durch die große Hitze war alles nach 14 Tagen verdorben, weil die Nüsse ranzig wurden. Mir wurde schlecht, ich mußte mich übergeben, und erst nach geraumer Zeit bemerkte ich, daß ich nicht seekrank war, sondern daß es an den verdorbenen Nüssen lag.

Dieses Mal hatte ich die Zutaten des Müslis getrennt aufbewahrt, denn wenn dann etwas gammlig geworden wäre, hätte ich es wegwerfen können. Ähnlich erging es mir mit dem Öl. Ich hatte bei meiner ersten Fahrt Öl zum Braten mit. Ich wollte das Öl nicht in Glasflaschen mitnehmen, weil diese einen Orkan kaum überstanden hätten. Deswegen hatte ich das Öl in einen Kanister geschüttet, in dem es ebenfalls ranzig wurde. Das waren Erfahrungen, aus denen ich gelernt habe.

„Die Einsamkeit hat mich beglückt"

W.W.: Hatten Sie auf Ihren Reisen Einsamkeitserlebnisse?

R. Nehberg: Ich hatte Einsamkeitserlebnisse, allerdings habe ich sie mir herbeigesehnt. Wegen ihnen bin ich gefahren, und die Einsamkeit hat mich niemals bedrückt. Wahrscheinlich erlebt ein Mensch die Einsamkeit als etwas Negatives, wenn er unerwartet einsam wird. Wenn z.B. ein Touristikdampfer untergeht und sich ein Mensch in ein Boot retten kann und allein über den Ozean dümpelt, vielleicht sogar an Wassermangel leidet, dann wird er wahrscheinlich an dieser Einsamkeit verzagen. Mich aber hat die Einsamkeit beglückt. Am meisten hat mich die Einsamkeit der Wüste beglückt, nur mit Kamelen allein durch eine Wüste zu ziehen. Das Verschmelzen mit dem Kamel und der übrigen Natur habe ich genossen. Man weiß, es wird 10 Uhr, die Hitze wird größer, ab spätestens 11 Uhr muß man sich einen Schatten bauen. Dabei hatte ich fortwährend beglückende Einsamkeitserlebnisse.

W.W.: Wie relativieren sich die Kleinigkeiten des Alltags, wenn man lange allein auf Reisen ist?

R. Nehberg: Wenn ich zu Hause bin, mag ich morgens gerne einen starken Kaffee trinken. Das ist fast eine Zeremonie und gehört zum Alltag. Auch am Tage brauche ich hin und wieder einen Kaffee und lebe in dem Gefühl, nicht ohne Kaffee auskommen zu können. Aber auf Reisen ist dieses Gefühl vollkommen weg. Der ganze Tagesablauf wird anders, auf einmal schmeckt einem Tee, und man nimmt sich sogar vor, auch zu Hause nur noch Tee zu trinken.

W.W.: Wie verändert sich das Verhältnis zu den wichtigen Dingen: vertraute Menschen, Politik, Gesellschaft?

R. Nehberg: Wenn man allein auf Reisen ist, sind einem die vertrauten Menschen natürlich immer noch nah. Nun gehöre ich nicht zu denjenigen Menschen, die ständig mit Freunden zusammenkommen, aber wenn ich mich mit ihnen treffe, gibt es immer viel zu erzählen. Meine Zeit in der Einsamkeit war immer absehbar, so daß ich niemanden vermißt habe. Gesellschaftliche Dinge wie Partys haben mich ohnehin nie interessiert. Auf Reisen in fremden Ländern sieht man natürlich andere Politikergesichter auf Plakaten. Wenn dies chaotische Länder sind, dann sind es oft Mafiosi, und automatisch stellt sich dann der Gedanke ein, ob ein Ausländer unsere Politiker genauso bewertet. Aber im Grunde genommen relativieren sich die politischen Anschauungen auf Reisen sehr stark, man sieht alles ziemlich sachlich und glaubt, die Verhältnisse besser durchschauen zu können.

W.W.: Welche inneren Veränderungen sind in Ihnen vorgegangen, wenn Sie lange allein waren?

R. Nehberg: Man bekommt über viele Punkte des Lebens Klarheit, weil man sehr viel Zeit hat nachzudenken. Darüber hinaus setzt man sich Ziele, schmiedet Pläne. Ich habe beispielsweise Häuser gezeichnet, die ich bauen wollte, habe mir Projekte ausgedacht, die ich später auch teilweise realisiert habe. Der Vorteil ist, daß einen nichts ablenkt. Das Telefon klingelt nicht, ich habe keinen Termin morgens früh um 8 Uhr mit Herrn Weirauch, ich muß keinen Vortrag halten – man bekommt ein völlig anderes Verhältnis zur Zeit. Deswegen läuft auch das ganze Denk- und Handlungsschema anders ab, und man lernt Wesentliches von Unwesentlichem zu trennen.

W.W.: Können Sie die Unterschiede zwischen physischer, seelischer und geistiger Einsamkeit anhand Ihrer Erfahrungen beschreiben?

R. Nehberg: Einsamkeit im Sinne von Verloren- oder Verlassensein habe ich so gut wie nie empfunden. Seelisch war ich auf jeder Reise mit meinen Freunden in Deutschland verbunden, genauso mit meinen Idealen. Geistig bin ich nie einsam gewesen, weil ich die Zeit immer für neue Ideen nutze. Ich habe so viele Pläne, die ich in meinem Leben überhaupt nicht mehr realisieren kann. Deshalb muß ich Prioritäten setzen. Unterschiede zwischen physischer, seelischer und geistiger Einsamkeit habe ich eigentlich nie bemerkt.

„Ich blieb allein in der Wüste zurück"

W.W.: Was war Ihr wichtigstes Einsamkeitserlebnis?

R. Nehberg: Das war eher ein Erlebnis physischer Art, als ich in der Danakil-Wüste in Äthiopien war. Wir hatten Mangel an Wasser, und meine Freunde schwärmten aus, um Wasser zu suchen. Ich blieb allein zurück. Und in solchen Momenten malt man sich natürlich aus, was geschieht, wenn die Freunde kein Wasser finden, verdursten oder nicht den Weg zurück finden, weil der Sturm die Spuren verweht. In dieser Situation habe ich mich richtig einsam gefühlt und auch ein bißchen Bammel gehabt. Denn der Verdurstungstod ist sehr schlimm.

W.W.: Wo ist man eigentlich einsamer: allein auf dem Meer bzw. in der Wüste oder unter vielen Menschen, die einem nichts zu sagen haben?

R. Nehberg: Natürlich unter dieser Art von Menschen. Für mich gibt es nichts Schlimmeres, als eine Einladung zu einem gesellschaftlichen Ereignis zu bekommen, bei dem Gastgeber damit prahlen, wen sie alles kennen und wo man nur Small talk abwickeln kann. Das ist für mich vergeudete Zeit, und ich bleibe nie lange. Wenn ich mich dem Gastgeber verpflichtet fühle, dann komme ich, um ihm eine Freude zu machen, aber dann sehe ich zu, daß ich schnell wieder verschwinde.

Todeserlebnisse vor dem Eingang zur Hölle

W.W.: Wie oft standen Sie an der Todesschwelle?

R. Nehberg: Bewußt war es noch nicht so oft, unbewußt dagegen häufiger. Im Laufe meines Lebens habe ich 22 bewaffnete Überfälle erlebt, oft auch sehr ernstzunehmende Bedrohungen. Das begann z.B. in Jordanien, als ich mit einem Boot von Aqaba über den Golf von Aqaba zur Sinai-Halbinsel hinüberrudern wollte. Ich war damals in Begleitung von zwei Freunden, und wir kamen aus Jordanien nicht mehr heraus, hatten uns aber vorgenommen, in irgendeiner Weise rund ums Mittelmeer zu reisen.

Aber unten am Roten Meer kamen wir aus dem Vierländereck Saudi-Arabien, Israel, Ägypten (damals Sinai) und Jordanien nicht hinaus. Diese Ecke war gut bewacht, niemand ließ uns aus dem Land. Deshalb hatte ich die Idee, Ruder zu basteln und uns ein Ruderboot zu klauen – einer meiner Freunde wollte dieses Boot später wieder zurückbringen. Aber die Grenze war besser bewacht, als wir dachten.

Als wir schließlich unterwegs waren, kamen plötzlich von allen Seiten Motorboote. Die Soldaten waren ungeheuer aufgeregt, stolperten über ihre auf dem Boot fest verankerten Maschinengewehre, schrien in totaler Hektik herum, und in dieser Situation hatte ich einen Moment, in dem ich dachte: „Wenn einer der Soldaten durchdreht, dann ist es um uns geschehen." Für diese Aktion bekam ich zwei Monate Gefängnis.

Zwei andere Todeserlebnisse waren das schon geschilderte am Blauen Nil, ein anderes in der Danakil-Wüste in Äthiopien. Dort gab es eine Regel: Wer allein durch die Wüste geht, ist Freiwild. Aber einmal sind wir doch allein aufgebrochen, um einen permanent aktiven Vulkan zu besteigen. Er war 23 km entfernt, und man konnte ihn sehen. Diese Strecke wollten wir ohne Führer bewältigen. Alle – unsere Führer wie auch die Bewohner des Dorfes, in dem wir uns gerade befanden – sprachen von diesem Vulkan als von dem Eingang zur Hölle. Alle hätten dort auch schon den Teufel hineinlaufen und herauskommen sehen. Weil alle diese Angst hatten, dachten wir, daß wir dort auch keinem Menschen begegnen würden, und gingen allein. Wir waren zu dritt.

Aber es kam anders: Vier Leute hatten uns gesehen und bedrohten uns prompt mit ihren Waffen. Wir selbst waren unbewaffnet, weil es in dieser Gegend lebensgefährlich war, Waffen zu tragen, denn Waffen waren dort heiß begehrt, so daß man wahrscheinlich wegen des Waffenbesitzes ermordet worden wäre. Im ersten Moment dachten wir, daß die vier uns umbringen wollten. Irgendwann entdeckten sie unseren Überlebensgürtel und das darin befindliche Geld. Währenddessen überlegten wir, wie wir drei Unbewaffneten mit vier Bewaffneten fertig werden könnten. Das Schlimme war, daß uns drei untersuchten, während uns der Vierte aus Distanz mit seiner Waffe in Schach hielt. Wir hätten also nicht viel unternehmen können. Aber als sie das Geld fanden, kippte die Stimmung ins Positive, sie hatten endlich etwas gefunden und jubelten und packten sogar unsere Pässe zurück in unseren Überlebensgürtel. In dieser Sekunde war uns klar, daß sie uns überhaupt nicht töten wollten, und nachdem wir versprochen hatten, sie nicht zu verfolgen, ließen sie uns gehen.

Das war eine Stufe auf dem Weg zu lernen, wie Überfälle ablaufen. Meist wird laut krakeelt und in die Luft geschossen, daß man sich vor Angst in die Hose macht und denkt, daß die letzte Lebenssekunde gekommen ist. Aber dann habe ich begriffen, daß diese wilde Verhaltensweise zur Strategie des Überfalls gehört, um den Gegner einzuschüchtern, damit er schneller alles Wertvolle herausrückt. Wenn sie einen wirklich töten wollten, hätten sie es vom ersten Moment an tun können. Daraus habe ich gelernt, spätere Überfälle ganz gelassen hinzunehmen. Später habe ich alles Gegenständliche lieber herausgerückt, denn das ist im Gegensatz zum Leben ersetzbar.

W.W.: Wie verändert sich das Bewußtsein, wenn der Körper völlig erschöpft oder von Hunger oder Durst total ausgezehrt ist?

R. Nehberg: Das ist ein Moment, in dem man sich der Situation ganz hingibt und sich ihr unterwirft. In so einem Moment weiß man, daß es wahrscheinlich nicht weitergeht, und man ist damit einverstanden zu sterben. Aber das sind meist momentane Schwachpunkte, denn irgendwann kommt man wieder zur Ruhe und erholt sich. Wenn man dem Körper eine Verschnaufpause oder einen kleinen Schlaf gibt, sammelt er wieder den Überlebenswillen an, und es geht weiter.

W.W.: Haben Sie in solchen Momenten seelisch-geistige Erlebnisse gehabt, wie z.B. daß das Leben in Bildern rückwärts abläuft?

R. Nehberg: Nein, das habe ich nie erlebt. Ich bin Realist und in keiner Weise esoterisch angehaucht.

Das Adrenalin spritzt aus den Poren

W.W.: Erlebt man die Welt in Gefahrensituationen intensiver, z.B. in dem Moment, als Sie von Jaguaren auf einen Baum getrieben worden sind?

R. Nehberg: Ja. Man merkt, wie jede Faser aktiviert ist, man spürt förmlich, wie das Adrenalin aus den Poren spritzt, man ist superaufmerksam, ungeheuer kampf- bzw. verteidigungsbereit. Bei dem Erlebnis mit dem Jaguar war es eine Mischung aus allem: Mir war klar, daß der Jaguar schneller und stärker ist als ich und daß ich keine Chance hätte, wenn er auf den Baum klettern würde, auf den ich mich geflüchtet hatte. Ich war ihm völlig ausgeliefert, aber er hatte mich noch nicht gewittert, denn dort oben wehte im Gegensatz zum Boden ein leiser Wind. Wäre er hinaufgeklettert, hätte ich einen Warnschuß abgegeben, denn meinen Überlebensgürtel hatte ich dabei. Die meisten Tiere reagieren auf Schüsse mit Flucht.

Allerdings habe ich Bilder von ihm geschossen. Es war ein Zustand aus Angst und Faszination. Denn mir war klar, daß ich etwas erlebte, was wahrscheinlich kaum einer der Milliarden auf Erden lebenden Menschen je erlebt hat. Insofern war es ein ungeheures Glücksgefühl, auf diese Weise eins mit der Natur zu sein.

W.W.: War es nur ein Jaguar, oder waren es zwei?

R. Nehberg: Es waren zwei, was ich aber während der Nacht auf dem Baum noch nicht wußte. Immer wenn ich mit meiner kleinen Taschenlampe nach unten leuchtete, sah ich nur einen, und ich sah, wie er meinen Fleischproviant fraß und einen Blechkanister zerbiß, weil ich an ihm meine blutigen Hände abgewischt hatte. Wenn ich hinunterleuchtete, habe ich fotografiert, und erst später beim Entwickeln der Bilder habe ich gesehen, daß es zwei Jaguare waren. Vielleicht haben sie mich auch nicht richtig wahrgenommen, weil es womöglich ein liebestrunkenes Pärchen war.

In den Gewalten des Meeres

W.W.: Können Sie die Gewalt des Meeres und des Windes beschreiben, und zwar in ihrer Schönheit, aber auch in ihrer Gefährlichkeit für den Menschen?

R. Nehberg: Mich haben immer die riesigen Wellen fasziniert. Wenn ich auf einem Frachter fuhr, der in einen Sturm geriet, habe ich mich nicht so sicher gefühlt wie auf meinen kleinen Fahrzeugen. Ein langes Schiff befindet sich manchmal auf zwei Wellenbergen und kann deshalb in der Mitte brechen. Heck und Bug liegen jeweils auf einem Wellenkamm, und durch das Gewicht des Schiffes gerät es ins Vibrieren und bricht dann in das Wellental. Ich habe Stürme auf Schiffen erlebt, bei denen das Schiff überhaupt nicht mehr von der Stelle kam.

Mit meinen kleinen Fahrzeugen konnte ich nie auf zwei Wellenkämme geraten, ich wurde immer nur nach oben gehoben und sank wieder ins Tal hinab. Auf meine Fahrzeuge wirkten die Gewalten, die ein großes Schiff aushalten muß, überhaupt nicht. Ein langes Schiff kann eher auseinanderbrechen als mein Baumstamm. Ein Brett, das auf den Wellen schwimmt, ist auch nach einem Orkan nicht zerstört. Mein Baumstamm war 22 m lang, aber die Wellen auf dem Ozean sind viel länger, so daß ich mich immer nur auf einer Welle befand. Und der Baumstamm war so dick – vorne 140 cm Durchmesser, hinten 85 cm –, daß ihn kein Orkan zerbrechen könnte.

Sturm und Wellen hätten mir aber die Aufbauten wegreißen können. Ein m³ Wasser entspricht 1 t Gewicht, und wenn diese Menge mit 5 km/h ankommt, entspricht das bestimmt annähernd 5 t Gewicht. Und das ist schon eine ungeheure Wucht. Ich selbst war an den Baum angebunden, aber wenn mir alle Aufbauten weggerissen worden wären, wäre ich nicht nach Brasilien gekommen, sondern wäre mit der Strömung in die Karibik getrieben worden. Aber darauf war ich eingestellt, und ich hatte dafür eine eiserne Reserve im Baum.

Die Weite der Wüste ...

W.W.: Wie verändert sich das Bewußtsein des Menschen, wenn er diesen Gewalten des Wassers und des Sturmes ausgesetzt ist?

R. Nehberg: Man fühlt sich ungeheuer gesund, wie ein intaktes Lebewesen, und alle Gesellschaftsprobleme, die man zu Hause hat, sind wie weggeblasen. Sie werden absolut unwichtig, denn man ist nur mit sich selbst und den Gewalten der Natur beschäftigt. Und eigentlich fühlt man sich pudelwohl, wenn man bemerkt, daß man in ihnen bestehen kann. Das stärkt auch das Selbstbewußtsein.

W.W.: Wie ist es demgegenüber in der Wüste?

R. Nehberg: Dort lernt man die Kamele lieben, denn sie werden zu Kameraden. Man achtet jeden Tropfen Wasser. Man lernt, Tiere zu bewundern, wie den Skorpion oder die Schlange, die ohne Wasser auszukommen scheinen und die morgens den Tau von den Gräsern lecken, was ihren Wasserbedarf deckt. Man fragt sich, wie es möglich ist, daß ein solches Tier nicht austrocknet. Das ist die verkörperte und totale Anpassung an Hitze und Wasserlosigkeit.

... und die Enge des Urwalds

W.W.: Und wie verändert sich das Bewußtsein im Urwald? Wird man dort nicht total trunken von der Fülle der Natur?

R. Nehberg: Genau, man wird trunken von der Pracht des Urwalds. Man riecht den ständigen Modergeruch, es ist so, als wäre man in den Verwesungsprozeß mit eingebunden. Während man in der Wüste den Weitblick hat, erlebt man im Urwald die Enge. Der Urwald ist wie ein Korallenriff, in jedem cm³ lebt ein Lebewesen, eine Pflanze oder ein Insekt. Es gibt Unmengen von Bakterien. Ein menschlicher Körper aktiviert seine

Rüdiger Nehberg

Abwehrkräfte selten so sehr wie im Urwald, weil einfach ungeheuer viel auf einen eindringt.

Wenn man auf der Erde liegt, beißen einen die Ameisen, oder es sticht einen eine Malariamücke, oder es kommen die Pium-Fliegen, die unseren Obst- bzw. Essigfliegen ähneln. Im brasilianischen Urwald gibt es davon ungeheure Mengen, oft sind es ganze schwarze Wolken, die einen befallen. Und jede Fliege hinterläßt einen Stich, der 14 Tage widerlich juckt. Und dann kratzt man sich manchmal bis zum Wahnsinn, so daß man dadurch wieder Infektionen bekommt. Ich habe Fotos, auf denen ich 5.000 Stiche am Körper habe. Alles wird dick, alles ist ungesund. Ohne Medikamente wäre ich spätestens nach einem halben Jahr im Urwald gestorben.

Irgendwie habe ich diese Vielfalt allerdings schätzengelernt, denn auch jede Bakterie kämpft um ihr Leben, fast alle Lebewesen streben zum Licht wie die Lianen und Schmetterlinge, alles schmarotzt an allem. Man meint, die Pflanzen schreien zu hören. Und dann ist es oft sehr leise im Urwald, denn der Humus dämpft jeden Schritt. Oft bin ich mit Indianern durch den Urwald gegangen, und wenn sie ca. 10 m voraus waren, dann hörte ich keinen Mucks mehr. Und wenn sie sich duckten, dann waren sie ob ihrer braunen Haut und des Schattens im Urwald nicht mehr zu erblicken. Diese Tarnung kam ihnen bei der Jagd sehr entgegen.

„Wenn Du tot bist, esse ich Dich auf"

W.W.: Wann, wo und wie sind Sie den Yanomami-Indianern zum ersten Mal begegnet?

R. Nehberg: Das war 1982, als ich allein durch den brasilianischen Urwald ging. Meine Strategie war, allein zu gehen, weil man dann auf niemanden gefährlich wirkt. Eine solche Person wird von den Indianern auch als sehr mutig gewertet, denn Indianer gehen grundsätzlich mindestens zu zweit. Sie machen das, damit der eine dem anderen helfen kann, oder wenn einer zu Tode kommt, daß der andere den Toten bergen kann. Sie glauben nämlich, daß die Seele eines irgendwo verwesenden Körpers im Weltall herumirrt und von bösen Geistern gepeinigt wird. Das ist das Schlimmste, was einem Yanomami passieren kann.

Deshalb muß er nach dem Tod verbrannt werden, und dann werden die Knochen aus der Asche gesammelt, pulverisiert und aufgegessen. Sie glauben, daß die Seele des Toten in den Knochen ist und dann in diejenigen übergeht, die diese Knochen essen. Die tollste Liebeserklärung eines Yanomami ist es, einem anderen zu erklären: „Wenn Du tot bist, esse ich Dich auf."

W.W.: Haben Sie auch einmal eine solche Liebeserklärung bekommen?

R. Nehberg: Ja, ich hatte einmal eine schwere Malaria tropica. Als ich einmal aus einer Phase des Tiefschlafs aufwachte, saßen drei Häuptlinge um mich herum und versuchten, mir die Malaria aus dem Körper zu massieren. Sie hatten sich in Drogenrausch versetzt und sagten: „Rüdiger, mach Dir keine Sorgen, wir bleiben hier, bis Du tot bist. Und dann essen wir Dich." Das versetzte mir einen solchen Schrecken, daß ich schnell wieder gesund wurde.

Eine weitere Strategie von mir war, nackt zu gehen, damit sie sahen, daß ich keine Waffe hatte. Natürlich hatte ich eine wegen der Goldsucher, aber sie war in meinem Kanister versteckt. Durch meinen Marsch durch Deutschland wußte ich, daß ich keine Lebensmittel brauchte und mit einem Minimum an Gepäck auskam. Dadurch war ich auch in der Lage, schneller voranzukommen und flexibler zu sein und gegebenenfalls dem hochgerüsteten Militär ausweichen zu können. Damals ging ich davon aus, daß das Militär Fremde nicht in die Gebiete der Yanomami hineinließ. Außerdem hatte ich eine Mundharmonika um den Hals, auf der ich alle Viertelstunde spielte, um die Indianer anzulocken und positiv zu stimmen. Musik kommt genau wie Lächeln in allen Völkern positiv an.

Das hat auch geklappt, denn plötzlich standen sie vor mir und lachten. Allerdings wußte ich nicht, wie ich das Lachen auffassen sollte. Aber dann habe ich meinen einzigen Satz in ihrer Sprache rausgesprudelt: „Nicht schießen, ich bin ein Freund." Dann habe ich auf der Mundharmonika „Spiel mir das Lied vom Tod" gespielt und habe Purzelbäume geschlagen. Die standen mit offenem Mund um mich herum, haben sich halbtot gelacht und bestimmt gedacht: „Der hat ja wohl wirklich eine Klatsche." Schließlich nahmen sie mich mit, und ich erlebte die völlig andere Welt der Indianer.

Völkermord und der Lockruf des Goldes

W.W.: Können Sie etwas zu dem Völkermord an den Yanomami-Indianern darstellen?

R. Nehberg: Von Menschenrechtlern wurde das Töten der Yanomami immer als Völkermord bezeichnet, weil sie mit ihren Pfeilen und Bogen keine Chance hatten, gegen die Schrotflinten und Revolver der Brasilianer

The Tree

The Tree

© Nehberg/Weber

anzukommen. 75.000 Goldsucher standen 10.000 Yanomami auf brasilianischer Seite gegenüber. Weitere 10.000 Yanomami gibt es in Venezuela. Aber dort gab es bessere Kontrollen, so daß den Yanomami dort nichts geschehen ist. Im Laufe der Jahre hat sich aber eine Lobby für die Indianer aufgebaut, die so stark ist, daß sie jetzt Frieden haben. Vorher wurden die Indianer getötet oder durch eingeschleppte Krankheiten – wie Lungenentzündung, Tuberkulose, Masern, Grippe und Malaria – dahingerafft. Dadurch starben sie wie die Fliegen. Die vielen Toten sind rein zahlenmäßig aber wieder ausgeglichen, weil die meisten Frauen wieder Kinder bekommen haben, die überlebt haben.

W.W.: Welche Interessen steckten hinter dem Völkermord?

R. Nehberg: Das ist der Egoismus des Weißen, die Maßlosigkeit der Menschen vom obersten Regierungsmitglied bis hinunter zum kleinen Landwirt, die alle in ihrer Gier glaubten, sich zusätzliches Freiland beschaffen zu können, das scheinbar keinem gehört. Man respektierte einfach nicht, daß es den Indianern gehört. Vor allem aber standen dahinter natürlich die Konzerne, die Bodenschätze wie Gold und Titan schürfen wollten. Langfristig wird man diese Bodenschätze auch zu Lasten der Indianer gewinnen. Aber man könnte es umweltverträglich und mit Respekt gegenüber dem Volk der Indianer durchführen. Man müßte es punktuell machen und die jeweiligen Gebiete anschließend wieder renaturieren. Aber bisher gab es dort nur pure Rücksichtslosigkeit.

Anfangs hatte ich auch auf die Goldsucher eine Mordswut, sie waren für mich alle Indianerkiller. Das änderte sich aber, als ich mich selbst zweimal als Goldsucher verdingen mußte und mein Urteil dann revidiert habe. Ich stellte fest, daß die eigentlichen Mörder nur die leitenden Leute und ihre Pistoleros sind, während sich unter den Goldsuchern allerhöchstens 10 % Kriminelle befinden. Die anderen sind bitterarme Menschen, Langzeitarbeitslose aus den Elendsvierteln der großen Städte, die man mit Versprechungen ewigen Reichtums in diese Gebiete gelockt hat und die froh sein können, wenn sie wieder lebend aus dem Urwald herauskommen.

W.W.: In welcher Sprache haben Sie sich denn mit den Yanomami unterhalten?

R. Nehberg: In Portugiesisch. Leider bin ich mit den Jahren schwerhörig geworden und kann eine neue Sprache nicht mehr richtig lernen, weil ich die Nuancen nicht mehr unterscheiden kann. Auch Deutsch verstehe ich nicht mehr richtig, wenn viele Menschen durcheinanderreden. Die Yanomami sprechen vier verschiedene Sprachen. Aber unter denjenigen

Indianern, die in der Peripherie leben, gab es mitunter welche, die schon einmal im weißen Teil Brasiliens gewesen sind, und da sie sehr gut Tierstimmen nachmachen können, um auf der Jagd erfolgreich zu sein, konnten sie auch Portugiesisch schnell lernen. Wenn ich einen fand, der gut Portugiesisch konnte, habe ich ihn als Dolmetscher mitgenommen. Außerdem hatte ich eine Vokabelliste, mit der ich einigermaßen durchkam.

W.W.: Haben die Yanomami auch Einsamkeitserlebnisse?

R. Nehberg: Dazu kann ich nicht viel sagen.

W.W.: Haben Sie bei den Yanomami Rituale erlebt?

R. Nehberg: Ja, eigentlich gibt es so etwas jeden Tag. Sie arbeiten nur vier Stunden täglich für ihren Lebensbedarf. Nachmittags sitzen die Männer zusammen und lassen sich Rauschgift mit einem Blasrohr durch die Nase in den Kopf pusten. Dann fühlen sie sich stark, körperlich riesenhaft und haben Kontakt mit ihren Göttern. Und dann beten, tanzen und singen sie stundenlang.

W.W.: Was haben Sie mit Ihren Aktionen für die Yanomami-Indianer erreicht?

R. Nehberg: Sie haben jetzt Frieden, und sie sind weltweit bekannt. Vor 20 Jahren kannte sie außer wenigen Ethnologen noch niemand. Als ich die Yanomami kennenlernte, wurde ich Zeuge der Unterdrückung und Ausrottung. Damals hatten die Mafiosi ca. 120 illegale Landepisten für Flugzeuge im Urwald, und sie hatten 65.000 bewaffnete Männer vor Ort. Damals dachte ich, daß man mit einem Bericht in der Zeitschrift *Geo* die Bildung einer Lobby anstoßen könnte, aber das klappte überhaupt nicht. Scheinbar wird diese Zeitschrift nur von Foto-Fetischisten gelesen, aber nicht von politisch interessierten Menschen. Ich habe die Yanomami insgesamt 15mal besucht, Bücher über sie geschrieben und drei Fernsehfilme gedreht. Dadurch wurde die Weltöffentlichkeit auf sie aufmerksam. Ich habe auch stille Aktionen für sie durchgeführt, wie z.B. Besuche beim Papst, bei der UNO, der Weltbank und bei deutschen Politikern. Es entstand daraufhin für die Yanomami eine weltweite Lobby, die vor allem durch Amnesty International und Greenpeace unterstützt wurde, so daß letztendlich Brasilien durch die Weltbank eine große Summe Geld zur Verfügung gestellt bekam, damit die Goldsucher aus den Yanomami-Gebieten herausgeholt und ihre Gebiete abgeriegelt wurden. Fortan war der Spuk vorbei.

Zu diesen Maßnahmen fehlte bis dahin der politische Wille. Aber eigentlich war es gar nicht schwer, den Völkermord zu stoppen, denn man

Bei den Yanomami-Indianern

© Nehberg/Weber

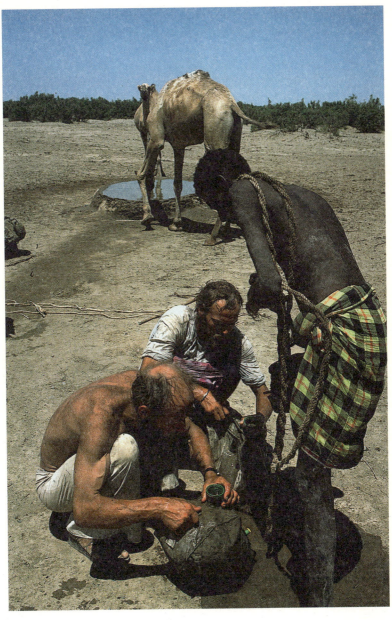
Wasser ist kostbar

brauchte die Goldsucher nur auszuhungern, indem man die Nachschubversorgung durch die Flugzeuge abschnitt. Inzwischen hat man den Yanomami auch das Land vermessen, und es gehört jetzt auch offiziell ihnen. Den brasilianischen Menschenrechtsorganisationen wurde auch genügend Geld gegeben, damit sie notfalls prozessieren können, wenn wieder die Rechte der Indianer verletzt werden. Einzelne Goldsucher kommen weiterhin in ihr Gebiet, aber das wird meistens überdramatisiert. Auf jeden Fall geht es den Indianern heute besser als vor 20 Jahren, und es geht ihnen weit besser als den armen Teufeln, die in den Elendsvierteln der großen Städte leben müssen.

Bildung als Waffe

W.W.: Wie wurden Ihre Aktionen, wie z.B. der Bau einer Krankenstation, von den Yanomami aufgenommen?

R. Nehberg: Diese Krankenstation hatten sie sich selbst gewünscht, weil sie mit den Krankheiten der Weißen nicht fertig wurden. Schulbildung haben sie sich auch gewünscht, was aber vorwiegend einer Französin zu verdanken ist, die dort lebte und die ihnen die Bedeutung der Bildung klargemacht hat. Sie hat ihnen verdeutlicht, daß Bildung die wichtigste Waffe gegen Unterdrückung ist und daß sie ohne Bildung vernichtet werden. Durch den Bau einer Schule und einer Krankenstation haben wir zwar die gewachsenen Strukturen der Yanomami dramatisch verändert, aber es gibt für sie keine Alternative.

Deswegen war es auch unsere Bedingung, ihnen keine Krankenstation fertig hinzusetzen, sondern daß sie sich alle am Bau beteiligen mußten. Auch die kleinsten Kinder, die gerade laufen konnten, schleppten das Baumaterial vom Fluß zum Bauplatz. Wir haben auch einige Brasilianer eingestellt, weil Christina Haverkamp und ich mit der Hitze dort nicht mehr klarkamen. Mit der Eigenbeteiligung der Yanomami wollten wir erreichen, daß sie eine Art Besitzerstolz entwickeln und nicht wieder zum nächsten Platz im Urwald ziehen. Normalerweise ziehen sie zum nächsten Ort, wenn der Wald rundherum leergejagt ist und die Plantagen nichts mehr abwerfen.

W.W.: Wie wurden Ihre Aktionen von der jeweiligen brasilianischen Regierung aufgenommen?

R. Nehberg: Von Einreiseverweigerung bis zur herzlichen Zustimmung haben wir eigentlich alles erlebt. Ich baue zur Zeit mit Zustimmung der brasilianischen Regierung eine weitere Krankenstation. Das ist das erste Projekt meines Vereins Target. Und die brasilianische Regierung will diese Station versorgen. Diese Station wird bei einem anderen Indianervolk gebaut, den Waiapí. Sie leben in Nordost-Brasilien an der Grenze zu Französisch-Guayana. Das ist nur ein kleines Volk von 600, 700 Menschen, die aber auch noch ihre Tradition bewahrt haben. Diese Station ist im Dezember dieses Jahres fertig.

Ein Paar Strümpfe wurde geteilt

W.W.: Gibt es Charaktereigenschaften der Yanomami, die wir im Westen nicht mehr haben, und fehlen den Yanomami Charaktereigenschaften, die wir in der sogenannten westlichen Zivilisation entwickelt haben?
R. Nehberg: Gemeinsam haben wir z.B. das Cholerische und Streitsüchtige. Die Indianer sind keine edlen Wilden, wie man es ihnen gerne nachsagt. Im Grunde sind es Menschen genau wie wir. Männer haben dort genau wie bei uns mehr zu sagen als Frauen. Trotzdem gibt es bei ihnen eine Art von Demokratieverständnis, aber auch einen Häuptling. Alle wohnen unter einem Dach. Jeder kann jeden beobachten, und Privatsphären gibt es nicht. Wenn wichtige Entscheidungen getroffen werden müssen, werden die Männer der einzelnen Familien befragt. Was mich aber an den Indianern beeindruckt hat, ist das völlige Fehlen der Hektik unseres Lebens. Sie haben auch nicht unsere Fortschrittsgläubigkeit.

Es gibt bei ihnen Teilungszwang. Wer mehr hat als ein anderer, muß an diesen abgeben. Das merkt man besonders bei der Jagd. Wenn einer bei der Jagd erfolgreich war, der andere nicht, dann wird geteilt. Oder wenn die Ernte auf einem Acker mehr gebracht hat, und ein anderer auf seinem Acker durch Diebstähle von Affen schwere Einbußen hinnehmen mußte, dann wird er nicht verhungern, da die Ernte verteilt wird.

Sie haben auch kein Geld, sie können nicht rechnen, und sie können nicht zählen. Sie zählen nur bis zwei, und was darüber hinausgeht, wird mit „viel" bezeichnet. In bezug auf das Teilen hatte ich einmal ein verrücktes Erlebnis. Ich wusch meine beiden Strümpfe, und dann kam ein Indianer vorbei und sah, wie ich sie zum Trocknen auf eine Liane hängte. Er sah zwei Strümpfe, aber nur einen Deutschen, und weg war ein Strumpf.

Sie kennen auch nicht die Worte „bitte" und „danke", man bedient sich einfach. Ich hatte einmal 500 Angelhaken bei mir als Geschenk für die vielen Indianerdörfer. Aber bereits im ersten Dorf machte mir der Häupt-

Äthiopien 2001

Beim Sultan der Afar, Ali Mirah Hanfary © Nehberg/Weber

Zu Gast bei den Afar © Nehberg/Weber

ling mit Gesten klar, daß ich mein Gepäck aufzumachen habe. Ich breitete alles aus, er ging es ab wie ein deutscher Zöllner und gab Anweisungen an seine Leute, die dann fleißig zugriffen. Und am Ende war ich alles los und besaß nur noch einen einzigen Angelhaken. Der Häuptling verteilte es nach seinem Gefühl für Gerechtigkeit und behielt viele für sich, die er dann wiederum an andere Dörfer verteilte.

W.W.: Welche Zukunft sehen Sie für die Yanomami?

R. Nehberg: Im Moment ist sie günstig. Aber die Geschichte der Indianer Nordamerikas und auch Südamerikas zeigt, daß es ihnen vielleicht irgendwann auch an den Kragen gehen wird. Es gibt eine Galionsfigur unter den Yanomami, und zwar Davi. Er spricht perfekt Portugiesisch und hat schon vor der UNO und der Weltbank gesprochen. Er versucht, seinen Indianern klarzumachen, daß die einzige Chance für die Zukunft der Weg über die Bildung ist, ferner eine Vorsorge gegen die Krankheiten der Weißen. Man muß die Indianer damit konfrontieren, wie die Welt außerhalb des Waldes aussieht, denn das wissen sie nicht. Sie wissen nicht, wie viele Milliarden Menschen es außerhalb des Waldes gibt, wie habgierig diese Menschen sind und daß es irgendwann zu einer Explosion kommen könnte, weil andere, die kein Land haben, ihr Land besetzen könnten. Mit Bildung könnten sie dann einen möglichen Untergang ihrer Kultur kompensieren.

W.W.: Kann es sein, daß die große Medienwirksamkeit, die Sie entfacht haben, auch dazu geführt hat, daß sie ihre Kultur- und Lebensweise schneller aufgeben müssen?

R. Nehberg: Ich glaube nicht, daß ich ausschlaggebend bin. Die Menschenrechtsorganisationen haben jetzt erreicht, daß die Yanomami geschützt werden, und das geht so weit, daß selbst ich nicht mehr in ihr Gebiet hineinkomme, es sei denn mit einer ausdrücklichen Genehmigung. Dadurch haben wir genau das erreicht, was erreicht werden sollte. Sie leben zwar nicht mehr so, wie sie einmal gelebt haben. Aber wenn Sie jetzt dort hinkämen und sie zum ersten Mal sehen könnten, dann würden Sie wahrscheinlich sagen, daß die Indianer dort ganz phantastisch leben. Trotzdem hat sich schon sehr vieles verändert.

Genitalverstümmelung

W.W.: Sie engagieren sich mit Ihrem Verein Target gegen die Genitalverstümmelung von Frauen. Seit wann beschäftigen Sie sich mit dem Thema?

R. Nehberg: Erst seit 1.1/2 Jahren beschäftige ich mich damit intensiv. Zum ersten Mal habe ich davon gehört, als ich im Jahre 1977 durch die Danakil-Wüste in Äthiopien ging. Damals dachte ich, daß die Genitalverstümmelung ein unabänderliches dunkles Kapitel dieser Kultur sei. Aber dann bekam ich Anfang letzten Jahres das Buch „Wüstenblume" (München 1998) von dem somalischen Model Waris Dirie in die Hände. Selten hat mich ein Buch so betroffen gemacht, weil es mir gezeigt hat, daß die Zustände noch wesentlich schlimmer sind, als ich es bisher schon vermutete. Schlagartig kam mir auch die Erkenntnis, daß eine Einzelperson etwas bewirken kann. Waris Dirie hat ein Tabu gebrochen. Das Buch ist ein Weltbestseller, sie ist Sonderbeauftragte der UNO, und die UNO hat die Genitalverstümmelung zur Menschenrechtsverletzung erklärt.

W.W.: In welcher Weise haben Sie sich gegen die Genitalverstümmelung engagiert?

R. Nehberg: Mir sind verschiedene Ideen gekommen. Ich habe bei vielen Organisationen, so wie früher bei der Gesellschaft für bedrohte Völker, Mitstreiter gesucht, die früher zu meinen Beratern wurden und teilweise meine PR-Arbeit übernahmen. Die Gesellschaft für bedrohte Völker wollte meine Idee nicht aufgreifen, mit Terres des Femmes als rein feministischer Organisation konnte ich nicht zusammenarbeiten, weil meine Ideen mit dem Islam zusammenhängen. Ich bemerkte auch die Ängstlichkeit und Verzagtheit vieler Organisationen. Und dadurch wurde mir klar, daß niemand aus diesen Organisationen je eine Genitalverstümmelung gesehen hat, aber sie philosophieren darüber mit viel Wortgewalt. Auch haben sie kein Filmmaterial und müssen dies von Agenturen teuer kaufen.

Der Verein Target

Deshalb habe ich kurzen Prozeß gemacht, denn ich habe auch keine Zeit mehr zu ewigen Diskussionen. Ich beschloß, als Aktivist vor Ort zu gehen und das Risiko selbst zu tragen. Zusätzlich habe ich den Verein Target (engl.: Ziel) gegründet. Ziele des Vereins sind, weiterhin den Indianern treu zu bleiben, vor allem aber die Genitalverstümmelung aufs Korn zu nehmen. Das Besondere an Target ist, daß wir keine Mitglieder aufnehmen. Wir sind sieben Begründer, sind gemeinnützig und wünschen uns einen riesigen Freundeskreis. Dafür werbe ich in meinen Vorträgen. Und dieser Freundeskreis wächst und gedeiht. Durch ihn habe ich mir eine

Mit dem Krummschwert wird der junge Mann seiner abgebildeten Braut in der Hochzeitsnacht die zugewachsene Scheide öffnen.
© Nehberg/Weber

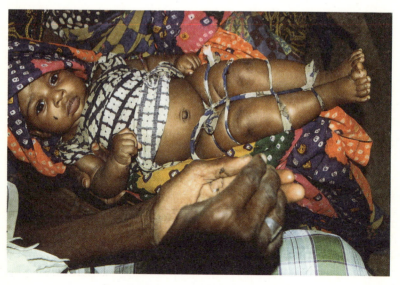

Ein zehn Tage vorher beschnittenes Baby
© Nehberg/Weber

finanzielle und politische Unabhängigkeit geschaffen, mit der ich ganz anders an die Sache herangehen kann, als wenn ich alles nur über mein Privatgeld finanzieren würde. Sehr schnell habe ich die Erfahrung einer unglaublichen Hilfsbereitschaft gemacht.

Als ich Joschka Fischer schrieb, bekam ich gleich vom Auswärtigen Amt einen Mann zugewiesen, der brillant arbeitet und mich berät, der meine Briefe vom Bäcker-Deutsch in Islam- und Politiker-Deutsch umformuliert. Er hat auch strategisch gute Ideen. Ebenfalls unterstützen mich das Orient-Institut in Hamburg, der Zentralrat der Muslime sowie der deutsche Botschafter in Addis Abeba. Anfangs teilte ich auch die Angst vieler Organisationen, daß mir irgendwelche fanatische Fundamentalisten das Haus in die Luft jagen könnten, aber schon bald merkte ich, daß diese Angst völlig überflüssig war.

Die Frauen werden mit dem Taschenmesser aufgeschlitzt

Ich habe mich dann mit Annette Weber, meiner Lebenspartnerin – ebenfalls eine Einzelkämpferin –, in diesem Jahr nach Äthiopien und Dschibuti aufgemacht. Ich brauchte sie, weil nur sie als Frau zu genitalverstümmelten Frauen Zugang bekam, und ich konnte ihr als Mann in den islamischen Ländern den Weg ebnen. In diesen Ländern erlebte ich immer wieder, daß die Ranghohen mir versichern wollten, daß Genitalverstümmelung eine alte Geschichte sei, auf die ich doch nicht hereinfallen solle. Man verwies darauf, daß man ein modernes Land und Genitalverstümmelung verboten sei. Eine Frauenärztin versicherte uns sogar, daß sie in ihrer Praxis noch nie eine verstümmelte Frau gesehen habe. Aber meist unterliegt die Staatsmacht der Stammesmacht, Tradition ist stärker. Und eine Lehrerin, die früher Hebamme war, berichtete uns ganz das Gegenteil zu diesen Beschwichtigungen.

Daraufhin haben wir uns in Addis Abeba selbst umgesehen, und man führte uns in ein Haus, in dem täglich Mädchen und Jungen beschnitten wurden. Beim Jungen verheilt es, aber die Folgen bei den Mädchen sind schlimm und bleiben das ganze Leben. Eine Christin erzählte uns, daß man ihr mit einer Rasierklinge die Klitoris abgeschnitten habe, eingebettet in eine Feier mit Gebeten.

Als wir dann mit Leibwächtern in die Danakil-Wüste zogen, erlebten wir die wirklich schlimmen Auswüchse der Genitalverstümmelung. Dort wird nicht nur die Klitoris abgeschnitten, sondern auch die ganzen Schamlippen. Dann wird die Scheide mit Dornen zugesteckt, die Schenkel werden mit dreckigem Seil umwickelt. Und so bleiben die Mädchen, die längst ohnmächtig sind, liegen. Viele von ihnen verbluten. Die UNO schätzt, daß ein Drittel der Mädchen dabei verblutet und daß es 130 Mio. Frauen gibt, die die Folgen ein Leben lang ertragen müssen. Man näht die Scheide so weit zu, daß die Mädchen eine halbe Stunde zum Urinieren brauchen, weil der Urin nur tröpfchenweise herauskommt. Die Regel benötigt etwa 14 Tage, weil das Blut nicht abfließen kann.

Wenn die Frauen heiraten, werden sie ohne Betäubung mit einem Taschenmesser aufgeschlitzt, und zwar von dem Ehemann, der noch nie eine Frau nackt gesehen hat. Die Frau ist dann nur noch Wunde, und er muß sie nun in die Wunde penetrieren. Daß eine solche Frau keine sexuelle Lust empfindet, sich verweigert und wegläuft, ist nicht verwunderlich. Bei der Geburt wird sie noch weiter aufgeschnitten und danach wieder zugenäht. Wir haben alternde Frauen gesehen, die ihr ganzes Leben nie wieder glücklich wurden, mit gebrochenen Blicken, ruhig in der Bewegung, weil sie überhaupt nicht mehr temperamentvoll gehen oder laufen können. Das hat uns so geschockt, daß wir nächtelang nicht schlafen konnten.

Wir mußten mit Infrarot filmen, weil es alles in dunklen Hütten geschieht. Den Mädchen wird erzählt, dies sei ihr größter Tag im Leben. Endlich würden sie zur Frau heranreifen. Und die Mädchen freuen sich darauf, weil sie ohne Mann gar nicht klarkämen. Eine Frau ohne Mann geht in einer solchen Gesellschaft unter, und ein Mann nimmt keine unbeschnittene Frau. Die Frauen wissen überhaupt nicht, daß es eine andere Lebensqualität gibt.

Genitalverstümmelung ist Gottesanmaßung

W.W.: Kann man die Genitalverstümmelung in irgendeiner Weise mit dem Koran begründen?

R. Nehberg: Sie wird fälschlicherweise oft mit dem Koran begründet. Genitalverstümmelung kommt in den Ländern der zentralen und südlichen Sahara und in Ägypten vor. Diese Länder sind heute islamisch geprägt, die Unsitte stammt aber aus der Zeit vor dem Islam. Das reicht bis in die Pharaonenzeit zurück. Den Frauen wird erzählt, daß die Schamlippen bis zu den Knien wachsen würden und die Klitoris so spitz werden würde, daß sie den Mann töten würde. Die meisten Menschen in diesen Ländern habe keine Bildung, sind meist Analphabeten und haben keine

Vergleichsmöglichkeiten mit anderen Kulturen. Sie haben sich z.B. gewundert, daß wir Weißen noch unsere Rachenzäpfchen haben. Die werden ihnen auch rausgerissen. Es gibt Völker, die in der Unterlippe Teller haben, damit sie häßlich aussehen und Sklavenhändler an ihnen kein Interesse haben. Das sind zwar alte Sitten, aber sie sind heute noch gang und gäbe.

Man schiebt die Genitalverstümmelung dem Islam in die Schuhe, dieser hat damit aber überhaupt nichts zu tun. Deswegen kam mir die Idee, daß der Islam als Weltreligion zur Rettung und Ehre des Islam ganz massiv selbst dagegen vorgehen müßte. Meine Idee lautet: Erklärt Genitalverstümmelung zur Gottesanmaßung. Man kann nicht fünfmal am Tag bekennen, wie einzigartig und unfehlbar Gott ist, und ihm trotzdem unterstellen, er hätte bei der Schaffung der Frau gepfuscht, so daß man sich anmaßen muß, als mickriger Mensch korrigierend einzugreifen. Und wer das mit dem Koran begründet, soll als Diskriminierer des Islam gewertet werden.

W.W.: Wie wurde Ihre Idee von den Muslimen aufgenommen?

R. Nehberg: Ich hatte natürlich Sorge, daß man eine solche Idee von einem angeblich Ungläubigen nicht aufnimmt. Ein erster Vertrauter, den ich um Rat bat, war ein Sultan in Äthiopien. Sein Volk verstümmelt bereits 14 Tage alte Babys. Er war aber 15 Jahre in Saudi-Arabien im Exil und hatte dort eine andere Lebensform kennengelernt. Seine Kinder haben in den USA studiert. Obwohl er 83 Jahre alt ist und auf einem goldenen Thron sitzt, sprang er auf wie ein junger Spund und rief: „Das unterschreibe ich Ihnen sofort!"

Nun haben wir mit der Beratung des Zentralrates der Muslime in Deutschland ein Dokument entworfen. Dessen Vorsitzender versicherte mir übrigens auch, daß ein Mensch, der Genitalverstümmelung unterstützt, sich nicht Muslim nennen sollte. 85 % der Muslime führen keine Genitalverstümmelung durch, nicht einmal die Taliban. Es beschränkt sich wirklich nur auf die Sahara-Region.

Unser Dokument war zunächst kurz und knackig: „Genitalverstümmelung ist Gotteslästerung." Vom Zentralrat der Muslime haben sie mir aber gesagt, daß es so einfach nicht ginge, denn dann wären alle, die eine verstümmelte Frau in der Familie haben, selbst Gotteslästerer. Deswegen haben wir sie als Gottesanmaßung – das ist ein Grad schwächer – bezeichnet. Außerdem müsse so ein Dokument erst einmal anfangen mit: „Im Namen Gottes, des Allmächtigen, des Barmherzigen", denn sonst würde ein solches Dokument kein Muslim lesen. Dann haben sie mir die Sure genannt, in der gesagt wird, daß der Mensch vollkommen geschaffen worden sei. Das ist die Sure 95, Vers 5. Dort heißt es: „Wir haben den Menschen in höchstem Ebenmaß erschaffen." Mit anderen Worten: Es muß kein Besserwisser an dem Menschen herumdoktern.

Am 6. Dezember 2001 will Target das Dokument und die proislamische Allianz auf einer Pressekonferenz vorstellen. Hinzu kommt ein Islam-Experte vom Orient-Institut, ein Ägypter, der sagen wird, was er von der Genitalverstümmelung hält. Die Journalisten erfahren dann durch ihn, daß es im Sinne des Islam liegt, wenn die Genitalverstümmelung abgeschafft wird. Auf jeden Fall sehe ich im Islam die stärkste Kraft, eher als in der UNO und der Polizei vor Ort, um die Verstümmelung zu beenden.

Ein Fest in der Wüste zur Abschaffung der Verstümmelung

W.W.: Welche Aktionen haben Sie in der Zukunft vor?

R. Nehberg: Das werde ich auch am 6. Dezember auf der Pressekonferenz vorstellen. Ich werde mit Annette Weber und dem ZDF nach Äthiopien fahren. Der schon erwähnte Sultan wird seine 56 Imame an einem bestimmten Tag, an einem bestimmten Ort in der Wüste zusammenrufen und ihnen sagen, daß und warum die Genitalverstümmelung vorbei sein muß. Wenn diese Imame bei Allah, ihren Söhnen und Töchtern schwören, daß die Genitalverstümmelung aufhört, meint der Sultan, könne man ihnen glauben. Es werden sogar schon drei selbstbewußtere Frauen aus diesem Volk zugegen sein. Und ganz besonders wichtig werden die politischen Führer dieses Stammes sein, der Afar heißt. Er lebt in der Wüste Danakil, die parallel zum Roten Meer liegt.

Für diese Zeremonie und Veranstaltung habe ich mir eine ganz besondere Belohnung und Festlichkeit ausgedacht, die ich aber noch für mich behalten möchte. Auf jeden Fall wird es ein riesiges Fest, zu dem man von weit her auf Kamelen anreisen wird. Auch der deutsche Botschafter in Addis Abeba wird mitmachen, um diesen Sultan damit auch politisch aufzuwerten. Wenn ich großes Glück habe, kommt sogar der äthiopische Staatspräsident mit dem Hubschrauber. Dadurch würde dem ganzen Rahmen politische Größe zugemessen.

Das ist mein Pilotprojekt auf dem Weg nach Mekka. Mekka wäre mein Fernziel. Die Herrscher Saudi-Arabiens möchte ich dazu gewinnen, daß sie in Mekka verkünden, daß Genitalverstümmelung Gottesanmaßung ist. Man sagt mir aber, daß ich mir in diesem Punkt keine allzu großen Illusionen machen sollte, denn Religionen sind überall schwerfällig. Mein nächster Schritt ist ein Gespräch mit dem obersten Rechtsgelehrten des Islam, dem Schaich Tantawi in Kairo. Auch er ist gegen die Genitalverstümmelung. Und wenn ich ihn auf meine Seite bringen kann, habe ich einen wichtigen Schritt erreicht.

Freies Jugendseminar Stuttgart
Junge Leute aus der ganzen Welt unter einem Dach
Austausch - Verständnis - Entwicklung
Phantasie - Ideen - Verwandlung
Lebensziele - Beruf
Studienjahr in drei Trimestern auf der Grundlage der Anthroposophie

Tel./Fax: 0711-261956
www.jugendseminar.de
Beginn 6.1.2002
Ameisenbergstr. 44, 70188 Stuttgart

Freie Hochschule
für anthroposophische Pädagogik

AUSBILDUNG
FORTBILDUNG
WEITERBILDUNG

Unsere Hochschule gehört mit zu den erfahrensten Instituten und bietet folgende Ausbildungsgänge an: Lehrer an Waldorfschulen und heilpädagogischen Schulen in allen Fächern.

Interessierte mit abgeschlossenem wissenschaftlichem oder künstlerischem Studium; pädagogisch Interessierte mit abgeschlossener Berufsausbildung; Heilpädagogen, Diplom- oder Sozialpädagogen sowie Erzieher/innen können zum Studium zugelassen werden.

Klassenlehrer, Fachlehrer: Fremdsprachen, Handarbeit, Turnen/Gymnastik, Werken, Gartenbau, Musik, Kunst

Oberstufenlehrer: Mathematik, Physik, Chemie, Deutsch, Geschichte, Geografie, Biologie

Lehrer an heilpädagogischen Schulen
- Grundständiges Studium
- Berufsbegleitender Kurs

Waldorflehrer sein bedeutet ...
... kreativ zu sein
... Individualität zu fördern
... Kindern mehr als Wissen zu vermitteln

Fort- und Weiterbildung:
1 bis 5 Jahre, je nach anerkennungsfähigen Voraussetzungen

Bewerbungen und Informationen über
Freie Hochschule für anthroposophische Pädagogik
Zielstraße 28, 68169 Mannheim, Tel. 0621 / 30 94 8-0, Fax 309 48 50

Stellenangebote zahlreicher Einrichtungen finden Sie im Internet unter

www.stellenmarktanthroposophie.de

Weitere Informationen siehe Großanzeige im Textteil in diesem Heft

---

Das Seminar am Michaelshof bildet aus:

staatlich anerkannte
Jugend- und Heimerzieher/innen
auf anthroposophischer Grundlage

Die dreijährige Fachschulausbildung findet berufsbegleitend statt und bietet sich an
- als Erstausbildung
- zum Quereinstieg
- zur Nachqualifikation

Die Ausbildung ist anerkannte **Umschulungsmaßnahme.**

Bei der Vermittlung von Praxiseinrichtungen sind wir gern behilflich.

Anfragen und Bewerbungen an:
Seminar am Michaelshof
Frau Stecher, Herr Knoll
73235 Weilheim/Teck
Tel. 07023/107-71, Fax: 07023/107-880
e-Mail: seminar@mh-zh.de

LANZAROTE

CENTRO DE TERAPÍA ANTROPOSÓFICA
das Urlaubs-Therapie-Kulturzentrum auf Lanzarote

♦ schöne Ferienwohnungen
♦ Vollwert-Restaurant ♦ Bioladen
♦ täglich kulturelle Veranstaltungen
♦ 2 Süßwasser-Pools

Meerwasser-Pool 34°C

♦ auf Wunsch ärztliche Betreuung
♦ Revitalisierungskuren
♦ Dr. F.X. Mayr-Kur

C.Salinas 12 · E-35510 Puerto del Carmen
Tel. (0034) 928 512 842 (deutsch)
Fax (0034) 928 512 844
eMail: rezeption@centro-lanzarote.de

www.centro-lanzarote.de

75 Jahre Gärtner-Leierbau

DIE LEIER

Inspiriert durch die anthroposophische Bewegung am Goetheanum schuf W. Lothar Gärtner vor 75 Jahren „dem Ton ein Haus" – die „neue Leier". Aus diesem musikalischen Urimpuls heraus entwickelte er so erstmals ein ganzheitliches Instrument, das einzigartig das Bedürfnis nach einem heilsam-schöpferischen Musikerleben erfüllt.

Gärtner
Atelier für
Leierbau

Fritz-Arnold-Str. 18
D-78467 Konstanz
Tel. (07531) 61785
Fax (07531) 66187
www.leier.de
mail: info@leier.de

Dutschke-Leuchten
Öflinger Straße 126
D-79664 Wehr
Tel. & Fax 07762 / 809191
www.dutschke-leuchten.de

Gerne sende ich Ihnen meinen Prospekt mit Decken-, Pendel- und Wandleuchten

---

Heilen / Erziehen / Pflegen

Ausbildung

in der Dorfgemeinschaft Tennental im Rahmen des Seminars für Sozialtherapie der Lautenbacher Gemeinschaften

Leben Sie mit in einer unserer Sozialtherapeutischen Großfamilien.

Arbeiten Sie mit in der Landwirtschaft, Gärtnerei, Einmachwerkstatt, der Schreinerei oder einem der Haushalte.

Lernen Sie dabei, in kleinen Gruppen einen Beruf zu ergreifen, der Sie befähigt als

Heilerziehungspfleger/-in
– staatlich anerkannt –

den bedeutenden Aufgaben der Gegenwart und Zukunft zu begegnen.

Rund 140 Menschen leben z.Zt. im Tennental. Etliche von uns sind durch verschiedene Behinderungen auf die Hilfe anderer angewiesen.

Wollen Sie ein Stück Wegs mit uns gehen? Gerne hören wir von Ihnen, um Ihnen mehr zu sagen und zu zeigen.

**Dorfgemeinschaft Tennental, Anke Darmer oder Michael Dackweiler
Ita-Wegmann-Straße, 75392 Deckenpfronn, Tel. 07056-9260**

Die Dorfgemeinschaft ist anerkannte Zivildienststelle.

DORFGEMEINSCHAFT TENNENTAL

Henning Kullak-Ublick (Hg.)
Erziehung zur Freiheit – in Freiheit
AKTION MÜNDIGE SCHULE

160 Seiten, 15 farb. Abb., kart., DM 20,– ISBN 3-926841-94-X

Taugt die Schule des 20. Jahrhunderts noch für das 21. Jahrhundert? Wie können unsere Schulen zu Übungsstätten für individuelle und soziale Fähigkeiten werden, die ein lebenslanges Lernen in einer immer komplizierter werdenden Welt als Chance und nicht als Bedrohung ergreifen?

Dieses Buch möchte allen Eltern, LehrerInnen, SchülerInnen und Zeitgenossen Mut machen, initiativ zu werden, sich einzumischen und die Schule zum Ausgangspunkt einer wirklichen Kultur der Freiheit werden zu lassen. Obwohl sie mehr als 200 Jahre lang vom Staat betrieben, verwaltet und oft genug auch vereinnahmt wurde, ist Schule eine Angelegenheit aller Menschen. Soll Bildung nicht zur Ware, zum bloßen Lieferanten menschlicher Ressourcen für den Arbeitsmarkt verkommen, muß sie aus der lebendigen Begegnung von Menschen erwachsen.

Was braucht die Schule für ihre lebendige Entwicklung? Wie kann pädagogische Initiative an die Stelle einer bürokratischen Verwaltung treten? Was kann das Schulwesen von den jahrzehntelangen Erfahrungen der freien Schulen über Autonomie, Schulprofile und Selbstverwaltung lernen? Wie finanziert man ein freiheitliches Schulwesen? Wie kann Kontrolle zu Evaluation werden?

Mit Beiträgen von: Manfred Borchert, Ute Erdsiek-Rave, Irene Fröhlich, Gregor Gysi, Bernd Hadewig, Benediktus Hardorp, Johannes Kiersch, Henning Kullak-Ublick, Stefan Leber, Harm Paschen, Heide Simonis, Christoph Strawe, Peter Struck, Johannes Stüttgen, Johann Peter Vogel, Sybille Volkholz.

Bezug über den Buchhandel oder direkt beim Verlag (zzgl. Porto u. Verpackung)

Flensburger Hefte Verlag
Holm 64, D-24937 Flensburg
Tel.: 0461 / 2 63 63   Fax: 0461 / 2 69 12   e-Mail: flensburgerhefte@t-online.de